聚焦

决定你企业的未来

Focus:
The Future of Your Company
Depends on It

[美]

艾·里斯

(Al Ries)

著

寿雯

译

机械工业出版社
CHINA MACHINE PRESS

Al Ries. Focus: The Future of Your Company Depends on It.

Copyright © 1996, 2005 by Al Ries.

Simplified Chinese Translation Copyright ©2025 by China Machine Press. Published by arrangement with Harper Business, on imprint of HarperCollins Publishers, USA. This edition is authorized for sale in the Chinese mainland (excluding Hong Kong SAR, Macao SAR and Taiwan).

No part of this book may be reproduced or transmitted in any form or by any means, electronic or mechanical, including photocopying, recording or any information storage and retrieval system, without permission, in writing, from the publisher.

All rights reserved.

本书中文简体字版由 Harper Business 授权机械工业出版社在中国大陆地区（不包括香港、澳门特别行政区及台湾地区）独家出版发行。未经出版者书面许可，不得以任何方式抄袭、复制或节录本书中的任何部分。

北京市版权局著作权合同登记　图字：01-2013-4205 号。

图书在版编目（CIP）数据

聚焦：决定你企业的未来 /（美）艾·里斯（Al Ries）著；寿雯译 . -- 北京：机械工业出版社，2025.4. -- ISBN 978-7-111-77823-3

Ⅰ . F272

中国国家版本馆 CIP 数据核字第 202584ZW44 号

机械工业出版社（北京市百万庄大街 22 号　邮政编码 100037）
策划编辑：华　蕾　　　　　　　　　　责任编辑：华　蕾
责任校对：王文凭　马荣华　景　飞　　责任印制：常天培
北京联兴盛业印刷股份有限公司印刷

2025 年 5 月第 1 版第 1 次印刷

130mm×185mm・14 印张・2 插页・275 千字

标准书号：ISBN 978-7-111-77823-3

定价：69.00 元

电话服务	网络服务
客服电话：010-88361066	机 工 官 网：www.cmpbook.com
010-88379833	机 工 官 博：weibo.com/cmp1952
010-68326294	金 书 网：www.golden-book.com
封底无防伪标均为盗版	机工教育服务网：www.cmpedu.com

FOCUS ✺ **作者的话**

《聚焦：决定你企业的未来》是我在女儿兼合作伙伴劳拉·里斯（Laura Ries）的帮助下完成的第一本书。

在我们的合作开始十年以后，劳拉已经成长为一名优秀的营销策略专家。《华尔街日报》(*The Wall Street Journal*)和《纽约时报》(*New York Times*)等媒体大量引用她的观点。

2002年10月，《商业2.0》(*Business 2.0*)杂志提名劳拉为该年度的"管理大师"。同获提名的还有拉里·博西迪（Larry Bossidy）、诺尔·迪奇（Noel Tichy）和C.K.普拉哈拉德（C. K. Prahalad）等知名作者。

她也成了我在写作方面的好搭档。自从《聚焦》首次出版以来,劳拉和我还写了另外四本书,包括《品牌22律》《互联网商规11条》《广告的没落,公关的崛起》和最近出版的《品牌的起源》。

但《聚焦》仍然是我们最重要的著作。很多读者告诉我们,在所有"里斯"的书籍中,他们最喜欢的还是《聚焦》,因为这本书提纲挈领地概括了我们所有的营销理念。

在我们自己(主要服务于《财富》500强企业)的咨询业务中,《聚焦》也是最有用的一本书。我们采纳自己的建议并建立了聚焦。在我们的信笺、名片和网站上都写着:"里斯伙伴公司(Ries & Ries),聚焦顾问。"

我也希望看到,自从《聚焦》于1996年出版以来,美国企业的聚焦程度总体上有所提高,但事实并非如此。美国企业总是能找到借口,去寻找新目标,开展新业务,进入新市场和开拓新领域。

我们的忠实读者应该非常熟悉多元化发展(diversification)、品牌延伸(line extension)、协同效应(synergy)和融合效应(convergence)这四位"启示录骑士"。它们还在继续祸害美国企业。

- 第一位"骑士"是多元化发展。郭思达(Roberto Goizueta)是可口可乐公司(Coca-Cola)已故的前董事长,因为没有像百事可乐(PepsiCo)收购必胜客(Pizza Hut)、塔可钟(Taco Bell)和肯德基

（KFC）那样为公司开拓其他业务，他曾经受到批评。

郭思达回应说："在美国有一种观念，认为两摊烂生意胜过一摊好生意，因为它分散了风险。这太愚蠢了。"我们也有同感。

请看第 6 章"两瓶可乐的故事"，我们建议百事可乐分拆餐厅连锁业务。《聚焦》出版一年以后，他们的确这样做了。

- 第二位"骑士"是品牌延伸。很多公司根据"利用品牌价值"的习惯做法，花费大量时间研究如何以现有品牌推出其他品类的产品。结果往往以失败告终。

例如，IBM 将大型计算机品牌用于个人计算机。根据报道，IBM 在经营个人计算机业务的 23 年里亏损达 150 亿美元。最后他们终于认输，将个人计算机业务以 15 亿美元低价卖给了联想（Lenovo）。既然 IBM 都无法搞定品牌延伸，你凭什么觉得自己行呢？

IBM 本来应该怎么做？当然应该给个人计算机业务另取一个名称。请看第 12 章"建立多梯级聚焦"。

可能你也应该看看第 13 章"化混沌为有序"，我们建议 IBM 聚焦于"开放式"操作系统，几年前，他们的确这样做了。据媒体报道，IBM 每年投入 10 亿美元开发并推广 Linux 战略。祝福他们。

- 第三位"骑士"是协同效应。如果多元化发展和品牌延伸不能为公司的扩张策略辩护,那么"协同效应"一定会成为借口。1加1等于3。(可惜1加1经常等于1.5。)

以惠普公司(Hewlett-Packard)前CEO卡莉·菲奥莉娜(Carly Fiorina)主持的惠普与康柏(Compaq)的合并案为例。据《经济学人》(*The Economist*)杂志报道,"菲奥莉娜女士顶住批评,固执地为康柏合并案辩护,并坚称'协同效应'最终会让计算机业务发展成为惠普公司最大的一项业务"。

协同效应再次失败。如果你什么都想做,你就会失去聚焦。与康柏合并以后,庞大的新惠普什么都想做,从企业数据库和服务器到咨询和外包服务。当然,还有打印机和个人计算机。

比较一下与康柏合并以前和以后的惠普公司:合并之前的7年,惠普的收入和税后利润分别为2 963亿美元和187亿美元,销售利润率为6.3%。

合并以后呢?它们的利润率下跌到2.4%。难怪卡莉·菲奥莉娜被炒了鱿鱼。

- 最后一位"骑士"是融合效应,它最具影响力,惹来的麻烦可能也最多。请看第3章"分化的动力"。

消费电子行业最流行融合效应。几乎每家大的消费电子公司都公开主张这一理念。

索尼公司（Sony）最近在广告上说："融合，声音、视频和信息科技的理想搭配。"如果你像索尼那样什么都生产，融合效应似乎可以令人欣慰。

不幸的是，索尼什么都生产，就是不产生利润。在过去十年，索尼的税后利润仅占收入的0.9%。

在消费电子领域，任天堂（Nintendo）是一家聚焦的公司。该公司只生产视频游戏和视频游戏机。

比较一下聚焦的任天堂和不聚焦的索尼。任天堂收入仅为索尼收入的1/13，但它在过去十年却比索尼更赚钱。任天堂的平均销售利润率达13.9%。

事实上，任天堂在过去十年的利润超过日本前六大消费电子公司的总和，尽管后者的收入加起来达到任天堂的70倍。

这就是聚焦的力量。

艾·里斯
2005年于佐治亚州亚特兰大

前　言 FOCUS

我成年后的大部分时间都在从事营销工作和研究营销实践，这本如何让企业聚焦的书，就是我的一项成果。

本书要研究的是营销工作的真正目的，就是不但要销售产品或服务，还要发现未来。

企业管理的首要任务是发现未来，这不是一般意义上的未来，而是企业所关心的未来。聚焦指明未来的方向并加以实现，从这个意义上说，聚焦就是未来。

聚焦就是营销的目的。

彼得·德鲁克（Peter Drucker）说："任何企业都有两个也只有两个基本功能，那就是营销和创新。"

彼得·德鲁克还说："营销是一项既突出又特别的企业功

能,企业销售产品或服务,这使得它不同于其他任何人类组织,如教会、军队、学校和国家。任何以销售产品或服务为己任的组织就是企业。任何不从事或偶尔从事营销工作的组织就不是企业,因而也不应该像企业一样经营。"

现在是营销得到应有重视的时候了。尽管早在 1954 年,彼得·德鲁克就在首次出版的《管理的实践》(*The Practice of Management*)[一]一书中写下了以上内容,但美国企业的管理层弄懂他的理念还是用了很长时间。

但话又说回来,企业重心的转变非常慢。

第一次世界大战以后,生产是企业的重心。管理艺术表现为弗雷德里克·泰勒(Frederick Taylor)的工时与动作研究(time-and-motion studies)。那些在更短时间内以更快速度生产产品的企业,就能够获得成功。

第二次世界大战以后,企业的重心逐步转向融资。管理艺术表现为"资产组合"的概念。那些在买卖公司并构建高收益资产组合方面卓有成效的企业,就能够获得成功。

现在是什么情况?生产和融资的管理理念似乎都已寿终正寝。今天企业的重心是营销。

微软公司(Microsoft)的比尔·盖茨(Bill Gates)、MCI 的伯特·罗伯茨(Bert Roberts)、佩罗系统公司(Perot Systems)的罗斯·佩罗(Ross Perot)、沃尔玛

[一] 此书中文版已由机械工业出版社出版。

超市（Wal-Mart）的山姆·沃尔顿（Sam Walton）、康尼格拉食品公司（Conagra）的迈克·哈珀（Mike Harper）、麦当劳（McDonald's）的弗雷德·特纳（Fred Turner）、迪士尼公司（Walt Disney）的迈克尔·艾斯纳（Michael Eisner）、宝洁公司（Procter & Gamble）的约翰·斯梅尔（John Smale）、可口可乐公司的郭思达，还有通用汽车公司（General Motors）的罗杰·史密斯（Roger Smith）。这些人有什么共同点？

你可能认为，他们都是过去十年最著名的CEO。不仅如此，事实上，从1985～1994年，他们每年都被《广告时代》（Advertising Age）杂志评为"年度营销专家"。（迈克尔·艾斯纳1995年再次获评。）

《广告时代》了解当代企业现状。CEO同时也是首席营销官。惠普公司的联合创始人戴维·帕卡德（David Packard）曾经说过："营销太重要了，不能只靠营销部门。"

微软大概是过去十年最成功的企业。IBM的郭士纳（Lou Gerstner）也不得不这样评价比尔·盖茨和他的公司："微软是我们最大的软件竞争对手，它并不是一家技术非常先进的公司，但它是我在20年营销生涯中见过的最好的一家销售公司。"

你可能会想，搞营销的怎么会写管理著作？问得好。

还有一个更好的问题：管理人员究竟是什么人？

答：就是能看懂资产负债表和利润表的营销人员。

序 一

劳拉·里斯
里斯伙伴营销战略咨询公司全球总裁

1994年,我第一次和父亲一起工作,那可是一段令人激动的经历。

当时互联网刚刚起步,我们赶紧去申请"域名"。很幸运,我们注册到了"www.ries.com"的域名。(幸亏我们不姓史密斯或琼斯。)

互联网的重要性还体现在另一个方面。我父亲当时正在写《聚焦》,他要我负责研究工作。那个时候做研究经常需要多次前往图书馆,费时费力,我在西北大学(Northwestern University)的时候就不愿意干这类事儿。互联网改变了一切。

现在，只要点几下鼠标，就可以收集大量信息。我在为 1996 年出版《聚焦》查找大量数据的时候，就是这么做的。

《聚焦》与艾·里斯以前写的四本书都不一样。这本书更丰富、更详细，也包括了更多的资料、数据和案例，再次感谢互联网。

从那以后，我们继续以这种方式合作写书（包括《品牌 22 律》《互联网商规 11 条》《广告的没落，公关的崛起》和《品牌的起源》）。在我们看来，一两个案例不足以支持一种营销概念或原则。要证明原则的有效性，就必须仔细研究数据。

换句话说，你不但要关心定位与策略，还必须关心盈利情况。一种想法或概念听起来可能不错，甚至可能得到媒体支持，但它能赚钱吗？

毕竟，利润才是企业的生命线，也是成败的分水岭。如果赚不到钱，说什么都没用。

但也不能只看利润。除了分析许多不同企业的财务状况，我们还要考虑时间和竞争这两个因素。

先看时间。短期有效的策略，长远来看不一定有效。一家缺乏聚焦的企业要解决问题，有时要花几十年。

再看竞争。在非竞争环境下有效的策略，在受到聚焦企业的竞争时不一定有效。

航空业就是受到这两种因素影响的好例子。曾几何时，这个行业是多么雄心勃勃。1975年的美国十大航空公司是：联合航空（United）、东方航空（Eastern）、达美航空（Delta）、美国航空（American）、环球航空（TWA）、阿勒格尼航空（Allegheny）、西北航空（Northwest）、布拉尼夫航空（Braniff）、西部航空（Western）和泛美航空（Pan American）。过去十年，美国定期航线的总收入为1 021亿美元，税后利润为16亿美元，销售利润率为1.6%。

现在，东方航空、环球航空、布拉尼夫航空和泛美航空已经消失。阿勒格尼航空现在是全美航空（US Airways），西部航空被达美航空收购。由于普遍缺乏聚焦和受到聚焦企业的竞争，航空业陷入了困境。

以美国航空为例。公司过去十年总收入为1 800亿美元，却亏损近10亿美元。

美国航空曾因多项创新营销而得到广泛赞誉，包括首先推出"常旅客计划"。

财务上一塌糊涂的不仅仅是美国航空。过去十年，美国五大航空公司（美国航空、联合航空、达美航空、西北航空和大陆航空）总收入达6 570亿美元，却亏损6.46亿美元。

航空业的问题也是许多美国企业的问题。公司管理层做出短期正确但长期错误的决定，结果使公司无法聚焦核心业务。

回顾历史。每当航空公司面临选择时，经常是两种都选。航空公司面临的第一个选择是：客运还是货运？

"我们两种都做"，这是几乎完全一致的回答。"客舱下面有多余空间，这很容易。"于是美国所有大型航空公司都同时经营客运与货运业务。

但是，没有多少货运业务。美国航空公司上一年货运收入只有5.58亿美元，仅占总收入的3%。相比之下，联邦快递公司（Federal Express）上一年货运收入达247亿美元，利润达8.38亿美元。而美国航空公司上一年却亏损10亿美元。

然而，两种都选的思维方式非常普遍。联合包裹服务公司（United Parcel Service，UPS）曾经想出一种昏招：在货机里装上座椅，周末飞客运包机航线。

航空公司面临的第二个选择是飞行目的地：商务航线还是度假航线？

"我们两种都做"，这是几乎完全一致的回答。"为什么要限制自己只飞一种目的地？休斯敦还是夏威夷？我们都可以。"

接下来的选择是经营范围：国内航线还是国际航线？

"我们两种都做"，这是几乎完全一致的回答。于是美国所有大型航空公司都经营国内和国际航线。

再下一个选择是舱位等级：头等舱、商务舱还是经济舱？

"我们三种都有",这是几乎完全一致的回答。于是美国所有大型航空公司都提供多种舱位等级。

回顾过去,不难发现这种什么都做的策略是错误的。但在短时间内,这些营销措施多半提升了收入和利润。只有经过很长时间,或者是与精准聚焦企业竞争时,这种什么都做的策略才会失败。

竞争非常激烈。在航空业,竞争来自单一经营的西南航空(Southwest)。只有商务航线,没有度假航线。只有经济舱,没有头等舱和商务舱。只有国内航线,没有国际航线。

西南航空也没有餐叉。飞机上不供餐,不托运宠物。不允许提前预订座位,也不允许不同航班交换行李。

因为单一经营,西南航空可以只用波音737s一种机型。而其他如达美航空就有六种机型,还不包括康迈尔航空(Comair)和大西洋东南航空(Atlantic Southeast Airlines)等达美子公司的飞机。

精准聚焦可以显著改善经营。对西南航空而言,航班计划和飞机维护都简单多了。如果你的机械师只维护一种机型,他们就能做得更好。(在西南航空31年的运营中,从未出现过乘客死亡事故。)

精准聚焦可以明显提升利润。过去十年,西南航空总收入443亿美元,税后利润达36亿美元,也就是说,销售利润率达到惊人的8.1%。(美国其他航空公司即使在表现最好的年份也从未达到这种盈利水平。）

西南航空目前的股票市值为 124 亿美元，是美国航空、联合航空、达美航空、西北航空和大陆航空等公司合计总市值的三倍多。

那么，美国这些全面经营的航空公司如何应对来自西南航空的威胁呢？它们明白了成功之道就是"精准聚焦"吗？

完全没有。它们采取习惯的做法应付来自西南航空以及捷蓝航空（JetBlue）和穿越航空（AirTran）的威胁。在面临选择时，两种都选。

我们应该提供全面服务还是廉价服务？

习惯做法是"我们两种都提供"。于是达美航空推出了歌航（Song），而联合航空推出了泰德航空（Ted）。

而对于联合航空在其跨洋航线上推出特级服务的想法，你还能说什么？于是，联合航空除了有头等舱、商务舱和经济舱，现在还有特级头等舱、特级商务舱和特级经济舱。

顺致联合航空：这种做法行不通。

在几乎任何行业和公司都可以找到"什么都做"的思维方式。自从《聚焦》首次出版以来，这个问题仍然存在。由于公司力求实现短期财务目标，现在这个问题可能更严重了。

因此，我们相信《聚焦》仍将继续适用于目前竞争环境下的企业家。

序 二

太阳的能量很强大,它没日没夜地将亿万千瓦的能量洒向地球。但只要戴上帽子并涂上防晒霜,你就可以享受几个小时的日光浴,几乎没有不良后果。

激光的能量很微弱,它是将几瓦能量集中起来的相干光束。但激光却可以在钻石上钻孔或杀死癌细胞。

如果让公司聚焦,也会产生同样效果。你会创造出一种像激光那样强大的、主导市场的能力。这就是聚焦的意义。

如果公司失去聚焦,就会失去能力。它会变成在过多产品和市场上浪费能量的太阳。

美国企业是什么情况?是通过聚焦培养出激光一样的能量,还是想亮过太阳?

美国企业似乎输给了太阳。

过去几十年，大量新产品和新服务对市场造成冲击。科技的迅速发展加上生产工艺成本降低，使得消费者可以选择的产品数量和种类大幅增加。

计算机、复印机、彩色电视机、摄像机和录像机、手机、传真设备等，数不胜数。

公司的应对策略是品牌延伸。生产电气设备的通用电气公司（General Electric）涉足电视机、喷气发动机、计算机、塑料和金融服务等许多与其核心业务电气无关的产品和服务。从美国运通（American Express）到真力时（Zenith），世界上几乎每家公司都概莫能外。

现在，品牌延伸已经过时。公司品牌不可能无限延伸，这本来是显而易见的事情。你会到达收益递减点，你会失去效率与竞争力，最要命的是，你会无力管理一堆不相关的产品和服务。

你会变成一颗红巨星，一种过气的庞然大物，比太阳大几百倍，但表面温度只有太阳的一半。已经变成红巨星的公司有通用汽车、IBM和西尔斯公司。

恒星无法聚焦，但公司可以，这就是本书要传递的信息。现在是通过精准聚焦开发公司影响力的时代。

幸好有些CEO已经收到了这一信息。最近，媒体报道了许多公司聚焦或重新聚焦的案例。

甚至连强大的通用电气也不再扩张，而是正在收缩。过去十年，公司卖掉了几百种业务，员工减少了一半。通用电气卖掉的业务主要有计算机、电视机和小家电。

从数学角度来看，10%、15%或20%的增长率显然无法长期保持。上一年通用汽车收入为1 550亿美元。如果公司以20%的速度增长，2021年之后，通用汽车就会变成年收入达7.1万亿美元的红巨星，超过美国的国内生产总值。

反对过度扩张才刚刚开始。有些公司不再扩张，而是回到原点，去学习激光课程，学习如何聚焦。

你也应该这样做，因为它将决定你的公司的未来。

目 录 FOCUS

作者的话
前　　言
序　　一
序　　二

第 1 章　**失去聚焦的美国企业**　/ 1

导致公司失去聚焦的两个原因是：多元化发展和品牌延伸。

第 2 章　**全球化的动力**　/ 33

当我们在全球范围真正实现自由贸易的时候，世界上每家公司就必须走专业化道路才能生存。

第 3 章　**分化的动力**　/ 51

无论公司因为什么原因扩大产品线，都会输给通过分化而不是融合实现精准聚焦的竞争对手。

第 4 章　来自企业领域的积极信号　/ 69

在融合、联盟与合并的喧嚣背后，另一个故事正在发展。一些深谋远虑的商业领袖正悄悄地开始让他们的公司进入聚焦状态。

第 5 章　来自零售业的积极信号　/ 83

在几乎每个品类中，零售商们都在精准聚焦，以期获得更大的市场份额。

第 6 章　两瓶可乐的故事　/ 111

百事公司收入达 285 亿美元，而可口可乐公司的收入为 162 亿美元。以股票市场价值来衡量，较大的百事公司市值 440 亿美元，而较小的可口可乐公司市值 930 亿美元，是前者的两倍多。可口可乐每一美元收入所创造的价值几乎是百事公司的四倍。这就是聚焦的力量。

第 7 章　质量定律　/ 125

商业世界的真正动力不是质量，而是对质量的感觉。

第 8 章　找到你的字眼　/ 143

品类中销量最大的品牌基本在顾客心智里代表这个品类。即在潜在顾客心智里，代表品类的字眼属于品类中销量最大的品牌。

第 9 章　缩小经营范围　/ 189

不一定要发明什么东西才能在顾客心智里拥有字眼。缩小经营范围有时也可以达到同样目的。

第 10 章　应对转变　/ 221

应对转变的五种方法是：①一脚踏两船；②两脚踏新船；③留在旧船；④踏上新船并改名；⑤分乘两条船，名称也分开。第一种是最流行也是效果最差的。

第 11 章　分而治之　/ 247

对于许多尾大不掉、效率低下和管理不善的公司而言，分拆是一种合理的对策。

第 12 章　建立多梯级聚焦　/ 297

为了保持单一聚焦，公司应该考虑在产品系列上增加新的梯级，而不是在一个梯级上增加产品类型。

第 13 章　**化混沌为有序**　/ 343

行业领导者应该领先。而且它们应该朝着一个有利于行业多数企业而不仅仅是有利于自己的方向先行一步。

第 14 章　**跨越产品代沟**　/ 361

为了跨越产品代沟，你必须做好四项基础工作：①尽早行动；②开发全新的产品；③新产品要有新品牌；④果断行动。

第 15 章　**长期聚焦十五要素**　/ 395

这十五要素有助于企业开发行之有效的长期聚焦战略，也可以帮你判断什么样的聚焦战略才会管用。

FOCUS

第1章

失去聚焦的美国企业

美国企业的发展动力是什么?一言以蔽之,就是增长。

即使公司所处的市场在整体上增长乏力,管理层仍然要求收入和利润实现大幅增长。

不难想象,公司为了实现这些目标将提供更多类型的产品和服务。它们有的进入其他市场,有的收购其他公司或产品,还有的建立合资企业。

无论你把这种扩张过程称为"品牌延伸""多元化发展"还是"协同效应",导致公司失去聚焦的,正是这一过程和公司对增长的渴求。

由于这个原因,IBM公司年收入达630亿美元,却亏损80亿美元。通用汽车公司年收入达1 330亿美元,却亏损230亿美元。

虽然主动进取可能带来令人钦佩的增长业绩,但是追求增长本身却是严重的战略失误。它是众多美国企业失去聚焦的主要原因。

CEO一直在为他们的战略失误付出代价。毫无疑问，很多CEO都犯过使公司失去聚焦的战略失误。历史上从来没有这么多的CEO被公司董事会解雇。

其中包括美国运通公司的詹姆斯·鲁滨孙、苹果公司的约翰·斯卡利、博登公司的安东尼·达莫托和欧文·沙梅斯、汉堡王的巴里·吉本斯、康柏公司的罗德·凯宁、数字设备公司的肯·奥尔森、伊士曼柯达公司的凯·惠特莫尔、通用汽车公司的罗伯特·斯坦普尔、固特异公司的汤姆·巴雷特、IBM公司的约翰·艾克斯、凯马特百货的约瑟夫·安东尼尼、莫里森-纳德森公司的威廉·亚基，还有西屋电气公司的保罗·雷格。

追求增长并不是导致公司聚焦缺失的唯一原因。公司失去聚焦似乎本来就是一种自然现象，无须有意促成也会发生。

成功的公司在起步时往往高度聚焦于一个产品、一个服务或一个市场。久而久之，公司会变得失去聚焦。它涉足的市场太多，提供的产品或服务也太多。它失去了方向、目标和动机。公司的使命宣言也失去了意义。

你可能在这样的公司工作过，多数人都有过这样的经历。起初一切看起来都很好。早期的产品或服务获得巨大成功，公司的发展势头良好，前途充满希望，股票价格也一飞冲天。

但是，成功同时创造了向许多不同方向拓展业务的机会。公司大厅里充满期待和兴奋的情绪，在过道里听到最多的话就是"我们将征服世界"。

20世纪60年代的通用汽车、70年代的西尔斯公司、80年代的IBM公司和90年代的微软公司都出现过这种情况。

然而,期待的事情不会发生。不久,问题开始出现。之前看似充满机会的世界,如今却变得充满问题。无法实现目标,销售表现平平,利润下滑。媒体上开始出现负面报道。

咨询顾问巴里·斯派克(Barry Spiker)说:"有时我想,多数美国大公司的管理层是不是都患有注意缺失紊乱症。他们无法保持聚焦。"通用汽车、西尔斯公司和IBM都是这样。微软的情况还不确定。如果历史重演,微软就会成为下一个IBM,一个失去聚焦的公司。

在物理世界中,没有聚焦的状态称为熵或混乱。鲁道夫·克劳修斯(Rudolf Clausius)的熵理论指出,封闭系统中的熵迟早会增加。比方说,你整理好了衣柜,一个月以后,衣柜里又乱成一团。这就是熵的效应,是自然界的一项基本法则。

企业和衣柜没什么区别。每个公司迟早都会失去聚焦。

车库也一样。比方说,在4月的一个周六,你用整个下午的时间清理车库。这是一件苦差事。但在一天结束时,你对自己很满意。因为一切看起来都不错,每件东西都井然有序。你对自己保证,从现在起,我要让每件东西物归原位,让车库一直保持今天这种状况。

一年以后,你又故态复萌,车库里又乱成一团。企业和车库没什么区别。

还有汽车上的手套箱。把你的手套箱清空,看看会找到什么。可能会出现很多你想都想不到的东西——地图、钢笔、太阳镜、加油发票、移动电话、口香糖、零钱、纸巾、车辆登记证书、过去三年的保险卡、车主手册。什么都有,就是没有手套。企业和手套箱没什么区别。

打开书桌最上面的抽屉。是整齐还是混乱?无须多说。

就像人的注意力会分散一样,企业迟早也会失去聚焦。彼得·德鲁克给一家典型的企业勾画了一幅黯淡的前景:"对整个企业及其基本经济情况的分析总是表明,企业的毛病超出所有人的想象。人人夸耀的产品不是曾经辉煌却已经过气,就是投入越多却效益越差。无人关注的企业活动反而成为烧钱的无底洞,耗资巨大并已危及公司的竞争地位。企业最看重的品质,对顾客而言却没有意义。"

听起来像不像你的公司?彼得·德鲁克建议集中"稀有资源,抓住最佳机会"。否则,你需要给管理层来一针大剂量的利他林(Ritalin)⊖。

失去聚焦的原因有两个:其中一个已经遭到普遍质疑;另一个虽然还有市场,但也显得有点过时。

多元化发展

遭到普遍质疑的就是"多元化发展"。还记得多元化发展战略曾经有多么深入人心吗?不要把所有鸡蛋放在一个篮子

⊖ 一种中枢神经兴奋剂。——译者注

里，几乎每家美国大企业都不遗余力地宣传并坚信这一理念。

人们喜欢用板凳打比方。三条腿的板凳代表公司经营三项主要业务，四条腿的板凳代表公司经营四项主要业务。（显而易见，两条腿的板凳不受企业策划人欢迎。）

多元化发展一族特别钟爱金融服务。但许多公司受到金融服务的拖累而一落千丈，其中包括西尔斯公司、美国运通公司、施乐公司（Xerox）、保诚保险（Prudential Insurance）和西屋电气。

西屋电气的经历尤其痛苦。受到现已取消的信贷分部（负责西屋电气金融服务）的拖累，公司在几年前好不容易才免遭破产。过去五年，西屋电气换了三任董事长，总收入586亿美元，累计亏损达24亿美元。要是将公司资产换成美国国债，也许还能赚点钱。

还有施乐的悲惨经历。在20世纪80年代早期，这家复印机霸主决定扩张到金融服务领域。"施乐金融机器"旗下的子公司包括克拉姆与福斯特资产与责任保险公司、范·坎朋·梅里特共同基金、福曼·塞尔兹投资银行和施乐人寿保险公司。

当施乐金融机器在1992年底瓦解时，公司提取了高达7.78亿美元的税后坏账，并宣布完全退出金融领域。《华尔街日报》评论："这个期待已久的决定意味着施乐低声下气地承认失败，它在鼎盛时期通过并购进入金融领域，结果却只能眼看着这笔投资破坏了复印机核心业务的东山再起。"

然而，仍然有一家又一家的公司继续寻找那些可以点石成金并刺激收入增长和股价上升的收购项目。到头来,它们找到的常常不过是失望与幻灭。

- 1984 年 IBM 收购罗姆公司。1989 年 IBM 卖掉罗姆公司。
- 1982 年可口可乐公司收购哥伦比亚电影公司(Columbia Pictures)。1989 年可口可乐公司卖掉哥伦比亚电影公司。
- 1985 年大都会人寿保险公司(Metropolitan Life)收购 21 世纪不动产公司(Century 21 Real Estate)。1995 年大都会人寿卖掉 21 世纪不动产公司。
- 1985 年克莱斯勒公司(Chrysler)收购湾流宇航公司(Gulfstream Aerospace)。1990 年克莱斯勒公司卖掉湾流宇航公司。
- 1988 年伊士曼柯达公司收购斯特林制药公司(Sterling Drug)。1994 年伊士曼柯达公司卖掉斯特林制药公司。
- 1989 年陶氏化学公司(Dow Chemical)收购马里昂梅瑞尔陶氏公司(Marion Merrell Dow)。1995 年陶氏化学公司卖掉马里昂梅瑞尔陶氏公司。
- 1990 年松下公司(Matsushita)收购 MCA 公司。1995 年松下公司卖掉 MCA 公司。

对上述和其他收购与分拆案例的分析表明,多元化发展存在着六年之痒。六年时间足以让收购方相信这是个馊主意。

六年时间也足以让广大投资者忘掉在宣布收购时收购方所承诺的不可思议的"协同效应"。

如果在公共关系方面处理得当,这种"回到起点"的分拆声明可能起到和当初收购声明同样积极的宣传作用。

回想起来,有些多元化举措算得上是滑稽可笑的。1985年11月7日,李·艾柯卡(Lee Iacocca)为新的克莱斯勒公司揭开面纱,该公司现在是一家控股公司,汽车只是公司的业务之一。克莱斯勒将成为一家"四位一体"的公司:克莱斯勒汽车公司、克莱斯勒宇航公司(湾流)、克莱斯勒金融公司和克莱斯勒技术公司。

艾柯卡把最后一家公司称为"虚位以待",因为他还没有收购任何业务来充实它。但是他会立即着手寻找10亿美元级别的高科技收购项目。

后来他承认自己最大的失误就是多元化发展。"我们不需要一家控股公司,它让我们头重脚轻。万一我们误入歧途——你知道,有时人们的确会误入歧途——伙计,我们必须赶紧聚焦。"

福特汽车公司也有相同经历。CEO唐纳德·彼得森决定,福特应该变成一家"三位一体"公司。当然,第一位是汽车。第二位是金融,第三位是高科技。为了充实金融业务,彼得森收购了一家加利福尼亚的储蓄贷款银行和两家消费贷款公司(分别位于费城和达拉斯)。1985~1989年,福特耗资60亿美元用于收购。当然,结果很是一般。

"四位一体思维方式"并非大公司专利。小公司也经常成为这种思维方式的牺牲品。当公司收入接近1 000万美元（允许有一两百万美元误差），小公司常常志得意满并失去聚焦。

当收入达到约1 000万美元，创始人就会认为公司的规模已经太大，应当把经营责任授权给三四个关键人物，结果每人各管一摊，各奔东西。

为了公平起见，应该提到通用电气这家超大型综合企业，其税前利润有三分之一以上来自通用电气资产公司。问题是，这家年收入达200亿美元的金融巨头是否受益于它与通用电气的关系？或者说，离开通用电气它也会成功吗？

就算二者有关联，也不能说明它们之间存在因果关系。在1970年11月8日新奥尔良队和底特律队的比赛中，汤姆·登普西（Tom Dempsey）创造了美国国家橄榄球联盟（National Football League，NFL）历史上最远距离的射门（63码），而他只有半只脚。如果我想为一支NFL球队踢任意球得分，我是不是也需要将踢球那只脚截去一半？我想不需要。

买彩票是一种失败做法，因为多数人买彩票都以赔钱收场。但即使是失败做法，还是有人成为赢家。尽管通用电气资产公司所代表的多元化发展战略可能失败，它却成了赢家。

此外，过去的成功无法保证将来还会成功，尤其当你采取失败做法的时候。通用电气资产公司还会保持过去的惊人业绩吗？我想不会。

风水轮流转。长期而言，成功的是那些聚焦程度最高的公司，失败的是那些聚焦程度最低的公司。聚焦原则应该成为公司每项决策的指导原则。

既然聚焦原则如此重要，为什么遵循这项原则的公司好像没有多少？为什么管理著作很少关注聚焦？为什么多数CEO忽视甚至违背聚焦原则？

就像埃德加·爱伦·坡（Edgar Allan Poe）在《失窃的信》（*The Purloined Letter*）中生动描写的那样，最难得一见的东西有时就近在眼前。在旁观者看来，当前几乎每家公司都在一步一步头也不回地走向不再聚焦的状态，这是显而易见的。无论称之为熵或随便什么东西，不再聚焦已经成为无法改变的企业现状。本书研究的就是如何处理这一问题。

更糟糕的是，多数公司故意失去聚焦。这听起来不太可能，但的确如此。我们把这一过程称为"品牌延伸"，用管理顾问的名言来说就是"发挥品牌价值"。

品牌延伸

品牌延伸是导致美国企业失去聚焦的第二个原因。这种观点现在还有市场，但日渐式微。

没有人可以像唐纳德·特朗普（Donald Trump）那样将品牌价值发挥到淋漓尽致。老唐（The Donald）一开始很成功。然后他四处扩张，用自己的名字从事银行愿意贷款支持的所有生意。他有三家赌场、两家酒店、两幢公寓、一家航空公司、一家购物中心、一支橄榄球队，甚至还有一个他冠名支持的自行车比赛。

《财富》（Fortune）杂志称特朗普是"一位对现金流和资产价值明察秋毫的投资者，一个精明的卖家、一个狡猾的投机客"。他是《时代》（Time）杂志和《新闻周刊》（Newsweek）的封面人物。如今，特朗普负债数百万美元。品牌延伸让他在短时间内获得了成功，也让他最终遭到失败。

以前老唐在美国的做法，和如今老理（The Richard）在英国做的一样。理查德·布兰森（Richard Branson）拥有维珍集团（Virgin Group），旗下的维珍大西洋航空公司给北大西洋航空市场带来了不少刺激。布兰森不满足于仅仅拥有一家航空公司，他正在将维珍品牌进行延伸。

老理用维珍注册个人计算机品牌，并成立合资公司推销维珍可乐和维珍伏特加。（有一架维珍的波音747客机被漆成可乐罐的样子。）计划推出的产品还有含气泡和不含气泡的维珍饮用水，酸橙味的碳酸饮料维珍七号（Seven Virgins）。

还有向广告商出租轻型软式飞艇的维珍灯船公司。布兰森授权两家新成立的欧洲航空公司使用维珍品牌，并打算从国有铁路公司接管英国所有的铁路业务。还有维珍金融服务公司，包括一个指数基金和一项工资储蓄计划。

同时，回头看一看一直亏损的维珍大西洋航空公司。为了弥补损失，老理已经在过去两年借给航空公司5 000万美元。毫无疑问，维珍帝国即将分崩离析。英国航空和美国航空的竞争已经使维珍难以招架，更别提可口可乐和斯米诺（Smirnoff）伏特加了。

布兰森正在步弗雷德·莱克爵士的后尘。早在 1977 年，莱克航空公司（Laker Airways）就在北大西洋航空市场引入跨越大西洋的空中列车服务。这是一种便捷的低价航班，对餐饮和额外服务收费，因提供"廉价而快乐"的英国之旅出名。两年之后，莱克开始增加服务项目。

最终，弗雷德爵士推出了五种机票等级，包括针对商务市场的"摄政"等级。《商业周刊》（*Business Week*）评论，"除了使莱克航空的公众印象变得模糊之外，新的服务项目还增加了运营成本，也破坏了原先的简单概念"。

与此同时，弗雷德爵士抱着典型的"征服世界"的心态，订购了 10 架 A300 空中客车，并申请开辟大量欧洲航线，包括一条引起轰动的在欧洲 35 个城市之间穿梭飞行的航线。就在 1982 年破产之前，他还计划推出"环球列车"，进行环球飞行并参与大部分世界航空市场竞争。

正当弗雷德·莱克爵士的北大西洋业务日薄西山的时候，唐·伯尔在北美创办了一家"精简服务"航空公司。这家名为人民快捷（People Express）的航空公司于 1981 年春天开始运营。机票很便宜，飞机上供应的软饮料和布朗尼蛋糕要收费，托运行李每件 2 美元。

由于票价低廉，人们可以随时乘坐飞机进行周末短途旅行，被誉为"空中便道"的人民快捷很快获得了成功。1980 年，公司股票以每股 8.5 美元上市，3 年不到，股价已接近 50 美元。

不难预料，唐·伯尔后来开始进行品牌延伸，包括迅速扩张航线和航班。他购买了747客机开辟了伦敦航线。1985年，他以3亿美元收购边疆航空公司（Frontier Airlines，第二年就卖给联合航空）。然后，他又试图从提供精简服务的低价航空公司转型为提供全面服务的航空公司。1987年，几乎肯定破产的人民快捷被得克萨斯航空公司（Texas Air）吞并。

伯尔、莱克和布兰森都没有认识到，品牌名称不是狩猎许可证，让你可以捕杀大型动物（越多越开心），而是需要切割打磨的钻石。换句话说，品牌需要聚焦。只有使公司或品牌长期聚焦，才能培养出强大的公司并确保将来获得成功。

《花花公子》（*Playboy*）杂志的成功和所有《花花公子》副产品的失败是上述原则的最好写照。作为世界上最畅销的男性杂志，《花花公子》和公司的兔女郎商标世界闻名。《花花公子》发行量达340万册，超过时代华纳公司（Time-Warner）最赚钱的《人物》（*People*）杂志，也超过《体育画报》（*Sports Illustrated*）、《新闻周刊》和《时尚》（*Cosmopolitan*）。

这正是推出花花公子俱乐部、花花公子图书、花花公子视频和花花公子有线频道的大好时机，当然还有服饰、古龙香水、首饰、眼镜和避孕套。花花公子公司现在由休·海夫纳的女儿克里斯蒂经营，公司尝试过的以上所有业务和其他业务，都以失败告终。（第一家花花公子俱乐部于1960年在芝加哥开张，最后一家花花公子俱乐部于1986年关闭。）

例如，公司过去六年的累积收入为11亿美元，亏损达600万美元，但他们还不放弃。最近，花花公子公司聘请创新艺人经纪公司（Creative Artists Agency）帮他们寻找投资者，推进一项进军国际电视、赌场和新媒体的宏伟计划。

《花花公子》杂志已经有42年历史。人们不禁会想，要是花花公子品牌聚焦经营杂志，那该有多好，而且还可以用不同名称推出新的杂志。这正是亨利·卢斯（Henry Luce）从《时代》杂志开始所做的事情。（参见第12章，"建立多梯级聚焦"。）

品牌自恋

有些公司不是推出新的品牌，而是陷入自恋，挖空心思地利用似乎无所不能的品牌名称。锐步（Reebok）品牌最近也加入了俱乐部，1995年花了5 500万美元在纽约盖了一幢房子，取名为锐步体育俱乐部。我认为，锐步俱乐部无疑会重蹈花花公子俱乐部的覆辙。

耐克也不甘落后，宣布将以达拉斯牛仔队（Dallas Cowboy）的得克萨斯州体育场为主体，在得克萨斯州欧文建一个主题公园。耐克接下来是不是要买下这支球队呢？

美国通信卫星公司（Comsat Corp.）已经买下了一支职业球队。这家公司由美国政府于1963年设立并上市，经营电话公司与国际通信卫星组织（Intelsat）下属的全球卫星网络之间的连接业务。美国通信卫星公司决定向体育和娱乐领域多元化发展。

1989年以来，这家通信公司已经买下了丹佛掘金队（Denver Nuggets）、一家好莱坞制片公司、一座丹佛主题公园 1/3 的股权，还有一家为近 60 万间酒店客房提供付费卫星电视节目的公司。最近，美国通信卫星公司又以 7 500 万美元买下了魁北克北方人冰球队（Quebec Nordiques）。

这家通信公司还同合伙人一起投资 1.32 亿美元建设了丹佛室内运动场，作为篮球队和冰球队的主场。冰球队已从魁北克搬到丹佛，并更名为雪崩队（Avalanche）。难怪美国通信卫星公司的股价现在仍然停留在 1989 年进军娱乐领域时候的水平。

乔斯腾斯公司（Jostens）年收入 6.65 亿美元，拥有美国毕业戒指、年鉴和各类学校毕业产品 40% 的市场份额。公司决定进军教育软件业务。这看起来很合理——软件市场正在迅速发展，而公司有现成的分销渠道。

于是，公司在 1986 年成立了乔斯腾斯学习软件公司，并开始大举收购。以 6 500 万美元收购教育系统公司，以 1.02 亿美元收购威凯特系统公司。到了 1992 年，乔斯腾斯占据了 60% 的计算机学习市场份额。

但一家戒指公司懂多少计算机知识呢？当然不多。当市场转向低价的 IBM 兼容个人计算机和商用软件包时，乔斯腾斯公司还在卖专用的学习机。

1994 年，乔斯腾斯公司提取了 1.4 亿美元税前坏账准备，主要是软件研发费用和裁减销售人员支出。1995 年，乔斯腾斯公司回到起点，卖掉了教育软件、运动服装和航空培训业务。《华尔街日报》写道：乔斯腾斯公司"正在摆脱其余外围业务，聚焦于向学校和企业出售奖励与纪念产品"。

品牌延伸不需要怎么鼓励，在企业里无须刻意推进也会不断发生。公司就像河流一样流往新的方向，或填补现在产品线的空白。

像衣柜、车库、手套箱或抽屉无意之中就会变得乱七八糟一样，品牌延伸可能会出现在以下六个不同领域。

（1）分销。在乔斯腾斯公司的案例中，现成的分销渠道让公司主管自问："我们还能卖别的东西吗？还有什么热销新产品可以在店里卖？"销售人员经手的产品越多，就越容易失去聚焦。

（2）生产。"我们的工厂还能不能生产别的什么东西，以便提高生产效率和降低生产成本？"道琼斯公司的《华尔街日报》是世界上最赚钱的报纸。但《华尔街日报》一周只出五期，还有两天可以做别的事情。

于是道琼斯又出版了《全国观察者》（*National Observer*）周报。在连续亏损15年以后，《全国观察者》停刊。

（3）营销。公司成功销售了一种包装消费品，就自认为能够销售所有的包装消费品。宝洁公司在营销方面颇有建树，于是，针对美汁源（Minute Maid）和纯果乐（Tropicana），它推出柑橘山（Citrus Hill）橙汁。

该品牌自1981年推出后，从来没在任何一年实现过盈利。1992年，柑橘山橘汁停产，宝洁公司累计亏损2亿美元。营销是一回事儿，橙汁是另一回事儿。

（4）客户生命周期。"如果我们的客户长大了，不再需要我们的产品了，怎么办？"很多公司都会问这个问题。于是，生产婴儿食品的嘉宝产品公司（Gerber Products）推出了嘉宝学生产品。麦当劳打算卖比萨饼。汉堡王想推出正餐并提供侍者服务。这些新尝试全都赔钱了事。

（5）地域。有些时候，地域扩张不一定会失去聚焦。例如，星巴克就成功地走出西雅图并进入全美市场。还有些时候，地域就是聚焦。长岛的《新闻日报》（*Newsday*）是美国最赚钱的报纸之一。于是，《新闻日报》决定进入城市，创办了《纽约新闻日报》。

这份报纸在十年内赢得三次普利策奖，却亏损1亿美元。不能怪母公司时报－镜报公司（Times Mirror Company）选择了停刊，只怪他们没有从纽约开始办报。

（6）定价。"有顾客嫌我们太贵。怎么办？"没问题，那就推出我们品牌的低价版吧。唐娜·凯伦（Donna Karan）是最大牌的女装设计师。不过，唐娜·凯伦确实很贵。于是，公司推出了不算太贵的DKNY系列服装。（可口可乐会推出便宜点的CCAT可乐吗？事实上有这个可能。最好不要让他们产生这种愚蠢的想法。）

唐娜·凯伦在一年之内成立了五家新公司：男性服装、DKNY男装及童装、内衣，加上生产唐娜私人配方香水的化妆品公司。

唐娜会重蹈里兹的覆辙吗？里兹·克莱本（Liz Claiborne）是20世纪80年代最受欢迎的女装品牌，是百货公司的龙头品牌。它由核心的运动装品牌衍生出许多分支，几乎给女性一生的每个阶段都设计了服装，如克莱本精选、里兹职业装、里兹运动装和里兹服饰。

如今，里兹·克莱本陷入了困境。据《克瑞恩纽约商业》（*Crain's New York Business*）杂志称，公司最近刚刚聘请了一位分管销售规划的副总裁，请他"为这家濒临倒闭的公司重新进行品牌聚焦"。

品牌膨胀

品牌膨胀是最近大量公司品牌延伸的另一个原因。请扪心自问："我们的品牌代表什么？"你确定吗？

嘉宝显然认为自己的品牌代表"婴儿"，否则怎么解释公司那些亏损的品牌延伸项目，包括儿童服装、婴儿车和高脚椅。公司还投资数百万美元，试图进军日托业务。

奇怪，随便问一位母亲嘉宝代表什么，她会毫不迟疑地回答"婴儿食品"。食品不是服装，也不是家具。

即使是一些以善于延伸品牌著称的成功企业，也不见得像表面看起来那样风光。麦当劳是快餐龙头企业，以善于创新菜单品种而著称。1983年以来，麦当劳推出了麦乐鸡（Chicken McNuggets）、即食沙拉、豪华瘦身汉堡（McLean Deluxe）等许多新产品。在十年中，美国每家麦当劳门店的平均收入增长了35%。

好极了！但同一时期，消费物价指数上升了41%。要是过去十年中麦当劳没有增加新品种，只是以通胀调节价格卖原来的品种，收入增长大概就会是41%，而不是35%。

这里有一些假设。每家麦当劳门店平均能够继续卖出相同数量的汉堡包、巨无霸、可乐和薯条吗？也许能，也许不能。当然，过去十年中人们更多在外面吃饭，这应该有助于麦当劳提升销量。

如果在顺风顺水的时候都不能保持销量，那么在景气不佳的时候还怎么过？

请注意，麦当劳自信十足，在金融界有很好的声誉。公司 CEO 迈克尔·昆兰曾经说过："要是我们卖啤酒和葡萄酒，我们最终可能 100% 占有饮食服务市场。"

很多公司纷纷效仿麦当劳，这些公司都以成功而大量地进行品牌延伸而著称。但是，如果你透过现象看本质，就会发现其大部分的增长来自物价上涨。扣除通胀因素，也就扣除了大部分的增长。

导致聚焦缺失的原因很多。有些公司步麦当劳后尘，总是在基本产品系列上增加品种；其他公司尝试组合一篮子不同种类的产品。后者导致多数延伸品牌遭遇明显失败。

公司在一段时间里高度聚焦于一种高利润的产品，过一段时间又分散经营太多种类的产品，而且刚好收支相抵，甚至还出现亏损。品牌膨胀又在作怪了。

世界上最大的品牌避孕套生产商于 1996 年提取了 2.2 亿美元坏账准备，并出现了 3 700 万美元的经营亏损。在艾滋病流行的时代背景下，世界上最大的避孕套生产商怎么可能亏损呢？

很简单。因为伦敦国际公司决定向零售相片加工、精细瓷器和美容护理行业多元化发展。最近，新的公司管理层停止多元化发展并重新聚焦。同年，这家世界上最大的避孕套生产商实现收入 5.09 亿美元,净利润 1 900 万美元。

品牌延伸并不是一种大公司现象,小公司比大公司更容易延伸品牌。1988 年,梅因街松饼店(Main Street Muffins)是一家年收入 10 万美元的零售店,位于俄亥俄州阿克隆。后来,当地一家餐馆要求店主卖给他冷冻的松饼面糊,而不是新鲜的松饼。从此,梅因街松饼店的批发生意就开始了。

梅因街松饼店购买了新设备,研制了新系统,开始向其他餐馆供货。由于看起来生意不错,他们又开了第二家店。但生意并没有看起来那么好,同时经营两种不同业务超出了他们的资源承受范围,员工的积极性也下降了。一年后,零售店和面糊业务注定会破产。该做决定了。

孟子说,鱼与熊掌不可兼得。

店主史蒂文·马克斯(Steven Marks)和哈维·纳尔逊(Harvey Nelson)决定舍鱼而取熊掌。他们卖掉了零售店,聚焦于冷冻面糊业务,即使它只占总收入的三分之一。

3 个月内,这项业务开始赢利,并一直保持赢利,而收入则迅速增长。从 1990 年开始,梅因街松饼店的收入以每年 100% 的速度增长。现在,公司每年的松饼业务收入达 1 000 万美元。

史蒂文·马克斯说:"与其两项业务都做不好,不如把一项做到最好。我们的结论是,要成功就必须聚焦。我们必须把精力放在最可能成功的业务上。"

像梅因街松饼店这样的小公司已经遭受了双重打击。1997 年建立的 70 万家新公司中,只有 3.5 万家(也就是 20

家中只有1家）能够生存5年以上。而同时做太多不同的事情，是小公司失败的主要原因。

如果只做一件事并把它做好，就可以树立一种声誉，长期而言几乎能保证你会获得成功。（不幸的是，短时间内你可能会遇到困难，因此资金对于任何新公司都非常关键。）

适用于"松饼"的原则也同样适用于计算机。多年前，当IBM公司只生产大型计算机的时候，公司非常赚钱。如今，IBM生产大型计算机、中型计算机、工作站、台式机、家用计算机和软件（这还仅仅是它的部分主要产品），但公司陷入了困境。

比方说，1991年IBM收入为650亿美元，却亏损28亿美元。1992年公司亏损56亿美元，1993年公司亏损81亿美元。（1994年虽然盈利30亿美元，但前景仍然不容乐观。）

在此期间，IBM公司在复印机（卖给了柯达公司）、罗姆电话设备（卖给了西门子公司）、卫星商业系统（卖给了MCI公司）、奇迹通信（Prodigy network，经营举步维艰）、SAA、TopView、Office Vision和OS/2操作系统等业务上损失了成百上千万美元。为什么采取这些导致失去聚焦的行动？

为了保持行业领导地位，IBM自认为必须驾驭"计算机"这匹马。IBM的想法是，计算机行业发展到哪，IBM就要跟到哪。实际上，媒体上对此颇有微词，认为IBM跟得还不够快。有评论说，在网络、客户服务器和台式机软件等领域，IBM应该做得更好。[评论甚至还赞扬IBM收购了莲花软件公司（Lotus）。]

如果你打算像IBM驾驭计算机这匹马一样驾驭一个快速发展的行业，你就会像受刑一样被颠得七荤八素。

然而，大多数公司就是这样。在获得巨大成功之后，它们无一例外地为自己埋下祸根。以微软公司为例，它是世界上最成功的公司，也是一家出类拔萃的公司。（尽管它的年收入仅为通用汽车的1/30，但其股票市值却高于通用汽车。）

听起来像是哪家公司？像IBM。微软正在重蹈IBM的所有覆辙，让自己成为下一个IBM。

微软的战略无力已有不祥征兆。1992年年初，《经济学人》杂志报道："盖茨先生以相同核心技术为基础整合一系列产品，将在整个软件行业展开竞争：从大型计算机到小型计算机，从机房操作系统到公司主管使用的图形软件。在软件行业，没有人管理过如此复杂的企业。IBM尝试过，却以失败告终。"

如果你试图满足所有人的一切需求，你难免会遇到麻烦。一位成功的经理人说过："宁愿精通一样，不要样样差劲。"

狭义上说，品牌延伸就是把一种成功产品的品牌（A1牌牛排酱）用在另一种计划推出的产品（A1牌鸡肉酱）上。

听起来非常有道理。"我们将A1品牌打造成一种在牛排市场份额最大的优质酱料，但人们的饮食习惯正在从牛肉转向鸡肉，因此我们要推出一种鸡肉酱。除了用A1品牌，没有更好的名称。人们会知道这种鸡肉酱和那种很棒的A1牌牛排酱出自同一厂家。"

但商战是认知之争，不是产品之争。在顾客心里，A1根本不是品牌，它就是牛排酱。如果一个人在吃饭时说："请把那瓶 A1 递给我。"没有人会问："什么 A1？"

尽管推出产品的广告预算达 1 800 万美元，A1 鸡肉酱还是一败涂地。

品牌延伸的方法就像宇宙中的星系一样，多得数不胜数，每天都会发明新的方法。经过一段较长的时间，加上激烈的竞争压力，品牌延伸几乎都会失败。

早在 1978 年，当七喜（7UP）仅仅是一种柠檬和酸橙口味的非可乐饮料时，它在软饮料市场的份额为 5.7%。后来，七喜增加了金七喜、樱桃七喜和多种低卡路里产品。如今，七喜的市场份额下降至 4.2%。

目光所及到处都有品牌延伸的例子，这也是商店里各种品牌充斥的一个原因。（有 1 300 种洗发水、200 种麦片、250 种软饮料。）

以可口可乐的 Tab 可乐和百事轻怡（Pepsi Light）为例。一般认为，可口可乐推出健怡可乐是因为 Tab 可乐在低卡路里大战中输给了百事轻怡。大错特错。健怡可乐推出时，Tab 可乐的市场占有率领先百事轻怡 32%。如今，健怡可乐的市场占有率领先百事轻怡的比例仍然大致相同。

当两个延伸品牌相互竞争的时候，总有一个会赢。因此，总会有很多像健怡可乐这样的成功例子让厂商夸耀。

每个品类市场份额最高的都不是延伸品牌，无一例外。以婴儿食品为例，嘉宝的市场占有率达 72%，远高于两个延伸品牌比纳（Beech-Nut）和亨氏。

尽管已经证明品牌延伸行不通，但许多公司仍然乐此不疲。例如：

- 李施德林（Listerine）漱口水。李施德林牙膏？
- 美达净（Mentadent）牙膏。美达净漱口水？
- 救生圈（Life Savers）糖果。救生圈口香糖？
- 比克（Bic）打火机。比克连裤袜？
- 添加利（Tanqueray）杜松子酒。添加利伏特加？
- 酷尔斯（Coors）啤酒。酷尔斯饮用水？
- 大陆航空（Continental Airline）。大陆淡啤？
- 亨氏番茄酱。亨氏婴儿食品？
- 《今日美国》日报（*USA Today*）。《今日美国》电视版？
- 阿迪达斯（Adidas）跑鞋。阿迪达斯古龙香水？
- 李维斯（Levi's）牛仔裤。李维斯鞋？

据著名行业杂志《新产品新闻》(*New Product News*)报道，1994年在美国超市和药店货架上新增的消费商品达20 076种，比前一年多14%。大约90%的新产品都是延伸品牌。

也许是一种巧合，但著名的营销顾问凯文·克兰西（Kevin Clancy）指出，在这些新产品推出两年以后，只有10%仍然在市场上销售。

如今，超市的大部分利润并非来自向消费者出售商品，而是来自给生产商提供各种服务。为了榨取更多收入，超市和连锁杂货店普遍在所谓"渠道促销"名义下，设计出各种各样富有创意的名目，包括展示、推广、广告、打折等，来向生产商收费。

最新的一种收费名目叫作"上架费",大概就是将新产品放到零售商货架上的费用。即使是适中规模的全美新产品发布活动,也要花费200万美元上架费。此外,如果新产品不好卖,零售商有时还要索取"下架费",也就是将产品撤下货架的费用。

品牌延伸使生产商和零售商都失去聚焦。一家超市的货架上就有240种镇痛剂,顾客不需要那么多止痛药,它们只会让那些上货和整理货架的人头痛不已。

多数新产品都是延伸品牌。多数新产品都不成功。当下次有人提出第N种品牌延伸方法时,管理层应该记住这两个永恒的事实。

品牌延伸的短暂辉煌

虽然有非常明确的证据表明品牌延伸行不通,但公司管理层为什么还是坚信不疑呢?原因是虽然品牌延伸长期而言注定失败,但在短期之内可能成功。

但是,你不能仅仅从短期效果来衡量成功。米勒酿酒公司(Miller)每一次的品牌延伸都被认为是成功的。首先是米勒淡啤,后来是米勒纯生和米勒纯生淡啤。当然,还有后来的米勒珍藏、米勒珍藏淡啤和米勒珍藏琥珀色啤酒,更不用说米勒清纯、米勒高品质淡啤和米勒纯红。

米勒淡啤也有品牌延伸,即超级淡啤和米勒清爽冰啤。

米勒啤酒的市场份额增加了吗?短期是增加了,但长期没有增加。品牌成功延伸的结果,是米勒啤酒比安海斯-布希(Anheuser-Busch)落后更多了。

并不是说安海斯－布希就没有忙着延伸自己的品牌。在1974年米勒淡啤推出之后，安海斯－布希等了八年才推出百威淡啤。到了1994年，百威淡啤已经成为美国销量最大的淡啤品牌，但主要是以百威普通啤酒销量下降为代价换来的。

例如，在1988～1994年的六年间，百威淡啤的销量增长了500万桶，而百威普通啤酒的销量则减少了700万桶，而且普通啤酒销量可能会继续下滑。

趋势是当今商业社会最强大的动力，但趋势这种东西最难捉摸，也容易错过。品牌延伸肯定会扼杀品牌的良好势头。酷尔斯酿制了一种名叫基玛（Zima）的奇妙麦芽饮料。到1994年，这个品牌已经占据了2%的啤酒市场份额。

后来，酷尔斯又推出了金基玛。基玛带有杜松子酒和奎宁水味道，很受女士青睐，公司想吸引男性顾客，因此推出带有波旁威士忌和苏打水味道的金基玛。祝它好运。

现在，金基玛已经不复存在，而原来的基玛品牌市场份额还不到1%。

管理者经常走入误区，认为顾客需要更多口味、更多品种和更多选择。也就是说，更多延伸品牌。奇怪的是，比起总销量上升的品类，你会在总销量下滑的品类中发现更多的品牌延伸现象。

啤酒、咖啡和香烟是三个产品销量持续下滑的品类，其中的延伸品牌也最多。（有十多种不同的万宝路。）

例如，在过去13年里，有11年的人均啤酒消费下滑。如果一个品类的顾客越来越少，为什么要增加品牌去满足他们呢？合乎逻辑的建议是要减少品牌。

但这是顾客的逻辑。生产商有另一套逻辑。生产商断定，因为销量减少，所以需要更多品牌才能保持或增加销量。如果一个品类的总销量上升，就有机会推出新品牌，但按照生产商的逻辑是不需要的。

结果，在不需要更多产品的市场领域充斥着延伸品牌，而在需要新产品的市场领域却缺少新品牌。真是怪事。

几年前，斯特林制药公司在全美药店发动了更疯狂的品牌延伸行动。当时斯特林是伊士曼柯达的制药分公司。拜尔牌（Bayer）阿司匹林是斯特林的大品牌，但是阿司匹林正在被对乙酰氨基酚[泰诺牌（Tylenol）]和布洛芬[艾德维尔牌（Advil）]取代。

于是，斯特林启动了一项耗资1.16亿美元的广告和营销计划，推出了五种"不含阿司匹林"的拜尔精选系列产品，包括头痛止痛药、常规止痛药、夜用止痛药、鼻塞止痛药和痛经止痛药。所有产品的主要成分都是对乙酰氨基酚或布洛芬。

结局很惨。拜尔精选推出第一年的收入为2 600万美元，仅占止痛药市场总收入25亿美元的1%。更糟糕的是，常规拜尔阿司匹林的销量下滑10%。如果生产商说它们的"精选"产品都"不含阿司匹林"，你还会买拜尔牌阿司匹林吗？

管理人员也可能因为对公司和品牌极度忠诚而失去判断力。否则，百事可乐公司怎么会无视百事轻怡和百事咖啡（Pepsi AM）的失败，继续推出中卡百事（Pepsi Max）、无糖百事（Pepsi XL）和水晶百事（Crystal Pepsi）呢？

市场上延伸品牌泛滥的另一个原因,是许多公司认为延伸品牌比推出新品牌成本低。不,一位应该对此深有体会的CEO,米勒酿酒公司的约翰·麦克多诺(John MacDonough)说:"推出延伸品牌与推出新品牌成本一样。"

市场上最热销的新啤酒根本不是延伸品牌,它是米勒酿酒公司的红狗(Red Dog)微酿啤酒。上市才五个月,红狗啤酒销量就占美国主要超市啤酒销量的1.4%,超过微酿啤酒销量的总和。

另外,再来看看冰啤这个品类。每个主要的啤酒品牌都有冰啤产品:米勒清爽冰啤、百威冰啤、莫尔森(Molson)冰啤、拉巴特(Labatt)冰啤,酷尔斯北极冰啤、喜立滋(Schlitz)冰啤和蓝带(Pabst)纯生冰啤。那么哪一个冰啤品牌销量最大呢?是这个品类中唯一主要的非延伸品牌——冰屋(Icehouse)。

但是,对任何一家公司来说,问题并不在于选择延伸品牌还是推出新品牌,而在于公司是否应该认为增长高于一切。

公司产品越多、涉猎市场越多、合作伙伴越多,赚的钱就越少。"朝每个方向全速前进"似乎成了公司的口号。什么时候公司才会明白,品牌延伸最终只会导致灾难?

精准聚焦

今天如果你想成功,就必须精准聚焦,以便在潜在顾客心里形成一种象征。

IBM象征什么？它曾经象征"大型计算机"。如今，它象征一切，等于说它什么都不是。

西尔斯为什么陷入困境？因为它想满足所有人的一切需求。西尔斯是耐用商品老大，后来它进入纺织品行业，然后又进入时装行业。他们甚至聘请了谢丽尔·提格斯（Cheryl Tiegs）来做模特。（时装模特们真的会在西尔斯买迷你裙吗？）

传统观点认为，商业战略通常包括培养"整体视野"。换句话说，什么概念或想法可以大到足以涵盖公司当前市场上所有的产品和服务，并做好将来的计划？

传统观点认为，战略就是一个帐篷。你要给帐篷留下足够大的空间，才能容纳你可能想装进去的一切。

IBM竖起了一个巨大的计算机帐篷。在IBM的帐篷里，无论是计算机领域现在还是将来的一切，都无所不包。这是灾难的前兆。随着新公司、新产品和新概念的不断涌入，IBM的大帐篷就会被风吹倒。

即使是和IBM一样财力雄厚的公司，也不可能在计算机这种迅速发展的市场一手遮天。从战略角度看，你应该更加审慎地挑选安营扎寨的领域。

技术的变革加速了专业化的到来。随着时间的推移和新技术的出现，商业社会也变得越来越专业化。制鞋厂被取代了，如今我们有专门生产男鞋、女鞋、童鞋、工作鞋、休闲鞋和靴子的工厂。

随着时间的推移和生活方式的转变，机会属于新的、懂得如何利用转变的专业化企业。受益于运动鞋的不是富乐绅

（Florsheim）或美国鞋业，而是生产运动鞋的专业公司耐克和锐步。

真正强大的是专业化公司，而不是通才企业。由于新技术改变了市场的性质，现有的公司都试图将新技术融合到它们的组织框架里。结果，它们变得失去聚焦，很容易被专业化公司打败。

计算机行业的科技进步预示着一批专业化公司出现，它们聚焦于某一类型的计算机，并在竞争中夺取了曾经被"蓝色巨人"[⊖]视为私有领地的大块市场。

数字设备公司聚焦于小型计算机。太阳微系统公司（Sun Microsystems）聚焦于UNIX工作站。硅图公司（Silicon Graphics）聚焦于3D计算。康柏聚焦于商用个人计算机。佰德（Packard Bell）聚焦于家用个人计算机。戴尔（Dell）和捷威（Gateway 2000）聚焦于个人计算机邮购业务。

"这是计算机行业最不可思议的事情。"《华尔街日报》在1995年这样报道，"世界上最大的计算机厂家，事实上是开创了个人计算机市场的公司，为什么会栽倒在个人计算机软件上？"

真的不可思议吗？其他几家个人计算机生产商都不是个人计算机软件领域的重要角色。康柏没有，戴尔没有，捷威没有，佰德没有，数字设备公司没有，惠普也没有。为什么IBM应该在个人计算机软件领域扮演重要角色呢？

谁是个人计算机软件领域的重要角色呢？当然是专业软件公司：微软、网威（Novell）、奥多比（Adobe）、直觉

⊖ IBM的别称。——译者注

(Intuit)、宝兰(Borland)、博德邦(Broderbund),以及数十家其他软件公司。这些公司没有一家生产个人计算机。(当然,每一家计算机公司都有一定的软件业务,以便其软件能和硬件"捆绑"销售。这种捆绑销售的做法使得竞争对手难以抗衡。IBM的软件业务收入达110亿美元,其中2/3与大型计算机业务有关。)

从战略上看,通用汽车和IBM的情况相似。通用汽车生产各种类型的车辆:轿车、跑车、廉价汽车、豪华汽车、卡车、厢式旅行车甚至还有电动车。通用汽车的商业战略是什么?只要能开,不管在不在路上开,我们都生产。

如果到处都是全科医生,只有你是脑外科医生,那么你的生意就会非常红火,而且还可以开出天价。但类似情况的公司,想法恰恰相反。

想象一下,一家诊所的医生宣称:"我们这里有著名的脑外科医生,因此我们要开展心、肝、肺和四肢手术。"换句话说,他们把自己变成了全科医生。这种事情在医学上绝不可能发生,却确实在管理上发生了。

品牌的首要目标是什么?根据最近对公司高管的一份调查,品牌的第一目标就是"为产品和服务撑起一把伞"。不管你把它称作伞还是帐篷,把什么东西都塞到一个顶子下面的行为很危险。正是这种管理理论直接导致了品牌延伸的陷阱。

对许多公司来说,品牌延伸是一条轻松的出路。它被视为一种成本低廉而且合乎逻辑的增长方式。只有当为时已晚,公司才会醒悟,并发现它们的聚焦缺失已经到了危险地步。

FOCUS

第 2 章

全球化的动力

在当今商业社会,最重要的事件就是全球贸易增长。《关税及贸易总协定》《北美自由贸易协定》等条约,亚太经合组织、南方共同市场等组织使贸易壁垒大幅降低,为了利用这一有利因素,世界各国都在努力增加出口。

全球化对你的经营有什么影响?

它会让你失去聚焦,即便你的产品或服务并未改变。

有个比喻可以对此做出最好的解释。假设你生活在怀俄明州一个只有50人的小镇上,你能找到什么样的零售商店?

没错。一个什么都卖的"百货"商店:销售食品、衣服、汽油等。

如果到了拥有800万人口的纽约市。你能找到什么样的零售商店?

没错。很多高度专业化的零售店。比方说,有男鞋店、女鞋店、童鞋店和运动鞋店，而不是普通的鞋店。

市场越大，专业化企业就越多。市场越小，专业化企业就越少，公司经营的项目就越多。随着世界进入全球经济时代，公司将不得不变得越来越专业化。

有些行业的全球化进程更快。可乐行业、计算机行业和商用飞机制造业现在基本是全球化行业了。其他行业要用几十年甚至更长时间才能达到同样的全球化程度。零售业可能永远也不会全球化，虽然电视购物频道和邮购企业正在加速这一进程。

全球贸易的繁荣景象令人惊讶。在世界上任何一个主要城市都可以看到遍布机场和市区的广告牌——夏普（Sharp）、佳能（Canon）、三星（Samsung）、施乐、飞利浦（Philips）、万宝路、壳牌（Shell）、IBM、可口可乐。你在哪个国家？

如果只看广告牌，你不可能知道自己在哪个洲，更不用说在哪个国家或城市了。

从当地人的衣着上，你常常也无法分辨在什么地方。尤其是年轻人。欧洲、亚洲、拉丁美洲和美国的年轻人都穿着清一色的牛仔裤、T恤（印着适当的广告词）和旅游鞋。

外贸有利于国家或者地区经济。全球化聚焦可能产生的辉煌成果在远东地区得到了最佳体现。日本、新加坡、韩国，以及中国的台湾和香港都通过贸易变得相当富有。贸易正在推动着几乎每个具有一定规模的行业进入国际市场。公司要么在国内与进口产品竞争，要么参与日趋复杂的全球市场竞争。

虽然很多公司从中获益，但经营全球化也让很多公司迅速失去聚焦，因为它们还不懂，长期而言，一个基于自由贸易的世界意味着什么。再次回到专业化的基本原则：市场越大，公司的专业化程度就必须越高，这样才会成功。当我们在全球范围真正实现自由贸易的时候，世界上每家公司就必须走专业化道路才能生存。

可惜，很多公司并不这样看。它们将全球化经济的崛起视为延伸而不是收缩品牌的机会。

以1992年年底的一家德国食品公司为例。1993年年初，随着边境管制和其他自由贸易壁垒消除，8 100万人口的德国即将成为3.47亿人口的欧盟"单一市场"的核心成员。

也就是说，这家德国公司发现自己的"国内"市场一夜之间翻了两番。多数公司如何应对这种一夜之间的人口爆炸？延伸品牌的诱惑一定无法抗拒。

"让我想想，我们需要给英国人提供甜味食品，给意大利人提供酸味食品，给荷兰人提供草本食品。"尽管这种想法可能是合理的，却与市场越大公司就必须越专业化的原则完全相反。随着市场扩大，必须收缩品牌。

结果，全世界有很多企业陷入困境。不过，经营全球化在某些地区对公司影响更大。比较一下欧洲和美国，哪里的企业遇到的麻烦更多？

当然是欧洲的，但是原因并非显而易见。多数观察家往往归咎于欧洲高成本的员工福利、严厉的劳动法、支持福利所必需的高税收，尤其是不能随意聘用和解雇员工。尽管这些因素无疑促成了蔓延欧洲大陆的经济不景气，但另外还有一个因素经常被忽视。

全球化条件下的欧洲企业

与美国公司相比，大多数欧洲企业的产品种类要多得多。通用电气生产的许多电气产品，西门子也生产。此外，西门子还生产许多计算机、通信开关和电子设备等通用电气不生产的产品。

事实上，美国大型计算机市场的激烈竞争将通用电气挤出了计算机行业。而德国的竞争温和得多，让西门子留在了这个行业。

以荷兰飞利浦电子公司为例。该公司年收入390亿美元，涉足行业包括芯片[与英特尔（Intel）竞争]、视频游戏[与世嘉（Sega）和任天堂竞争]、照明（与通用电气竞争）、录像机和摄像机（与索尼和其他许多公司竞争）。

顺便，飞利浦还涉足计算机、有线电视和录像带出租业务，更不用提对惠特尔通信公司（Whittle Communications）1.75亿美元的投资，几乎打了水漂。

1990年，飞利浦亏损达23亿美元，濒临破产。不用说，公司股票在过去十年表现很差。当前景气的半导体市场在短时间内让公司保持健康发展，但是从长期来看，飞利浦迫切需要聚焦。

以戴姆勒－奔驰公司为例。该公司是欧洲经济最发达的德意志联邦共和国最大的工业公司。除了这些自然优势，戴姆勒－奔驰公司还拥有世界上最好的汽车品牌——梅赛德斯－奔驰。你可能会认为戴姆勒－奔驰公司前途无量，但事实并非如此。1995年，公司的实际亏损超过10亿美元。

问题不是出在汽车上，梅赛德斯－奔驰模块一直赢利，问题出在多元化发展上。在20世纪80年代，戴姆勒－奔驰公司涉足喷气式飞机、直升机、火车和卫星等多项业务。（最近在中国投资的厢式旅行车项目估计投入10亿美元。）如果你现在将十年前买的戴姆勒－奔驰公司股票卖出，你会亏很多钱。

随着公司经营全球化，戴姆勒－奔驰公司本该朝着相反的方向发展。它应该将聚焦收缩至只生产豪华轿车，并把汽车业务的利润用来在全世界投资组装厂，而不是用来支撑那些亏损的子公司。

以意大利最大的菲亚特公司（Fiat）为例。该公司年收入为400亿美元，和年收入1 550亿美元的通用汽车公司一样，生产规格齐全的各种汽车。但是，控制着菲亚特集团的阿涅利（Agnelli）家族在很多领域也有投资，包括轻便摩托车、农机和卡车，还有化工、保险、食品、出版、体育、铁路和国防。（阿涅利家族旗下的上市公司占米兰证券交易所总市值的25%以上。）

菲亚特／阿涅利联合体的产品种类比通用汽车多得多，收入却少得多。由于经营全球化驱使公司向专业化发展，这个联合体将面临巨大的分拆压力。

1993年，菲亚特亏损11亿美元。1994年，多亏里拉贬值25%（有助于菲亚特出口，同时使意大利市场的进口车更贵了），菲亚特才得以赢利6.12亿美元。然而，菲亚特看起来越来越像过去与国家银行和政党有着密切联系的封建组织，即所谓"商业组织俱乐部"，也就是商业内幕组织。菲亚特的前景很不明朗。

更有甚者，最近一家收入达280亿美元的新的综合企业宣布，要把菲亚特的化工业务与费鲁兹财团（Ferruzzi Finanziare）及其子公司蒙特爱迪生化工公司（Montedison）合并。这家综合企业由实力强大的米兰投资银行和阿涅利家族控制。费鲁兹财团本身经营不善，负债高达200亿美元，两年前就几乎倒闭，它获救只是因为银行同意债转股。

一位金融专家说，费鲁兹合并案"毫无意义"。这一交易将产生一家巨型综合企业，"目前这种模式在世界上许多地方早已过时"。（幸好，媒体的严厉批评起了一部分作用，这项不明智的合并最近取消了。）

Olivetti公司正在重蹈覆辙。它是欧洲第二大计算机制造商［仅次于西门子利多富公司（Nixdorf）］，自1990年以来连年亏损，过去四年公司亏损达15亿美元。执行董事科拉多·帕塞拉承认，Olivetti公司"过去生产的东西太多"。在国内市场，公司的产品小到打字机，大到大型计算机；在海外，它正试图在全球范围内经营个人计算机业务。

公司不但没有收缩聚焦范围，还寻机进入三个其他行业：

服务业、电信业和多媒体。随着经营日趋全球化，Olivetti公司本来应该设法减少而不是增加产品。

此外，Olivetti公司还和菲亚特公司一样受累于公司组织问题。该公司大股东卡洛·德·本尼德蒂（Carlo De Benedetti）是年轻版的阿涅利家族。德·本尼德蒂的大股东优尼特集团公司（Compagnie Industriali Riunite）在电子、零售和其他领域都有投资。如果你有一揽子其他产品需要操心，你就很难与IBM、苹果和康柏竞争。

在欧洲个人计算机市场，目前Olivetti公司的市场份额为4%，而康柏公司为14%。

康柏公司利润丰厚，它的收入比意大利竞争对手高出一倍还多，但康柏公司没有像Olivetti公司那样多元化发展到电信、多媒体和服务业。不过，这不见得是康柏的自愿选择。

让康柏公司这样的美国公司更为聚焦的原因，是美国市场更大，专业化的动力也更强。随着经营全球化进程的持续，欧洲的公司将在缩小聚焦范围方面承受更大压力，否则它们将在竞争中越来越处于劣势。可以预料，欧洲商业社将出现许多混乱局面。

当然，从严格意义上说，欧盟市场比美国市场大，但是它并不是真正意义上的单一市场。要达到美国市场的"均质化"程度，欧盟市场还需要时间，可能还需要几十年。

经营全球化也需要时间。即使各国政府通力合作，要建立真正的单一全球市场还需要几十年时间。即使到了那个时候，可能还会有很多国家为了保护国内市场而不愿意加入全球市场。(本杰明·富兰克林说过:"从来没有哪个国家毁于贸易。")

全球化条件下的亚洲企业

同样的原则也适用于地球的另一半。日本经济衰退已持续多年,原因之一,就是在很大程度上,日本公司的产品太多太杂。

这种情况不仅是由于日本市场比美国市场小,这是品牌延伸的一部分原因,而且还由于控制欲很强的日本政府鼓励这种趋势。控制几家产品众多的公司比较容易,而在自由开放的美国,有许多精准聚焦的专业化公司为了争夺细分市场而竞争,很难控制。

美国十大企业中,只有一家(通用电气)是传统的综合企业。而日本十大企业中,有八家都是综合企业,只有两家不是。[丰田汽车公司(Toyota Motor)和最近刚刚完成私有化的政府垄断企业——日本电报电话公司(Nippon Telegraph & Telephone)。]

日本十大企业中有六家是综合商社(Sogo Shosha),也就是贸易公司。这几家公司的总收入合计将近10 000亿美元,占日本国内生产总值的1/4。然而,它们的利润率非常低,净利润还不到收入的千分之一。预测:这些日式综合企业有一部分很快就会日薄西山。

这六大日本企业的聚焦缺失程度难以想象。它们从事代理、经销、金融、风险投资,并投资经连会(keiretsu)成员公司的股票。此外,这些综合商社还把大量资金投入石油和天然气工厂、发电厂、卫星通信公司和有线电视系统。

在经连会成员公司中,有许多已经落后于形势。如三菱电机公司,年收入290亿美元,产品包括半导体、消费电子产品、太空设备和交通运输系统。从20世纪90年代初以来,公司收入和利润一直都在下滑。

品牌变得越来越重要,像三菱电机这样的公司将遇到更大的麻烦。以三菱为名的公司还有:三菱汽车(年收入340亿美元),三菱银行(年收入300亿美元),三菱重工(年收入290亿美元),三菱化工(年收入130亿美元),三菱材料(年收入100亿美元)。试图代表一切的品牌最终什么都代表不了。

日本企业这种把一个品牌用于众多产品的做法得到了许多商业作家的称赞,但这些作家并不总是能透过现象看本质。最受青睐的是雅马哈公司。在他们的作品中经常出现的主题是:"一家摩托车生产商如何成功推销钢琴。"

首先,雅马哈发动机公司是一家独立公司,生产钢琴的雅马哈公司持有雅马哈发动机公司1/3的股权。其次,雅马哈公司的财务状况很不好。作为一家典型的日式综合企业,雅马哈公司生产射箭器材、高尔夫球杆、音响器材、厨房设施、滑雪器材、电动自行车,当然还有乐器。

事实上,雅马哈是世界上最大的乐器生产商。按照目前的汇率计算,雅马哈公司过去10年卖出了价值460亿美元的产品,不过净利润不到收入的1%。无利可图的繁荣似乎是日本的商业风格，与它们大肆延伸品牌的经营理念和强调低价竞争的营销策略相一致。

日本有成千上万家雅马哈这样的公司。它们都以相同品牌生产多种产品，都靠低价促销，包括：日立（Hitachi，年收入760亿美元），东芝（Toshiba，年收入480亿美元），索尼（年收入400亿美元），日本电气（NEC，年收入380亿美元），佳能（年收入190亿美元），三洋（Sanyo，年收入160亿美元），夏普（年收入140亿美元），理光（Ricoh，年收入100亿美元）。最近一年，这八家综合企业的总收入合计为2 610亿美元，利润刚好合计为零。

索尼的29亿美元亏损拖了后腿，但八家综合企业中没有一家特别赚钱。夏普的业绩最好，净利润为2.95亿美元，占收入的2%多一点。[美国卡特彼勒公司（Caterpillar）收入与夏普大致相当，净利润差不多占收入的7%。]

从长远来看，日本综合企业将无法与拥有知名品牌和更好盈利状况的精准聚焦企业竞争。股市反映了日本公司的黯淡前景。自1990年以来，日本股市下跌了50%，而同期美国股市则上涨了75%。

在韩国这种政府对经济控制更加严密的国家，情况也就更糟。四家巨型财阀主导着整个韩国经济：三星（年收入630亿美元）、现代（Hyundai，年收入630亿美元）、LG（年收入480亿美元）、大宇（Daewoo，年收入400亿美元）。

现代公司最近的一则广告是："从芯片到船舶。"这是一家除了厨房水斗以外，几乎什么都生产的公司。据现代公司介绍，它们涉足的行业有：汽车、电子、造船、工程建设、机械设备、石化、贸易和交通运输。

再来看看三星公司的产品系列：消费电子产品、造船、计算机芯片和显示器、航空航天、石化、工程承包和人寿保险。最近，三星公司耗资 3.78 亿美元收购了 AST 研究公司 40% 的股权，这是一家亏损的美国个人计算机公司。

更令人吃惊的，是 1994 年三星决定与日产（Nissan）合资生产汽车。在韩国，这样的决定当然需要由政府批准。经过努力争取，公司创始人的儿子，时任董事长的李健熙获得了政府批准。

要是通用电气公司决定生产汽车会出现什么情况？股票价格将大幅下跌，也应该如此。市场的作用不仅是为公司提供资金和为投资者提供交易场所，也是为了控制管理层的极端自我膨胀。

LG 公司身陷双重麻烦。公司不仅将原先的品牌 [幸运金星（Lucky Goldstar）] 换成了两个毫无意义的字母，而且还同时涉足所有领域。

在东南亚和印度，LG 公司在核心业务以外还涉足炼油、石化、通信和房地产开发，而它核心的电气和电子业务包括电视机、音像制品、家用电器、计算机和办公自动化设备、半导体和液晶显示器。

最近，LG 公司耗资 3.51 亿美元收购了电视机生产商真力时电子公司 58% 的股权。这笔买卖并不划算，因为这家公司从 1984 年起连年亏损。

虽然韩国的市场保护措施可以让LG公司保持相对健康（LG是韩国电视机、电冰箱和洗衣机的第一品牌），但其庞杂的产品线在全球市场上是一个很大的劣势。

为了寻求协同效应，LG公司投资1 000万美元与3DO公司开发新一代的游戏机硬件，并与甲骨文公司（Oracle）合作开发视频点播机顶盒。公司还与通用电气合作生产和销售家用电器，并与IBM公司合作开发新的操作系统软件。

大宇公司也在步其他三家财阀的后尘。最近，负债累累的大宇公司出资11亿美元买下了波兰一家国营汽车厂60%的股权。此前，公司还对另一家波兰汽车生产商投资了3.4亿美元。

大宇公司还出资1.56亿美元在罗马尼亚建立合资公司生产大宇蓝天（Cielo）家用轿车。大宇公司已经开始在新德里生产蓝天汽车，并计划五年内在印度汽车工业投资50亿美元。大宇公司还专门投资20亿美元在中国建立一家汽车零部件合资企业。两年前，大宇公司在乌兹别克斯坦投资5亿美元建设的汽车厂破土动工。

请注意，大宇公司不只是一家汽车公司，它的业务包括贸易、消费电子产品、建筑、造船、计算机、电话、金融服务公司和汽车。

大宇公司也不是一家赢利的汽车公司。尽管韩国在国内实行贸易保护，大宇公司过去四年仍然亏损4.5亿美元。而同时大宇公司还准备1997年进军竞争激烈的美国汽车市场。祝大宇公司好运。

韩国的财阀体制和日本经连会体制有助于抑制国内市场

的竞争，但除了用国内的利润去弥补海外亏损之外，无益于提高国内企业的国际竞争力。（用国内利润来补贴出口的做法被称为"倾销"。根据国际贸易规则，这种做法是违法的。）

通过鼓励延伸品牌，财阀和经连会体制起到的唯一作用，就是削弱了公司在海外市场上的竞争力。

中国似乎也在遵循同样的模式。

中国一些公司的高管们急着进军多个领域。"大就是美"似乎成了高管圈中的流行语。

大就是美，但只有在公司精准聚焦的时候才是。作为发展中国家，中国为跨行业兼并提供了大量机会，很像1908年通用汽车公司成立时的情况。

中国汽车行业已经高度细分。很少有人能说出中国130多家汽车和卡车生产商当中的一家。碰巧，在通用汽车公司成立的那一年，美国的汽车生产商数量和现在的中国差不多。

大就是美，但在公司有一堆无关业务时不是这样。实际上，通用汽车也出现过财务危机，直到20世纪20年代，阿尔弗雷德·斯隆设法让公司实现了聚焦（参见第12章）。

资本全球化使日本、韩国和中国的长期问题更加复杂。将来，公司再也得不到低成本的资金了，因为投资人可以轻易将资本转移到企业投资回报率更高的国家。

过去，日本公司从优惠利率中获益不少。目前，日本中央银行的贴现利率为0.5%，而优惠贷款利率是1.5%。但是，这些低利率不太可能持续下去。

就像产品和服务一样，资本今后也会流入那些提供最高回报的国家。除非经连会和财阀设法增加利润，否则它们的资本将会枯竭。没有利润，综合企业就无法满足资本的要求。

全球化条件下的美国企业

在美国市场，许多公司正在通过联盟或"软合并"的方式来组建自己的经连会，这种做法非常流行。据博思艾伦咨询公司（Booz, Allen & Hamilton）统计，在1987~1992年的五年间，正式联盟的企业从70年代的750家猛增到了20 000家。

快，说出一家大获成功的联合企业。实际上，大多数的联合企业都令其成员失望。它们把资金、资源和管理者的时间都浪费在一些毫无益处的地方。联盟使企业失去聚焦。

以苹果公司和IBM公司的联盟为例。这个"计算机经连会"成立了两家合资公司：泰里金特（Tailgent）和卡利达（Kaleida）。到目前为止，两家公司还没有开发出一种赚钱的产品。（将来也不太可能有。）在联盟以外，则由IBM公司与协议中的第三方摩托罗拉公司合作开发出了PowerPC芯片。

PowerPC芯片的诞生有利有弊。它有助于摩托罗拉公司多卖一些芯片，但对苹果公司来说没有什么好处。新的芯片对IBM而言肯定不好，因为"蓝色巨人"现在必须同时支持英特尔和PowerPC两种芯片标准。

数据支持这一结论。在1991年10月2日宣布协议那天，这项在旧金山举行的盛事通过卫星向全世界转播。当时的苹果公司和 IBM 公司是美国个人计算机市场上的前两大公司，共拥有 35% 的市场份额。四年以后，这两位主角的排名下降到第二和第四，市场占有率减少到 21%。

协议宣布的时候声势浩大。《商业周刊》吹嘘说，"IBM 加上苹果令人生畏，它们最终的协议确定，双方将在硬件、软件和网络领域进行一系列深入合作。这必将深刻改变总规模达 930 亿美元的个人计算机市场的权力平衡"。但这一切从未发生。

此外，商谈协议的两位 CEO（苹果公司的约翰·斯卡利和 IBM 公司的詹姆斯·卡纳维诺（James Cannavino）都下台了。

人们不知道几亿年前恐龙出现的时候是否伴随着这样的声势？"十吨重的雷克斯霸王龙将统治世界"。这正是迪士尼（Walt Disney）公司和都市通信/美国广播公司（Capital Cities/ABC）计划合并时所造成的声势。（雷克斯迪士尼美国广播公司龙。）

还有时代华纳与特纳广播公司的合并。（雷克斯时代特纳龙。）

恐龙类的爬行动物去哪里了？那些像恐龙一样的公司会遇到同样的问题吗？我想是的。企业规模不等于企业实力。如果公司没有聚焦，规模反而是弱点。

当康柏公司还在规划阶段的时候，IBM 公司已经是年收入 350 亿美元的业内霸主了。然而，13 年后的今天，康柏公司在个人计算机市场上已遥遥领先于 IBM 公司。因为康柏公司有聚焦，而 IBM 公司没有。

对那些试图打入全球市场的较小国家的公司来说，恐龙是一个很好的形象，应当牢记。这些公司常常抱怨很难出口到较大的发达国家。它们害怕与那些更大、更著名的公司竞争。

但真正的问题不是国家的大小，而是公司的聚焦程度。一家小国的公司通常比一家大国的公司在经营上更为多元化。由于小国的公司在国内市场上不够专业化，或者说缺乏聚焦，它们正在出口市场上为此而付出代价。

为了有效参与出口市场竞争，公司必须精简产品线，专注于建立声誉和市场形象。不管是生产土豆、棒球棒、收音机或皮衣，那些来自小国却在全球市场上大获成功的公司，都是聚焦明确并专注于全球市场的公司。

随着经营全球化在专业化和产品聚焦方面的发展，经济与行业的构成也在发生相应变化。公司或国家不可能在每一个市场领域都有竞争优势，需要时刻应对转变。

当你看到美国的电视机工业转移到海外，这并不意味着美国江河日下。实际上，这意味着美国更加强大。专业化需要放弃。在美国，资本和劳动力更多投入到飞机、电影和计算机行业中，因为聚焦于这些领域可以使美国企业称霸世界市场。

经营全球化推动公司和国家向更专业化的方向发展，这一趋势对大家都有好处。将全部资源、人力和物力投入少数几个行业的国家，就是专业化的国家。

同时，可能也是非常富裕的国家。

FOCUS

第 3 章

分化的动力

就像在培养皿里不断分裂的变形虫一样，商品种类也在不断分化。

一个品类刚出现的时候只有单一品种，通常由一家公司主导。例如，IBM公司曾以大型计算机主导计算机品类。

但随着时间推移，这个品类会进一步分化为两个或更多品类：大型计算机、小型计算机、超级计算机、容错计算机、个人计算机、工作站、膝上型计算机、笔记本计算机、掌上计算机和文件服务器，今后还会出现更多计算机品类。

啤酒曾经就是啤酒。后来品类分化了。如今，我们有国产啤酒也有进口啤酒，有普通啤酒也有清爽啤酒，有生啤也有干啤，有贵的也有便宜的，有红啤酒也有冰啤酒，甚至还有不含酒精的啤酒。今后还会出现更多啤酒品类。

福特曾以T型车主导汽车品类，它是基本交通工具的代表。后来品类分化了。如今，我们有豪华车、中档车和低价车，有大型车、中型车和紧凑型车，有进口车也有国产车，有跑车、运动型多功能车、休闲车和厢式旅行车。今后还会出现更多汽车品类。

拜尔曾以阿司匹林主导止痛药品类。后来品类分化了。现在，我们有对乙酰氨基酚、布洛芬和萘普生钠。今后还会出现更多止痛药品类。

每一个细分品类都是一个单独品种，都有其存在的理由。每一个细分品类都有一个主导品牌，但往往不是原来品类的领导者。拜尔主导阿司匹林市场；泰诺主导乙酰氨基酚市场；艾德维尔主导布洛芬市场；阿乐维（Aleve）则主导萘普生钠市场。

分化是客观存在的，是经营的动力。所有商品种类都会分化，如计算机、通信、消费电子产品和有线电视。

那么，为什么众多企业管理人员的看法完全相反？他们为什么认为品类是在融合而不是在分化？为什么这种看法让他们的公司迅速失去聚焦？

什么观念如此牢固地控制了他们的想象力，并让他们看见了没有发生的事情？

这个观念就是"融合效应"，一个最新和最具影响力的管理流行时尚。

管理潮流变迁史

最近每十年就会出现一种管理潮流，历史已经证明这些时尚都是误导。20世纪60年代流行综合企业化，认为职业经理人什么都可以管。德事隆集团（Textron）、AM国际、ITT公司、LTV公司、利顿实业（Litton）和其他很多综合企业曾经一度辉煌，然后逐渐消失。

《华尔街日报》写道："跨业经营理论相信，在多个不同行业经营的企业不太容易受到单一行业衰退的影响，而且有可能受益于集中管理。但在20世纪70年代，随着综合企业的股票与其他企业的股票同样大跌，这一理论受到质疑。实际上，20世纪80年代的大部分并购交易都是在分拆和变卖综合企业资产。"

据加利福尼亚大学洛杉矶分校教授戴维·卢因（David Lewin）统计，大型综合企业占经济的比重已经从20世纪60年代的约45%大幅减少到目前的约15%。

20世纪70年代流行多元化发展，认为每家公司都需要一种与其商业周期相反的业务加以平衡。施乐、西屋电气和其他很多公司都进入金融服务业，以平衡它们原有的耐用商品业务。多元化还在不断造成损失。

最近的一个例子是西格拉姆公司（Seagram），业务包括饮料和娱乐。有时你可能交上好运。但是多元化作为一种企业战略几乎一无是处。

研究了1950～1986年间33家美国大公司的业绩以后，迈克尔·波特（Michael Porter）断定，多元化发展对于股东价值是弊大于利。很多公司收购的项目中，最后卖掉的占大多数。

多元化发展当然是基于联合两种不同的业务，使它们能够相互平衡的想法。当一项业务下滑，另一项业务可能增长，反之亦然。正因如此，通用电气才会购买像犹他国际（Utah International）这样的矿业公司（后来卖掉了）。接下来十年的时尚则基于完全相反的想法。收购和你"相似"的公司。

20世纪80年代流行协同效应，该理论认为，公司可以利用产品之间的相似之处，例如杂志与电影（时代华纳），可乐与葡萄酒（可口可乐收购泰勒葡萄酒公司，后来又卖掉了），消费电子产品与电影（索尼收购哥伦比亚电影公司）。这种流行时尚的效果尚未完全显现，但早期项目都回报不佳。

"协同效应"和与之紧密相关的"公司联盟"这两个词仍然在美国企业董事会里流行。AT&T收购了NCR公司，却没有在通信和计算机之间发现任何协同效应。（最近AT&T放弃了协同效应并分拆为三家公司，这说明了分化的动力。）

融合效应

20世纪90年代流行融合效应，认为数字科技正在融合。因此，为了利用这一强大趋势，公司当然必须合并或建立联盟。媒体为融合效应摇旗呐喊。每一种主流管理出版物都加入了融合效应的浪潮。

《财富》杂志："融合将成为90年代的流行词汇。这不仅仅意味着有线电视和电话合作。这涉及文化和主要行业的公司——电信（包括长途电话公司）、有线电视、计算机、娱乐、消费电子、出版甚至还有零售——融合成一个超级行业，为家庭和企业提供信息、娱乐、商品和服务。"

《华尔街日报》："目前，计算机、通信、消费电子、娱乐和出版这全球五大行业的龙头企业常常备感压力。由于以数字形式和低廉成本传送海量视频、声音、图像和文本信息的技术能力日渐增强所造成的技术冲击，它们正在转型和融合。"

《纽约时报》："为什么电话公司和有线电视公司正在互相并购，这并不奇怪。电话、电视和计算机在数据传输方面的技术差异正在迅速消失，因此一家公司现在可以提供全部三种服务。"

数字技术革命会损害谁的利益？

《侏罗纪公园》等多部畅销书的作者迈克尔·克莱顿说："在我看来，我们现在所理解的大众传媒将在十年内消失得无影无踪。"克莱顿先生具体有所指："下一个过时的美国大机构就是《纽约时报》及其商业网络。"

这让我想起1913年托马斯·爱迪生的一个预言："书籍很快就会在学校过时。"取而代之的是更为有效的"电影"媒体，因为它可以"通过视觉"来进行教学。（但书籍从未像现在这样受欢迎，每年的增长率超过2%。）

另一个大肆吹捧但尚未实现的结合就是计算机和通信。1977年，日本电气首先公开提出这个概念。计算机加通信是日本电气CEO小林浩史最得意的项目，内部称为C&C，几乎成了公司的信仰。

C&C好像也救不了日本电气。作为世界第五大通信设备生产商、第四大计算机生产商和第二大半导体生产商，日本电气什么都生产，就是不产生利润。过去十年，日本电气股票落后日本股市 28%。

AT&T 用了十多年时间实行 C&C 战略，最后还是承认失败。早在 1983 年，董事长查尔斯·布朗（Charles Brown）就说过："革命的动力当然是通信和计算机技术的融合。这种融合几乎重新定义了电信业。"

1982 年的《同意法令》将 AT&T 的本地电话业务剥离，分给七家新成立的小"贝尔公司"，其中有一项"优待"条款：司法部同意公司开展计算机业务。

了不起。到目前为止，AT&T 已经为这项"优待"付出了数十亿美元的代价。AT&T 实行 C&C 战略的第一个举措是组建 AT&T 信息系统公司，并推出销路不畅的个人计算机和工作站系列产品。在八年中，这个项目亏掉了 20 亿美元。

AT&T 实行 C&C 战略的第二个举措是在 1991 年投资 74 亿美元收购 NCR 公司。董事长罗伯特·艾伦煞有介事地说，有了 NCR，AT&T 将"在全球计算机网络中把人员、组织和他们的信息进行无缝对接"。

NCR（后来更名为"全球信息解决方案"）成了 AT&T 公司的财务灾难，从收购开始就一直亏损。全球信息解决方案公司在五年中有过四任 CEO。

麻烦的另一个特征就是产品系列齐全，包括台式机、中型计算机和大型计算机。因为投资 5.2 亿美元收购了特拉数据公司，全球信息解决方案公司还打算推出一系列"大规模并行处理"计算机。

个人计算机？中型计算机？传统大型计算机？大规模并行处理计算机？聚焦在哪里？难怪AT&T决定快刀斩乱麻。《纽约时报》报道，"昨天，AT&T放弃了将通信和计算机融合成企业帝国的宏伟构想，事实最后证明，这个构想只是一个代价高昂的幻想"。

有些人将融合效应称为"涵盖宽带网络空间、交互式多媒体、全方位网络服务、500个频道和数字信息高速公路的一场革命"。不管你怎么称呼它，都与现实截然不同。当前经营的动力不是融合，而是分化。

融合违背自然规律。在物理学中，熵的定律指出，封闭系统中的混乱程度总会增加。相反，融合将使事物变得更有规律。

在生物学中，进化原理认为新的物种是从单一物种分化出来的。另一方面，融合将使你相信物种会不断融合，产生譬如既像猫又像狗这样的怪物。

事实恰恰相反。不断出现的不是猫狗这样的怪物，而是新品种的狗。美国育犬俱乐部确认，目前有141种狗，大约每年还会增加一个新品种。

再以计算机为例。按照这些融合论者的观点，计算机将与电话、有线电视和电视机结合，出现一种可能叫作"电话有线计算机电视机"的东西。注意了，这种革命性的发展将来一定会发生。

过去的情况如何？问得好。毕竟，自从雷明顿兰德公司

第3章 分化的动力

在20世纪50年代初推出第一台计算机尤尼瓦克到现在，计算机行业已经有45年的发展历史。在四十多年中，计算机和其他任何产品融合了吗？

我不记得。相反，计算机无疑经历了多次分化。

乔治·桑塔亚那写道："忘记过去的人注定会重蹈覆辙。"如果你还记得，第一台计算机就被称为计算机，没有人称之为大型计算机，直到数字设备公司推出小型计算机。这一发展把计算机业分成大型计算机业和小型计算机业。

这些年来，计算机业经历了一次又一次的分化。如今，我们有个人计算机、便携计算机、膝上型计算机、笔记本计算机、掌上计算机、笔形计算机、工作站、超级计算机、超级小型计算机、容错计算机、容错小型计算机和并行处理计算机。

如果我们相信融合论者，那么所有这些分化都会戛然而止，然后各种计算机将融合起来？用什么来融合？是不是有人忘记了过去？看来确实如此。

计算机会与电视机融合吗？比尔·盖茨认为会。"我们说到的这个装置有电视机的所有优点，它一点都不贵，你可以把它放在客厅并用小小的遥控器控制它。但它里面的芯片甚至比现在的个人计算机还要强大。如果加上键盘或打印机，就可以实现个人计算机的功能。因此，它需要一个新名字，我们称之为'电视计算机'。"

"电视计算机"？真是好主意，但注定失败。技术不会融合，只会分化。但很多公司似乎宁愿花费成百上千万美元去钻研技术上的死胡同。几年前，惠普和时代华纳宣布将联合开发一种新技术，使电视机能够打印优惠券、广告、杂志文章和剧照。根本就是缘木求鱼。

很快，它们可能还会推出一款电视录像一体机。为什么不呢？这是顺理成章的事情。事实上，市场上已经出现了电视录像一体机，但这种产品少人问津。问题在于，人们通常只有在旧的电视机或录像机坏掉以后才会去买新的。对于一体机生产商来说，不幸的是，电视机和录像机很少会同时坏。

那么微波炉的情况如何呢？它有没有与电热炉或煤气灶结合？没有。也是因为同样的问题。为什么要把一个好好的炉子扔掉，去买一个微波煤气炉或微波电热炉？

再举一个例子。如果有哪两个产品应该融合的话，那一定是洗衣机和甩干机。当然，你可以买一个兼具洗衣和甩干功能的机器，但几乎没有人这样做。洗衣机和甩干机分开使用的好处很多，首先就是可以在甩干第一批衣服的同时洗第二批衣服。

另一个很受欢迎的融合概念是"一站式服务"。许多公司投入巨资来实现这一功能。作为世界上最大的广告公司之一，萨奇广告公司（Saatchi & Saatchi）对这一概念非常感兴趣。于是，它收购了一批设计公司和咨询公司，希望满足企业客户的一切需求。

没过多久，随着亏损与日俱增，萨奇广告公司被迫卖掉了与广告无关的业务。（公司股价从八年前每股80美元跌到如今每股2美元左右。）

盖茨还有另一个融合设想，他称之为"钱包计算机"。这种计算机结合了钥匙、签账卡、个人证件、现金、书写工具、护照和孩子的照片！还有全球定位功能，这样你就可以随时查询所在的位置和交通路线。

这个想法愚蠢吗？当然，但是媒体对这个概念推崇备至，以致许多平常处变不惊的人都对这款钱包计算机翘首以盼。事实上，商业的动力不是融合，而是分化。

融合产品推出时往往只吸引很小的一块市场。看一看苹果公司的牛顿计算机，它结合了笔形计算机、电子日历、传真机和无线通信功能。没有哪一种新产品像牛顿计算机这样得到如此众多的媒体关注。而对于苹果公司来说不幸的是，牛顿计算机几乎卖不掉。

有线电视与本地电话服务的融合是人们最坚定的预测之一。毕竟，这两个行业的布线方式很相似。为什么不能将两项业务合二为一，降低成本，并使系统具有互动功能？小"贝尔公司"和有线电视公司已经开始探讨合并事宜，并建立合资公司研究合作的可能性。

这种融合思想最明显的例子，就是大西洋贝尔公司计划以320亿美元收购美国电信公司。这项计划最终失败，但融合的思想继续存在。有线电视公司考虑要提供电话服务，而电话公司考虑要提供"电影点播"的服务。

大西洋贝尔公司的副总裁说："现在每一家有线电视公司都有一份商业计划，要求从本地电话公司手里抢夺10%的市场份额。"时代华纳公司董事长预测，到2000年，该公司的电话业务收入将超过10亿美元,约占公司目前有线电视收入的1/3。

技术上可行的方案不一定被市场接受。除了便宜,顾客对电话服务的第一要求是什么?

当然是可靠性。如果你的房子着火了,你希望能立刻打通消防队的电话。拨打警察局的电话或报警电话时,也是同样道理。

问问周围的人,上一次他的电话故障是什么时候。典型的回答是"很少坏"。再问问他,上一次他的有线电视故障是什么时候。典型的回答是"上周二"。

为什么要把电话服务从可靠的大西洋贝尔公司转到不可靠的有线电视公司?这基本不可能。没有《急诊室的故事》你也能活,但如果没有急救服务你就可能死掉。

在有线电视公司将服务拓展到电话和双向通信领域的同时,有线电视行业本身也在分化。有100多万名用户现在通过数字卫星系统收看家庭影院(HBO)、有线电视新闻网(CNN)、全美橄榄球大联盟、秀坛(Showtime)、音乐电视等有线电视频道的节目。

开创数字卫星系统业务的并非有线电视产业,而是通用汽车公司的子公司——休斯电子公司。(佳星联盟由六家有线电视公司和通用电气公司组成,正在努力追赶。)休斯电子公司的DirecTV服务目前的销量超过佳星联盟一倍。

这种情况非常典型。有线电视公司忙于掺和人家的生意,因此无暇顾及自家业务发生的分化。行业龙头几乎从来不会输给外来的竞争,而总是在行业内部分化时翻船。

即将出现的还有无线电缆电视,它能在条件适合的地方提供高质量的电视信号。有线电视曾经只是有线电视。现在,我们有了三种有线电视服务:普通有线电视、无线电缆电视和数字卫星系统。以后还会出现更多。

在缺乏真凭实据的情况下,为什么融合效应被广泛接受?这又是CEO过分强调增长的结果。他们愿意相信融合,因为它保证让公司收入倍增。"如果把我的业务与别人的业务融合,那么我就可以把两项业务加起来,实现收入倍增。"

垂直(纵向)融合

习惯上,融合可以被视为横向联合,两家同样的公司并在一起。最近,另一种形式的融合又让所有商界领袖浮想联翩。这就是所谓的垂直整合或纵向融合。

纵向融合最佳案例就是沃特·迪士尼公司斥资190亿美元,以股票和现金收购都市通信/美国广播公司的交易。这项交易是内容和渠道的合并。迪士尼公司CEO迈克尔·艾斯纳说:"这是一加一等于四的交易。"

他的思维方式和数学计算都有问题。提高经营水平的动力来自竞争,而不是来自私下签订的分销协议。对于美国广播公司来说,电视网应该寻找最好的节目内容,而不应被迫接受迪士尼公司的节目。

对于迪士尼公司来说,它应该将节目卖给出价最高的一方，而不应被迫接受美国广播公司的分销协议。一加一也许只等于一点五。

问问松下公司。它认为自己应该拓展媒体业务，于是收购了一家主要的电影工作室——MCA。MCA 公司在松下公司的放手管理下业绩良好，虽然如此，它们却没有发现多少内容与硬件的协同效应。因此，松下公司将电影业务卖给了西格拉姆公司。

问问索尼公司。它也认为自己需要拓展媒体业务，因此收购了哥伦比亚电影公司。经过五年和一连串的票房惨败，索尼公司被迫提取了 27 亿美元的巨额资产减值准备。

索尼公司认输了？绝对不会。索尼公司新任董事长出井伸之更进了一步。他计划进军电影、电视节目、音乐、计算机软件和其他节目形式的发行业务，以弥补索尼现有两项主要业务之间的空缺，即制作节目和制造播放或消费这些节目的电子设备。

出井伸之先生说："我的梦想就是弥补内容制作与内容消费之间的空白。"

不管你称之为弥补空白，或品牌延伸，还是纵向融合，都不过是让公司失去聚焦的又一种途径。无论公司出于什么原因扩展产品线，都会输给通过分化而不是融合实现精准聚焦的竞争对手。

既然谁都无法预测未来，那么谁又能确定不会发生融合？

最好从研究历史开始。如果说计算机是 20 世纪后 50 年的标志性产品，那么汽车无疑是前 50 年的代表之作。如果融合是技术进步的自然结果,那么我们在汽车和计算机身上可以找到什么共同点?

换句话说,如果计算机真的会与其他产品融合,汽车说不定已经融合过了。

多数历史学家认为卡尔·奔驰1885年发明了汽车。在一个多世纪中,汽车有没有和其他任何车辆发生过融合?

当然没有,尽管很多人曾经尝试过。1945年,泰德·霍尔发明了霍尔飞车,在向头脑发热的拥趸推介时,极尽渲染和夸张。

道路将会过时,交通堵塞将成为过去。你可以在任何时间去任何地方,行动完全自由。美国的每一家主要飞机制造商都希望依靠霍尔的发明赚钱。康维尔公司(Convair)成为幸运的买家。

1946年7月,康维尔公司推出了霍尔异想天开的发明,型号为ConvAirCar 118的飞车。公司管理层满怀信心地预测,每年销量至少16万辆。售价为1 500美元,机翼另算,也可以在任何机场租用。

尽管声势浩大,但公司只生产了两辆飞车。这两辆车现在都停在加利福尼亚州埃尔卡洪的仓库里。

三年后,莫尔顿·泰勒推出了飞行汽车,这是一种单座敞篷跑车,带有可拆卸的机翼和尾翼。这种飞行汽车被捧上了天,轰动一时。福特汽车公司甚至考虑要批量生产。但不出所料,飞行汽车还是难逃与霍氏飞车同样的命运。

歪点子永远有市场。最近,穆勒国际公司董事长保罗·穆勒推出了M400型飞行器,这是一种穆勒用了25年和2 500万美元才开发出来的"空中轿车"。曾担任加利福尼亚大学戴维斯分校航空工程学教授的穆勒先生已经接到了72架飞行器订单,每架订金5 000美元,预计售价80万美元。(根本不会畅销。)

这种飞行器更像是介于直升机与汽车之间,其设计包括了半空悬停和无须跑道垂直起降。这种产品会取得成功吗?可能性非常小。

上天行不通,下水可能行。

1961年,德国的昆特集团推出了两栖汽车,1965年以前一直在全世界销售。这可不是什么异想天开,而是大力推广的产品。但两栖汽车还是失败了,原因与其他所有复合产品几乎一样。它结合了二者的缺点。车主们说它在路上开起来像船,在水里开起来像车。

人们还在尝试。最近,一群加利福尼亚州企业家展示了一种价值2.5万美元的水陆三角洲汽车。它可以在水面或湿地行驶,玻璃钢制作的车身,装有245马力的福特卡车引擎,车轮可以收回防水舱内。它会沉没还是漂浮?历史习惯于重演。

还有,佳能推出传真电话一体机并大做广告。在董事会里,这些复合产品设想听起来妙极了,但它们往往存在致命缺陷,难以获得广泛认可。你有传真电话一体机吗?多数人没有。为什么?因为它就是二流传真机加上二流电话机。

传真加上电话行不通,传真加上复印和计算机打印可能有戏。现在,媒体正在兴奋不已地谈论一种复印、传真的计算机打印一体机（有时扫描仪作为附加配置）。尽管声势浩大，但销量平平。

你怎么看？品类是分化还是融合

许多本来很聪明的人持有一种所谓"中庸"的个人哲学。如果一半人说"黑"，另外一半人说"白"，那么正确答案一定是"灰"。

因此，有些融合现象的存在时间可能超出许多人的想象。出错可能性最大的、对融合问题的灰色答案，就是这样。

《华尔街日报》最近报道称："多媒体行业的高管们说，尽管融合不是一条原先盼望的捷径，但它仍然是未来的趋势所在。只不过融合过程将耗时更长、花钱更多，也远比最初想象的复杂。"

这就是越战综合征。开弓没有回头箭。因此，我们必须加倍努力，坚信目标是对的，坚信最终结果是好的。

品类是分化还是融合？

是哥白尼说的地球绕着太阳转，还是托勒密说的太阳绕着地球转？到底孰是孰非？灰色答案说一半时间太阳绕着地球转，另一半时间地球绕着太阳转。

品类是分化还是融合？

灰色答案往往是两边都不讨好。让公司聚焦需要勇气。你必须正视《华尔街日报》并对它说："你错了。"

世界上没有中庸之道。

FOCUS

第 4 章

来自企业领域的积极信号

《财富》500强工业企业名单是一个晴雨表,相当准确地反映了美国企业的健康状况。

- 《财富》500强企业中,1988年有42家亏损。
- 1989年有54家亏损。
- 1990年有67家公司亏损。
- 1991年有102家公司亏损。
- 1992年有149家公司亏损。

这样发展下去,到1997年,《财富》500强每家企业都会出现亏损。

在1993年,情况开始好转。500家企业中只有114家出现亏损。(不过,亏损企业仍然占23%。)

而在1994年,只有40家企业亏损,尽管一方面是因为名单首次纳入服务业公司,但这一年的名单与往年仍没有可比性。

情况好转的一个原因可能是企业的观念变了。多元化发展行不通,协同效应也站不住脚,因此,事情似乎正朝着相反方向发展。对,企业正在聚焦。

聚焦正成为趋势

在融合、联盟与合并的喧嚣背后,另一个故事正在展开。一些深谋远虑的商业领袖正悄悄地开始让他们的公司进入聚焦状态。最近的一些报道说明了这一趋势:

《华尔街日报》1994年5月4日报道:"在一场令人吃惊的大规模重组中,伊士曼柯达宣布将出售斯特林制药和其他两项业务,以便聚焦于核心的胶卷业务。"

《华尔街日报》1994年5月27日报道:"尽管许多美国公司争相推出数字电子产品与服务,米德公司却在抢占传统的造纸和笔记本市场。米德公司上周决定将出售其律商联讯(Lexis Nexis)电子数据服务公司,并加强传统的造纸、包装和纸浆业务。米德公司不愿追寻下一项热门技术,而是认为如果经营得当,纸制品也非常有利可图。"

《纽约时报》1994年6月21日报道:"花旗集团昨天宣布,已经出售机构经纪人预测系统,这是一项持续剥离公司非战略性资产的举措,以便筹集资金聚焦于核心的金融业务。"

《华尔街日报》1994年9月29日报道:"就在其办公用纸业务出现转机时,詹姆斯瑞福公司决定出售该项业务,可能还要出售有利可图的包装业务。实际上,这家位于弗吉尼亚州里士满的公司计划专注于核心消费用纸业务,产品包括迪克西牌纸品和强韧牌纸巾。研究员表示,这并非一个坏主意。"

《国际先驱论坛报》(*International Herald Tribune*)1994年11月5日至6日报道:"宝华特公司于星期五宣布出售在澳大利亚的纸巾和木材业务,以便聚焦于核心的印刷纸和包装纸业务。"

《华尔街日报》1994年11月11日报道:"西尔斯公司计划分拆价值90亿美元的好事达保险公司控股权,以便回归始于1886年的邮购零售业务老本行。从1992年9月份以来,公司已经剥离了添惠公司(Dean Witter Discover & Co.),以及科威国际不动产公司。"

《广告时代》1994年11月14日报道:"为了支持核心的数据收集与说明业务,波克公司正在逐渐退出项目齐全的直销业务。"

《华尔街日报》1995年3月2日报道:"圣乔纸业公司的股价上涨了14%,因为投资者看好公司出售8亿多美元资产和重新聚焦于运输和房地产业务的计划。"

《纽约时报》1995年4月27日报道:"在削减成本和聚焦核心业务的重组过程中,必能宝公司宣布,同意以4.5亿美元将录音电话机公司卖给纽约的一个投资集团。"

《国际先驱论坛报》1995年6月22日报道:"在20世纪

七八十年代的疯狂并购行动之后,英国健力士公司认为,健力士黑啤酒有益于公司发展。除了啤酒和烈性酒业务之外,公司几乎剥离了其他所有业务。因为'我坚信一个人只擅长有限的几件事',董事长安东尼·A.格林纳在最近的一次采访中说。"

《纽约时报》1995年8月23日报道:"多姆塔公司正计划出售石膏肥料和装饰板业务,以便聚焦于木材、纸和包装业务。"

《华尔街日报》1995年8月30日报道:"六个月来,英国费森斯公司剥离非核心业务的行动已接近尾声,公司同意将实验室用品公司的大部分业务以3.119亿美元价格卖给美国飞世尔科学世界国际集团公司。"

美国企业终于开始采纳彼得·德鲁克多年前的建议:"集中经营是产生经济效益的关键。为了产生经济效益,管理者需要把精力集中在尽量少的经营活动上,才可能产出尽量多的收入……如今,集中经营的基本原则是我们唯一经常违背的原则……我们的座右铭似乎是——让我们什么都做一点。"

美国企业的聚焦行动

"我们真的有问题,"最近高露洁棕榈公司的一位高管说,"过去一年,我们可能在新产品、生产转变和组织变革方面进行了太多尝试。行动太多,对基础业务聚焦不足。我们必须马上重新聚焦。"

听起来像不像你可能知道的某家公司?经验告诉我,几乎在每家美国公司都能听到这样的抱怨。

太多公司的业务杂而不精。这种模式在公司比较少、竞争不太激烈的年代也许行得通,但现在行不通。如今,公司需要精准聚焦才能参与迅速全球化的市场竞争。

美国天合汽车集团就是一个很好的例子。天合集团曾经是一个拥有80多项业务的综合企业,现在已经剥离了近一半业务。公司执行副总裁威廉·劳伦斯说:"90年代最重要的两个词就是聚焦与灵活。"

联合碳化物公司(Union Carbide)是另一个例子。在十年前的印度博帕尔灾难发生以前,联合碳化物公司有11万名员工,来自永备电池、佳能包装袋和无数各类工业化学制品的收入达100亿美元,是一个运转不灵、勉强实现赢利的大杂烩。在博帕尔灾难和一次由公司狙击手塞缪尔·海曼(Samuel Heyman)发起的收购失败以后,公司情况每况愈下。

"我们的业务过于多元化,分散了公司的资金和管理层的注意力。"1986年以来一直担任联合碳化物公司CEO的罗伯特·肯尼迪说。因此,他卖掉了电池和消费产品等非核心业务,将公司债务减少到10亿美元以下,并裁员90%。现在公司收入近50亿美元,赢利近5亿美元。少即是多。聚焦一半业务的公司强过所有业务东一块西一块的公司。

默克公司收购了医药福利管理公司麦德可,因后者承诺帮助默克公司降低药品分销成本。但默克公司一直在出售非核心业务,如卡尔冈修女实验室(以2.61亿美元卖给百时美施贵宝公司),卡尔冈水资源管理(以3.08亿美元卖给英国瓷土公司)。它还以11亿美元将凯可化学公司卖给了孟山都公司。

默克公司的资产组合中留下的唯一非制药公司就是哈伯德火鸡农场(Hubbard Farms)。想不想赌一下火鸡很快也会被摆上砧板?

芬格哈特(Fingerhut)是明尼苏达州一家年收入18亿美元的公司,已经卖掉了计算机综合服务和高折扣邮购业务,并打算出售食品邮购业务,以便聚焦于公司的直销业务。

快克机油公司(Quaker State)以8500万美元将保险公司卖给通用金融公司,然后又以9000万美元收购了一家生产特种润滑油的公司。公司CEO赫伯特·鲍姆说,这些举措符合快克机油重新聚焦于润滑油和润滑油服务的战略。

经过麦肯锡公司评估,肖尼斯连锁餐厅(Shoney's)宣布将卖掉公司七个食品公司中的四个。CEO泰勒·亨利说,公司资源"太分散了",因此,"我们需要简化公司业务并聚焦于公司旗舰业务"。

为了变成一家纯粹的餐馆公司并减轻债务,旗星公司(Flagstar)以4.5亿美元将坎廷餐饮承包公司(Canteen)的大部分股权卖给了指南针集团(Compass)。公司副总裁科尔曼·沙利文说:"聚焦于餐馆业务而不是成为一家业务宽泛的饮食服务公司,的确是一项战略性的决定。"

菲利普·莫里斯公司以7亿美元将卡夫餐饮服务公司卖给了克杜瑞公司。"餐饮服务是一项利润相对较低的非品牌业务，而卡夫公司在超市出售的商品都是有品牌的。"证券研究员巴里·齐格勒说，"这是明智的行动，因为餐饮服务与卡夫的核心业务实在相去甚远。"

1991年，老牌软件公司布尔－巴贝奇（Boole & Babbage）收入为1.01亿美元，亏损为1 100万美元。这些年来，布尔－巴贝奇积累了一堆乱七八糟的业务，甚至还有一家分时度假公司。新上任的董事长保罗·纽顿决心让公司重新聚焦。

"我们决定今后只向一类顾客出售两类产品，"纽顿说，"其他任何业务都必须出售或注销。"最近一个财政年度，布尔－巴贝奇收入为1.32亿美元，赢利为800万美元。公司股价翻了两番。

聚焦不分领域和国家

银行业也出现了积极信号。如今，银行家们都会滔滔不绝地说起自己银行的"聚焦"和方向感。为所有人提供全方位服务的时代似乎已经从银行家的日程上消失了。这有点出人意料，因为自从美国国会于1933年通过《格拉斯－斯蒂格尔法案》（Glass-Steagall Act，该法案限制了商业银行的活动）以来，多数银行家一直在反对这项法案。而现在，许多商业银行都自觉自愿地限制自己的目标市场。

政治舞台上也出现了积极信号。没有哪一位近代美国总统像比尔·克林顿那样只盯着一个问题⋯⋯在当选前。"发展经济才是硬道理，笨蛋！"这是詹姆斯·卡维利著名的呐喊。

不过当选之后另当别论。克林顿事无巨细，每件事都要过问。当问到比尔·克林顿应该做哪三件事才能赢回公众信任时，一位务实的政治家说："聚焦、聚焦、聚焦。"

欧洲也传来了积极信号。欧洲过去强调公司应该尽可能多元化发展的理念。瑞典最大的公司沃尔沃一直在精简业务，以便回归最初的汽车和卡车生产商角色。它出售了赫兹租车26%的股份和瑞士卡多投资公司44%的股份。

大量杂志文章建议沃尔沃提升目前1%的全球市场份额，否则公司将无法生存。这些建议对公司没有好处。多年来，汽车杂志的编辑们一直鼓励沃尔沃寻求合并机会，其中包括与雷诺的合并，其结果可能是灾难性的。

1%的市场份额不会让公司在竞争中处于下风，关键在于公司的聚焦程度。沃尔沃聚焦于"安全"，对任何汽车公司来说，这都是一种非常强大而且极具价值的定位。起决定作用的不是产品的市场份额，而是产品在顾客心里的分量。相对于规模而言，沃尔沃在顾客心里的分量要重得多。

塔塔钢铁（Tata Iron & Steel）是印度最大的公司，它集中体现了第三世界国家公司所面临的问题。尽管有50亿美元的年收入，但塔塔钢铁并不是一家公司，而是46个公司组成的联合体，提供的产品包括茶叶、卡车、化妆品和计算机软件。

但是，塔塔钢铁的梦想却是成为主要的乘用车制造商。可能吗？当然，只要你能够从政府那里得到一点点帮助，避免行业竞争。但这正是像印度这样的发展中国家不应该做的，这意味着关税更高,政府管制更多。

塔塔钢铁新任董事长拉丹·塔塔看起来明白了问题的本质。他说:"我们的关键任务是重新聚焦。我们必须重组并剥离非核心业务。"他想让他的集团主导几个重要行业,如卡车、汽车、计算机服务、炼钢和建筑工程,并开创印度国内的多媒体和电信行业。听起来像是一家眼大肚子小的公司。

几乎所有发展中国家都存在同样问题。这些国家经济规模小、关税高,导致它们的公司失去聚焦的情况非常严重,无法适应国际市场竞争。如果不实行痛苦的改革,这些公司多数都无法生存。

企业合并案中的积极信号

最近发生的许多企业合并也出现了积极信号。实际上,合并只有两种:好的和不好的。

不好的合并强调市场覆盖率或"配合"。为了扩大公司的经营范围,这种合并把两种不同的业务结合起来。

比方说,把高端市场定位的公司与低端市场定位的公司合并起来;可能把有线电视公司与电话公司合并起来;在娱乐业,把提供内容的公司与硬件公司或者发行公司合并起来。长远来看,这些合并都不会太成功。

好的合并强调市场主导。理论上来说,理想的合并必然会遭到司法部门反对,因为这种合并会把两家各占50%市场份额的竞争对手变成一家 100% 占领市场的公司。

实际上,公司通过并购与自己在产品与服务方面相匹配的竞争对手,可以在一定程度上主导市场。下列最近发生的合并交易说明了这种趋势。

- 洛克希德公司(Lockheed)与马丁-玛丽埃塔公司(Martin Marietta)合并,形成的洛克希德-马丁公司(Lockheed Martin)是全球最大的防务公司。
- 奥迪安影城(Cineplex Odeon)与美国喜满客影城(Cinemark USA)合并,成为全球最大的连锁影院。
- 第一数据公司(First Data)以 66 亿美元收购了第一金融管理公司(First Financial Management),成为美国最大的独立信用卡交易处理公司。
- 州际面包公司(Interstate Bakeries)收购了大陆面包公司(Continental Baking),成为美国最大的面包公司。
- 来爱德连锁药店(Rite Aid)为了巩固其美国最大连锁药店的地位,正以 18 亿美元收购雷夫科(Revco)折扣药店。
- 皇冠瓶塞公司(Crown Cork & Seal)以将近 40 亿美元的代价收购了嘉多宝公司(CarnaudMetalbox),成为全球最大的包装公司。
- 国际纸业公司(International Paper)以 27 亿美元收购联邦纸板公司(Federal Paper Board),成为美

国漂白包装板行业的龙头。

- 葛兰素公司（Glaxo）公司以140多亿美元收购威康公司（Wellcome），成为全球最大的处方药生产商。
- 联合健康公司（United Healthcare）以16.5亿美元的现金加股票收购子官保健公司（MetraHealth），成为美国最大的医疗保健公司。
- 艾比保健公司（Abbey Healthcare）与居家保健公司（Homedco）合并，成为美国最大的家庭保健公司。
- 医生伙伴公司（MedPartners）以3.6亿美元收购了默里金医生企业（Mullikin Medical Enterprises），成为全美最大的医生管理公司。

但是最轰动的要数里克·斯科特（Rick Scott）在得克萨斯州埃尔帕索发起的、从收购两家大医院开始的系列并购交易。8年后，他的公司成为美国最大的私人保健公司，拥有326家医院和100多个门诊手术中心。

这家哥伦比亚/美国医院公司（Columbia/HCA）年收入150多亿美元，是排名第二的同类营利性竞争对手的三倍。这就是聚焦，这就是市场主导。

合并的好与坏取决于是否加强公司的聚焦。业务相似的公司合并会加强聚焦，业务不同的公司合并会削弱聚焦。

过去有这样一种观念，认为两摊烂生意胜过一摊好生意，但这种观念正在改变。

安德鲁·格鲁夫（Andrew Grove）是年收入达100亿

美元的英特尔公司的 CEO。他总结了当今许多 CEO 的想法："我宁愿把所有的鸡蛋都放在一个篮子里，并花时间担心这个篮子合不合适，也不愿意在每个篮子里放一个鸡蛋。"

本书研究的就是如何把所有鸡蛋都放在一个篮子里。

FOCUS

第5章

来自零售业的积极信号

如果你想成为趋势预测专家,就去看电影,听流行音乐,并关注零售业。零售业特别重要。

没有哪个行业对流行趋势的敏感程度比得上零售业。零售业流行什么,全国就流行什么。那么,零售业正在流行什么?

一言以蔽之,专业化。通才的时代好像过去了。

回顾几十年前,当时的零售业以综合企业,即百货公司为主。纽约有梅西百货(Macy's)、芝加哥有马歇尔－菲尔德百货(Marshall Field's)、华盛顿有加芬克尔百货(Garfinckel's)、亚特兰大有里奇百货(Rich's)、旧金山有艾玛格宁百货(I. Magnin)。

事实上,每一个主要的美国城市都有许多知名的百货公司。在纽约曾经有:斯特劳斯百货(Abraham & Straus)、亚历山大百货(Alexander's)、奥尔特曼百货(B. Altman)、康斯特布尔百货（Arnold Constable）、古德曼百货（Bergdorf Goodman）、贝斯特服装百货（Best & Co.）、布鲁明戴尔百货（Bloomingdale's）、邦威特百货（Bonwit Teller）、科尔法折扣百货（EJ Korvette）、老佛爷百货（Galeries Lafayette）、吉贝尔百货（Gimbel's）、班德尔百货（Henri Bendel）、彭尼百货（JC Penny）、罗德与泰勒百货（Lord & Taylor）、梅西百货、奥尔巴克百货（Ohrbach's）、萨克斯第五大道百货（Saks-Fifth Avenue）和斯特恩百货（Stern's），等等。

如今，斯特劳斯百货、亚历山大百货、奥尔特曼百货、康斯特布尔百货、古德曼百货、贝斯特服装百货、邦威特百货、科尔法折扣百货、老佛爷百货、吉贝尔百货和奥尔巴克百货都消失了。梅西百货和布鲁明戴尔百货也经历了多次破产重组，而萨克斯第五大道百货已经要求巨额资金注入。

什么原因导致百货公司衰落

评论家常常只是批评百货公司，说它们忽视顾客服务、没有紧跟潮流、定价不合适、管理不善等。这些因素可能在某种程度上都有影响。不过，百货公司的顾客就不买东西了？

当然不是。如今，越来越多的人在专卖店购物。百货公司衰落的原因不是百货公司本身，而是专卖店。聚焦又一次形成了冲击。

百货公司与专卖店对决，聚焦程度更高的一方通常会赢得竞争,这是一条基本商业原则。你可以将同样的原则用于你的经营,看看和你的主要竞争对手比起来,哪家公司聚焦程度更高?聚焦程度越高,就一定越有优势。

纽约百货公司的衰落也不怪沃尔玛。(纽约没有沃尔玛超市。)尽管沃尔玛在小城镇里让许多效率低下的商店关门大吉,但它们才刚刚开始进军大城市,并将面临灭掉百货公司的那些专卖店的竞争。

在全美范围,百货公司十多年甚至更长时间以来一直在惨淡经营,法院里挤满了申请财政救济的百货公司。1989年,拥有邦威特百货和奥尔特曼百货的胡克公司(L. J. Hooker)申请破产。(奥尔特曼百货位于第五大道的旗舰店有124年历史,是最早为曼哈顿的上层社会提供服务的商店之一。)

奥尔特曼百货的店名卖了175万美元,对此,零售业时事通讯编辑艾伦·米尔斯坦评论说:"在我看来,奥尔特曼百货15年以前就完蛋了。为什么还会有人想让它复活?它被钉在了20世纪60年代。"

1990年,坎普公司(Campeau Corporation)倒闭,连累布鲁明戴尔、斯特劳斯、乔丹玛什(Jordan Marsh)、伯丁斯(Burdines)、里奇和拉扎罗斯(Lazarus)等著名百货公司也被破产法院起诉。同年4月,在密西西比河东岸拥有680家店铺的艾姆斯百货公司(Ames Department Stores Inc.)根据《破产法》第11章申请破产重组。那年夏天,华盛顿的骄傲——加芬克尔百货,也进了破产法院。

1991年,在中西部拥有200多家商店的希尔百货公司

(Hills Department Stores Inc.)申请破产重组。西海岸最大的百货公司卡特霍利霍尔(Carter Hawley Hale)也申请破产重组。同年晚些时候,中西部最大的百货公司之一,伯格纳百货公司(P. A. Bergner & Co.)与68家卡尔森百货商店(Carson Pirie Scott)一起申请破产保护。

1992年,经营高档物品的萨克斯第五大道百货公司被迫向其所有者巴林投资公司(Bahrain-based Investcorp.)寻求额外的3亿美元资金支持。据报道,萨克斯第五大道百货公司此前两年亏损了3.98亿美元。

1994年,伍德沃德-洛思罗普百货公司(Woodward & Lathrop Holding Inc.)申请破产重组。同时提出申请的还有它在费城的子公司——沃纳梅克百货公司(John Wanamaker)。伍德沃德-洛思罗普百货公司在华盛顿和巴尔的摩的16家店铺和沃纳梅克在费城的15家店铺都是信誉良好、值得尊敬的百货商店。

当大势已去,只有信誉是不够的,我们已经进入了专卖店时代,什么都卖的百货公司已经落伍了。

西尔斯也享有盛誉。在某种程度上,西尔斯也已经落伍,因为它与专业化潮流背道而驰。整整100年来,西尔斯稳步扩展经营范围。1886年,西尔斯寄出了第一份邮购目录。直到1925年,西尔斯才开了第一家零售店。6年后,它创办了好事达保险公司,开始只卖汽车保险,后来还卖财产保险、意外保险、人寿保险,甚至按揭保险。

1959年,西尔斯为了开发购物中心而成立了霍马特开发公司（Homart Development Co.）。1981年，西尔斯收购了添惠公司和科威国际不动产公司。20世纪80年代，西尔斯在自己的很多百货公司内开设了金融网络中心，推行蹩脚的"袜子加股票"战略。在这一时期，公司还开设了西尔斯业务系统中心，销售计算机和软件。

1986年，"发现信用卡"在全美推出，这是西尔斯发展的顶峰，此后就开始走下坡路。华尔街研究员要求西尔斯分拆成多家独立公司，这样每个公司各自的价值要比作为西尔斯的子公司更大。

1988年，西尔斯卖掉了科威国际不动产公司。1992年，西尔斯分拆了添惠公司。1993年，西尔斯取消了业务系统中心和普通邮购业务。它还将按揭保险业务卖给了匹兹堡国民银行（PNC Bank Corp.），并将科威国际不动产公司的住宅业务卖给了弗里蒙特集团（The Fremont Group）。

要打造一家赚钱的公司，规模并不是决定性因素，聚焦才是。普通邮购业务的年收入达30亿美元，不错，是30亿美元，但在被取消以前的三年中，西尔斯的这项业务亏损了4.5亿美元。

1994年，西尔斯宣布将分拆好事达保险公司的其余业务，并为霍马特开发公司寻找买家。西尔斯还剩下什么？一家有800个百货商店的零售公司、一家贷款公司和1 200家专卖店，包括西部汽车供应公司（Western Auto Supply Company）和豪利家具店（Homelife）。

即使是房地产投资，如芝加哥的西尔斯大厦，结果证明也是一场灾难。西尔斯大厦抵押了8.5亿美元贷款,而房地产价值仅为大约4亿美元,西尔斯实际上放弃了这笔资产。

谁代替了百货公司

是大量的专卖店,它们各自都聚焦精准。利米特女装(The Limited)聚焦于高档职业女装,盖璞(Gap)聚焦于年轻人的基本款服饰,维多利亚的秘密(Victoria's Secret)聚焦于昂贵的女士内衣。电路城(Circuit City)和百思买(Best Buy)聚焦于消费电子产品和家用电器,家得宝(The Home Depot)聚焦于家居产品,欧迪办公(Office Depot)聚焦于办公用品。

还有各自精准聚焦的专业邮购公司,如:比恩户外用品(L. L. Bean)、锐影慢跑手表(Sharper Image)、捷酷休闲服(J. Crew),等等。

多数公正的零售业观察员断定百货公司的黄金时代已经过去了,继续经营的百货公司将时刻面临降低成本的生存压力。预测:还会有更多的百货公司破产。

这不是说百货公司就不会成功,有很多会成功。在衰退的行业中,少数幸存者可能非常赚钱。

无论大小,任何产品或服务都几乎总会有市场。经营衰退行业的优势在于你可能拥有半垄断地位,衰退行业几乎不会有新的竞争对手。

例如,马几乎完全被汽车取代。但是马鞍、笼头和缰绳的价格却不跌反涨,原因就是市场太小,没有竞争。在纽约地区,装四个马蹄铁的费用(250美元)可以买四个汽车轮胎,而且轮胎的使用寿命比马蹄铁的使用寿命(最多四到五个星期)要长得多。

诺德斯特龙百货公司(Nordstrom)就经受住了百货公司衰退的风暴。通过突出"服务"特点,这家有94年历史的西雅图百货公司给顾客留下了深刻印象。不过,难道服务不是百货公司的根本理念吗?为什么其他百货公司做不到诺德斯特龙做到的事情?

因为在一个地方,愿意到百货公司购物的人是有限的。一家大名鼎鼎的咨询公司曾经指出,美国百货公司的顾客群可能占整个市场人数的30%。"不过,它们今天所经历的严重危机,很大程度上是因为忽视了那70%的非顾客群体。"

可能恰恰相反,可能就是因为想要通过降价和特别促销来争取那70%不在百货公司购物的顾客,它们怠慢了自己的核心顾客,而这正是诺德斯特龙瞄准的目标市场。

数字证明了这一点。诺德斯特龙的数据表明,90%的零售业务来自10%的核心顾客。

很多百货公司也明白了这一点,开始不单是聚焦于客户,而是聚焦于高消费客户。(就像诺德斯特龙那10%的顾客。)这种经营策略在零售界称为"常客服务",包括不停地为忠诚的顾客提供专门和特殊的服务。这是一种精品店的传统策略。

布鲁明戴尔百货公司会提醒有些顾客的丈夫给太太买生日

或周年纪念礼物，其他顾客获得免费改动和礼品包装服务。新的计算机程序有助于实施这一策略，让商店从海量客户数据中筛选出最有利可图的顾客。

比方说，布鲁明戴尔百货公司有180名用信用卡付款的顾客，但商店估计75%的收入来自20%的信用卡付款顾客。

在百货公司的重要性日益降低的同时，专卖店一直在快速发展。特别是玩具反斗城（Toys"R"Us）模式已经成为其他连锁专卖店的模仿对象。如今这家公司在美国有618家分店，占美国玩具市场22%的份额。

另外，玩具反斗城还将其理念输出到海外，在美国以外开了293家分店。该公司已经成为德国最大的玩具零售商。

具有讽刺意味的是，玩具反斗城一开始卖的是儿童家具，公司创始人查尔斯·拉扎罗斯（Charles Lazarus）后来加上了玩具。公司原来的名称是儿童超市（Children's Supermart）。

于是公司处于有趣的两难选择。儿童超市如何实现增长？当然要加上儿童服装、自行车、尿布、婴儿食品等。换句话说，增加商品种类。

但查尔斯·拉扎罗斯不是那样做的。他关掉了家具店，另开了一家更大的只卖打折玩具的商店。换句话说，他聚焦了玩具。多么不同寻常而又快速高效，难怪《福布斯》杂志认为拉扎罗斯先生"无疑是同龄人中最为杰出的零售商人"。

后来，每家打算成为品类杀手的零售商都采用了玩具反斗城所开创的模式。

成为品类杀手的五个步骤

玩具反斗城模式有五个关键步骤：①精准聚焦；②深度备货；③低价采购；④低价销售；⑤品类主导。

精准聚焦

这一步最难，因为它违背直觉。多数经理和企业家都想方设法提供更多产品。要加速增长就要收缩产品线？怎么可能？要加速增长就要提供更多的产品和服务看起来十分明确。

显而易见和合乎逻辑的也不一定对。在商业上，多就是少，少就是多。要加速增长，首先必须缩小所提供的产品和服务的范围。或者，如果你打算开办一家公司，你的产品范围就必须比现有的商店要少。

家居用品通常是从百货公司购买的多种商品之一。通过专门聚焦于家居用品，戈登·西格尔（Gordon Segal）和妻子卡罗尔（Carole）发展出了一项大生意。因为买不起商店货架，西格尔夫妇的第一家商店用包装箱和桶来摆放欧洲餐具。商店的名字就叫：箱与桶（Crate & Barrel）。

现在，箱与桶的55家连锁分店的年收入约2.75亿美元，据西格尔先生说，销售利润率在零售行业"处于较高水平"。

箱与桶在家居用品上怎么做，莱希特（Lechters）就在炊具上怎么做，只不过产品定位低端，单店面积较小。莱希特有600多家店（80%位于购物中心内），年收入4亿美元。

最近，莱希特放弃了在炊具上的精准聚焦，开始涉足所有家居用品。

公司每股收益很快下滑28%，而股票价格下跌了40%。新的管理层重新让莱希特连锁店聚焦于炊具，这是唯一正确的选择。

例如运动鞋。传统鞋店什么鞋都卖，但美国最成功的鞋店是只卖运动鞋的富乐客（Foot Locker）。这家连锁鞋店的1 500家分店每年依靠运动鞋业务的收入达16亿美元，公司计划在2000年以前再开1 000家分店。

例如咖啡。多年前美国几乎每个小镇都有一家或多家咖啡店，供应的产品从汉堡包到冰激凌苹果派，应有尽有。那么星巴克（Starbucks）做了什么？它开了一家咖啡店，偏偏专营咖啡。真有趣。

如今，对于大股东霍华德·舒尔茨（Howard Schultz）来说，星巴克已为他带来了巨额财富。最近一年，星巴克425家直营店的收入达2.85亿美元。目前公司有680家分店，并计划"在2000年以前达到2 000家"。届时，星巴克收入将达到10亿美元。

肉桂卷专卖店（Cinnabon）在传统咖啡店的市场蛋糕上又咬了一口。这家连锁店供应新鲜出炉的九盎司⊖巨型肉桂面包卷，香气扑鼻的奶油和糖霜丰盈欲滴。这种售价1.89美元的肉桂卷热量高达810卡路里，那又怎么样？这家连锁店现在有276家分店（约一半是加盟店），年收入达1亿美元，目

⊖ 1盎司 = 28.35克。

标是在 2000 年以前发展到 500 家分店。

例如修甲。每个社区都有很多"美容院",其中许多店认为成功之路在于增加产品和服务,产品包括假发、服装、手袋、珠宝和健美器材,服务包括面部按摩、身体按摩、身体打蜡和其他个人服务。

与此同时,美容行业出现了精准聚焦的发展趋势。这就是"专业美甲"店。尽管传统美容院的经理想通过业务扩张增加收入,业务本身却分化为两个品类,即美发和美甲。(在纽约地区,美甲店被韩国移民把持。)

例如香烟。几乎每家零售店都卖香烟,从杂货店到餐厅再到便利店。然而,美国增长最快的零售品类却是经营 300 多个品牌的香烟专卖超市。如今有 200 多家这种超市,过去一年它们的市场份额增长了一倍。

例如太阳镜。和香烟一样,你到处都能在那些无处不在的报摊上看到太阳镜。没关系。太阳镜小屋(Sunglass Hut International)开了 1 400 多家店,从购物中心到机场,销售奥克利(Oakley)、阿玛尼(Armani)、睿符(Revo)和其他顶级品牌的太阳镜。

每副太阳镜平均售价为 80 美元,平均利润率为 60%,太阳镜小屋赚得盆满钵满。公司股票价格在过去两年内上涨了 200%。(现在来自太阳镜专卖店的销量占全部太阳镜销量的 1/3。)

有些评论家以经营 5 000 种产品、年收入达 35 亿美元的安利公司(Amway)作为"无聚焦"公司的成功案例。尽管安利公司除了厨房水槽之外什么都卖,但它确实有聚焦,那就是其独特的多层次直销体系。

你不必为了成功而聚焦于一切,但你真的必须有所聚焦。

深度备货

玩具反斗城模式的第二个步骤是深度备货。一家百货公司在圣诞节期间可能备有 3 000 件左右的玩具。玩具反斗城每个星期都备有约 18 000 件玩具,每 5 件玩具中就有 1 件在这里售出,原因就是品种繁多。

也是由于品种繁多(和低价),每 5 盘录像带就有一盘在百视达录像店(Blockbuster Video)出租。虽然一家夫妻录像带出租店可能有 1 000 个品种,一家百视达录像店却有 5 000 多个品种。另外,百视达录像店还有 1 000 多种格式齐全的游戏。

卧室浴室及家居用品公司(Bed Bath & Beyond)在开放式、仓储式的商店里专门经营床上用品、毛毯、毛巾、卫浴用品和基本家庭用品,品种多达近 30 000 种,比百货公司售价低 20%~40%。收入每年增长 30%,销售利润率达到令人满意的 7%。

像玩具反斗城和百视达录像店这样的后来者,就是因为深度备货才后来居上成为市场领导者。开创品类的公司通常会成为品类行业的领导企业。[赫兹租车是第一家租车公司;赫兹租车随即成为租车行业龙头。布洛克税务(H&R Block)是第一家税务服务公司;布洛克税务随即成为税务服务行业龙头。嘉信理财（Charles Schwab）是第一家折扣券商；嘉信理财随即成为折扣经纪行业龙头。]

录像带出租业务的开拓者不懂这一点。第一家录像带出租店不是小规模的夫妻生意，就是杂货店或便利店的录像带出租部门。

发财的一个办法，是去任何一家零售店看看店里进了什么新产品。然后问问自己，如果你买下这个产品并深度备货，然后建一家全国性连锁店来销售这种产品并成为品类行业的市场领导者，结果会怎样？

人们曾经习惯于在面包店或杂货店买甜甜圈，直到唐恩都乐（Dunkin' Donuts）建立了一个全国性的品牌并成为市场领导者。人们曾经习惯于在珠宝店买手表，但如今多数手表在手表专卖店销售，如纽约的唐龙表店（Tourneau）。人们曾经习惯于在百货公司买电视机，但现在买电视机要去电路城这样的电子商店。

多数情况下专卖店都深度备货。面包店卖几种甜甜圈？最多三四种。一家大型的唐恩都乐有50多个品种。友善的社区"咖啡店"只卖普通和无咖啡因两种咖啡。星巴克卖30种咖啡。

那家社区咖啡店卖三种口味的冰激凌：香草、巧克力和草莓。而芭斯罗缤（Baskin-Robbins）销售5个不同类型（普通、清爽、无糖、酸奶和脱脂酸奶）的31种不同口味的冰激凌（31种美妙口味）。

新的机会每天都在出现。1968年美国联邦通信委员会做出卡特风（Carterfone）裁决，首次允许电话客户在贝尔公司的网络上使用任何公司的设备，从而开辟了私人电话市场。在突然出现的零售电话市场上，成为龙头的不是现有的任何零售部门或电子商店，而是电话商店。个人计算机的崛起也为计算机连锁零售店提供了机会。

西尔斯等公司只是将计算机作为新增销售品种，这是一个典型的错误。一计不成，西尔斯又生一计，开设了一家西尔斯业务系统中心，事实证明，这也是一场商业灾难。

在这个案例中，将新的商店称为"业务"中心而不是"计算机"中心是大公司的典型思维。"既然我们也可以销售复印机和其他办公设备，为什么要把自己局限于计算机呢？"

是啊，为什么？因为未来属于精准聚焦而不是缺乏聚焦的连锁零售店。

无线电小屋（Radio Shack）也犯了同样错误。它们先是将计算机作为新增销售品种，后来面对计算机天地（ComputerLand）和商业天地（Businessland）等专业竞争对手的快速崛起，无线电小屋很多店铺的招牌上写着"无线电小屋与计算机中心"。

早期的计算机零售商都不懂玩具反斗城深度备货的概念，结果被电脑美国（CompUSA）和微机中心（Microcenter）这样的后来者取代。如今，卷土重来的坦迪公司（Tandy）计划开设多家计算机城（Computer City），但可能为时已晚。CompUSA只有不到100家分店，收入已经接近10亿美元。

坦迪公司曾经拥有各种天然优势，包括早期以TRS-80型计算机主导个人计算机市场，但它们为了沿用无线电小屋这个名称而放弃了自己的优势。它们应该让无线电小屋继续卖小玩意儿，并投资一家全新名称的全国连锁零售超市，专门销售计算机。

换句话说，坦迪公司应该通过这家对所有计算机（包括TRS-80型）深度备货的全国连锁零售超市，来开发新兴的个人计算机市场。它们也应该想出一个新的名称，来抓住消费者对这种新兴计算机品类的狂热。

最近一期《纽约时报》上有一篇文章的标题是："CompUSA会成为第二个玩具反斗城吗？"我认为会。所罗门兄弟公司（Salomon Brother）的马克·曼德尔也同意，"我们认为电脑美国具有成为个人计算机零售行业龙头的潜力，就像电路城、玩具反斗城、史泰博公司（Staples）和欧迪办公分别成为电子、玩具和办公用品领域的行业龙头"。

CompUSA在计算机零售上怎么做，宠物中心（PetsMart）、宠物用品（Petstuff）和宠物伴侣（Petco）就在宠物用品和服务市场怎么做。宠物在美国是很大的市场，比计算机市场大一倍，总规模达170亿美元。例如，几乎一半美国家庭都有一条狗或一只猫，他们每年平均在宠物身上花400美元左右。

美国大约有12 000家宠物店，其中85%为私人拥有并独立经营。近来宠物超市才开始多起来，并迅速发展。两年前美国有250家宠物超市，现在有600多家。

与不到 3 000 平方英尺①的传统宠物店比起来，这些宠物中心很大，面积达 10 000 平方英尺或以上。它们很快就与普通超市抢生意。十年前，宠物食品 95% 都在超市销售，如今，这一比例下降到 65%，并且还在下降。

有房子的人怎么看待家得宝，宠物中心就希望养宠物的人怎么看待自己。最近，通过收购宠物食品巨人（Pet Food Giant）与猎犬专卖店（Sporting Dog Specialties）这两家较小的竞争对手的全部股权，宠物中心在竞争中占得了先机。

典型的宠物中心店铺非常大，有 20 000 平方英尺，备有 10 000 种商品。40 磅②包装的宠物食品堆起来有 25 英尺高，狗、猫和主人一起在货架之间溜达，那里有他们想要的一切东西，包括洁牙骨、宠物香水、狗咬胶，还有随处可见的能发出响声的玩具。

多数宠物超市在两种优质宠物食品 [希尔思科学食谱（Hill's Science Diet）和爱慕思（Iams）] 的价格上有很大折扣。但它们并不只是卖一种狗粮，而是深度备货。除了普通宠物食品，宠物超市也备有减肥狗粮、纯天然狗粮、美食狗粮（鹿肉或羊肉）、幼犬粮、老犬粮和素食狗粮。

目前宠物中心年收入超过 10 亿美元，但相对总规模达 170 亿美元的宠物市场，该公司还有很多增长机会。

宠物超市在宠物用品上怎么做，婴儿超市公司（Baby Superstore Inc.）在婴儿用品上就怎么做。婴儿超市公司的

---

① 1 平方英尺 =0.093 平方米；1 英尺 =0.304 8 米。
② 1 磅 = 0.453 6 千克。

45家仓储式分店经营25 000多种商品，从婴儿床到蜡笔，一直堆到了屋顶，很多商品的价格比传统的专卖店和百货公司便宜10%～30%。（公司的口号是：价格在这里出生，在别处长大。）

小型独立商店如何才能与玩具反斗城这样的品类杀手竞争？一个办法就是在备货上超过它们。位于丹佛的破烂封面书店（Tattered Cover）经营得非常成功，它有50万册、15.5万种不同的图书。纽约的扎巴食品店（Zabar's）、巴杜齐美食商店（Balducci's）和迪恩-德卢卡高档杂货店（Dean & DeLuca）用相同的策略经营美食。施瓦兹玩具城（FAO Schwarz）则用同样策略经营高级玩具。

只要你精准聚焦并在备货方面远超竞争对手，你就会像扎巴食品店、施瓦兹玩具城和破烂封面书店那样，成为一种"习俗"，几乎不用担心来自大型全国连锁商店的竞争。

低价采购

虽然多数零售店依靠销售赚钱，但玩具反斗城和其他零售行业龙头在采购环节也有利润。如果你的市场份额达到了全国的1/5，你在采购商品的定价方面就有非常大的影响力。你甚至有权决定出售什么商品。

孩之宝公司（Hasbro）为了与任天堂竞争而开发了尼莫视频游戏机（Project Nemo），并将样机送去玩具反斗城。但玩具反斗城认为这款游戏机太贵，也不够刺激。尽管孩之宝在尼莫开发上投资2 000万美元，公司还是取消了这一项目，并提取了 1 000 万美元坏账损失。

对于玩具反斗城来说，沃尔玛就是天边的一块乌云。从 1989 年到现在，当玩具反斗城眼看着自己的国内市场份额从 25% 下滑到 22% 时，来自本顿维尔的这家零售巨头的玩具市场份额却在增加。

在同一时期，沃尔玛的国内玩具市场份额几乎翻了一番，达到约 16%。这一市场份额加上沃尔玛传奇般的低价采购能力，应该使玩具反斗城的管理层感到胆战心惊。

如果你可以低价采购，与较小的竞争对手比起来，你就可以在毛利相同的前提下，定价更低，却不会影响利润。

大体上，玩具反斗城的平均毛利率约为 45%，不同商品的毛利率也各不相同。那些热门玩具，如视频游戏机、芭比娃娃和金刚战士，毛利就低得多。

此外，当然有很多"剃须刀与刀片"的定价策略：视频游戏机就是"剃须刀"，毛利极低；游戏卡就是"刀片"，毛利较高。

你也可以利用规模优势来争取为需要买单的一切东西打折，包括广告费和信用卡手续费。例如，坦迪公司就与美国运通达成协议，将手续费降低 0.25%，每年节省 50 多万美元。

还有，如果你的规模足够大，就不必靠价格竞争。你可以让供应商按照你的要求定制产品。例如，箱与桶就很少直接订购供应商展示的产品，除了少数产品（如厨房用品）以外，公司销售的都是专门为箱与桶设计和生产的产品。其他品类的行业龙头也采取相同的战略。

低价销售

价格方程式的另一半就是低价销售。通过同时在采购和销售环节压低价格,就会给竞争对手造成巨大压力。

例如,在独立的宠物商店,一箱像希尔思科学食谱这样的优质宠物食品售价可能是32美元,同样的商品在宠物超市的售价可能只有19.95美元。

归根结底,聚焦的最终目标就是成为所在品类的行业龙头。一旦做到这一点,就会最终实现利润的最大化。

像玩具反斗城的竞争对手所认识到的那样,仅仅是低价销售还不够。儿童世界(Child World)和儿童城(Kiddie City)多年来一直在降价,但在与玩具反斗城的竞争中并没有占到便宜,原因就是它们做不到同时低价采购和低价销售。

市场领导者的护身符就是领导地位。查尔斯·拉扎罗斯说:"归根结底,我们关注的还是市场份额、市场份额、市场份额。"

但玩具反斗城还在遵循自己的战略吗?我想没有。再来看一看毛利率。玩具反斗城的平均毛利率是45%,而沃尔玛的总毛利率是26%。(玩具毛利率可能会高一点。)因此,沃尔玛的价格一直比玩具巨头低。

沃尔玛不仅毛利低,成本也低。沃尔玛的营业费用和管理费用占收入比例为15%,而玩具反斗城的这一比例为19%。

玩具反斗城的营业费用和管理费用不断增加的原因是公司不再聚焦。推出儿童反斗城和图书反斗城的实际效果就是增加了营业费用和管理费用比例。这种拆东墙补西墙的做法削弱了公司的财务实力。

最近,公司宣布将新开五家商店与婴儿超市竞争,名字当然叫作"婴儿反斗城"。这是典型的品牌延伸错误。

另一个因素是两家连锁店的销售利润率。沃尔玛的销售利润率是3.5%,而玩具反斗城的是6.1%。虽然让股东赚6%是件好事,但更重要的是维持玩具行业老大的地位。玩具反斗城应该降价,以便扩大在玩具行业的市场占有率。

长期而言,商场上唯一重要的事情就是龙头地位。对于行业龙头而言,一切皆有可能。否则,你随时都会受到竞争对手的压制。

品类主导

谁会成为宠物超市的市场领导者?赢家不一定有最好的战略和最优秀的人才,很可能是第一家主导这个品类的连锁超市,也就是宠物中心。

如果你研究大型零售企业的成功历史,你就会发现那些主导品类的连锁店往往成为最大的赢家。

主导零售品类的一种方法就是快速扩张。1987年2月,当韦恩·惠森格(Wayne Huizenga)收购百视达录像店,这家连锁店有8家分店和11家加盟店。紧接着,惠森格又收购了南部录像(Southern Video Partnership)和去看电影(Movies to Go),使百视达的经营门店在年底达到了130家。

1988年,公司收购了连锁店录像图书馆(Video Library)。到年底,百视达已经有了415家分店。接下来一年,通过吞并有着175家分店的主流录像（Major Video）及其最大的加盟店业主MLA超市（Superstore MLA），百视达的分店超过了1 000家。

1990年，百视达又在亚利桑那州、加利福尼亚州、佛罗里达州、堪萨斯州、内布拉斯加州、得克萨斯州和弗吉尼亚州收购连锁店，使公司的分店总数超过1 500家，成为美国最大的录像出租连锁店。惠森格说："我们扩张得越快，拥有的分店越多，赚的钱就越多。"

他甚至把这种理念带到了海外，在美国境外开了1 250家影碟租赁店，其中包括在英国收购的775家丽兹录像租赁店。

如今，百视达拥有5 000万名会员，每年录像出租量达46亿。百视达全面获胜的原因，就是它主导了顾客心里的录像出租品类。

说出另一家录像连锁店。说不出来，对吧？

惠森格在废物管理公司（Waste Management, Inc.）也采取同样做法。上了两年大学之后，他于1960年回家，加入家族好友的垃圾运输生意。不到三年，他买下了朋友的全部股权，并于1971年和另外两位合伙人一起创办了废物管理公司。

他们让公司上市并开始大规模收购，在第一年就买下了90家垃圾处理公司。1975年，公司在沙特阿拉伯获得了一项合同，其他海外合同接踵而至。如今公司在20多个国家开展业务。

现在，废物管理公司（已更名为WMX科技公司）已成为废品处理行业的"百视达"，是全球最大的垃圾回收和处理公司，年收入约 100 亿美元。

不幸的是，当一个零售连锁在业内达到顶峰并主导这个品类时，管理层常常会开始寻找新的征服领域。他们会忘记自己成名的原因，不是继续聚焦于核心业务，而是突然改弦易辙。玩具反斗城是这样，百视达也是这样。

紧接着，百视达收购了共和电影制片公司（Republic）、斯佩林电视制片公司（Spelling）78% 股权和趣味中心（Fun Centers）儿童室内游乐场 49.9% 股权。惠森格还与 BET 合资拍摄面向黑人家庭的影片，并与维珍零售集团合资在欧洲、澳大利亚和美国开设了 18 家大型商场。

然后，百视达还与索尼音乐公司和佩斯娱乐公司（PACE）组建合资公司开发音乐厅，拥有一家游戏软件公司（VIE）的多数股权和佛罗里达州 2 500 英亩⊖的主题公园和体育运动中心。

百视达公园（还能叫别的吗？）计划建设一个圆顶棒球场、一个冰球场、一个高尔夫球场、一个游乐场、剧场、俱乐部、餐厅、电影和电视摄影棚、一个体育博物馆、一个水上运动湖泊和一个社区公园，另外还包括供 18～45 岁成年人举行街区舞会的室内娱乐中心。

为了充分使用体育场，惠森格向一支职业棒球队（迈阿密马林鱼队）投资 9 500 万美元，向一支职业橄榄球队（迈阿密海豚队）投资 1.28 亿美元。他还为一支职业冰球队（佛罗里达美洲豹队）提供了 5 000 万美元。

⊖ 1 英亩 = 4 046 平方米。

在遭到报应以前,百视达娱乐公司与维亚康姆集团(Viacom Inc.)合并了,把潜在的麻烦丢给了维亚康姆集团的董事长雷石东(Sumner Redstone)。雷石东马上终止了百视达公园项目。

在韦恩·惠森格宣布退休计划的时候,他提出了建立一家全球娱乐公司的愿景。公司会"拍摄电影,并在自己的影院上映,在自己的录像店出租,卖给自己的付费频道,在自己的有线电视网和电视台播放。我们还可以出版电影小说,发行电影原声带,制作视频游戏并全部都在自己的商店里出售"。

当然可以,韦恩。

尽管获得这么多成功,但百视达在录像出租市场的份额只有约15%。从逻辑上讲,对于惠森格而言,以录像出租市场其余85%的市场份额为发展目标,要比在电影、音乐和娱乐领域发展容易得多,因为这些领域都有占据主导地位的强大竞争对手。

早在1989年,就有金融研究员预测,玩具反斗城最终将拥有玩具市场40%的份额。事实上,这是任何一家希望成为市场领导者的公司应该达到的目标。

玩具反斗城还远远没有达到这个目标。但是公司又涉足儿童服装和图书领域,既失去了聚焦,又失去了玩具市场份额。对于领导连锁企业来说,争取拥有50%的市场金额是一条很好的经验法则。这是最佳的份额比例,通常由有力聚焦的公司获得。

联邦快递拥有国内次日达市场 45% 的份额。可口可乐拥有国内可乐市场 45% 的份额。市场份额要超过 50%,你通常需要多个品牌(参见第 12 章)。

从战略的角度看,在一个市场拥有 50% 的份额比在五个市场各拥有 10% 份额要强得多。然而传统思维常常会引导管理层走上多元化发展的道路。别人家的草更绿,经理们经常认为他们已经无法在现有市场进一步发展,所以他们急于想要尝试新的东西。

他们发现了一个很大的市场,就开始想当然起来。"要拿下那个市场 5% 的份额应该不难,既然市场那么大,5% 也很大了。"

如果事情真的有那么容易,就会有很多公司拥有很多不同市场的很小份额。但不存在这样的公司。

看看《财富》500 强企业。如果广泛涉足各个领域是成功的关键,那么综合企业就应该在名单中居多数。但在前十公司中,有三家汽车公司、三家石油公司、一家电脑公司、一家化工公司,还有一家公司(菲利普·莫里斯)涉足两项业务(烟草和食品)。

只有通用电气是传统的通才企业。

即使是强大的通用电气,也一直在精简规模和重新定位。在过去十多年里,通用电气实际出售或取消了几百项业务。公司 CEO 杰克·韦尔奇说:"只有在市场上排名第一或第二位的业务才能在日益激烈的全球市场竞争中获胜。其他业务就需要整顿、关闭或出售。"

例如，1983年时通用电气有34万员工。十年后，公司只剩下22万员工。重新聚焦似乎没给公司带来伤害，在这个过程中，通用电气在《财富》500强的排名从第十跃居至第五，上升了五位。

此外，通用电气创建于1878年，是一家历史相当悠久的公司。在竞争不太激烈的年代创建一家综合企业和在竞争激烈的今天不同。还有，通用电气已经用了117年让它的名字深入人心。通用电气是一家没有聚焦却拥有强大品牌的公司，而品牌优势弥补了公司的不足。

想当然的逻辑永远行不通。来玩一玩数字游戏。美国的经济规模约为7万亿美元，一家在每个市场都拥有5%份额的公司年收入将达3 500亿美元——不存在这样的公司。

零售业是美国的镜子。它对顾客需求变化的反应最为灵敏、快捷。在几乎每个品类中，零售商们都在精准聚焦，以期获得更大的市场份额。

但那还不够。为了主导自己的品类，零售商们还在不断扩张，以便成为全国甚至全球连锁企业。结果，那些独立经营的零售商店正迅速成为濒临灭绝的物种。在一个又一个品类中，独立经营的零售商店已经被全国性的加盟连锁店或自营连锁店取代。

这些全国连锁店正开始主导几乎每个零售品类，包括快餐、便利店、酒店和汽车旅馆、杂货店、鞋店、办公用品、宠物用品、书店、计算机、消费电子产品、家居用品、五金、音乐、录像出租、汽车租赁店、服装和家具。

甚至专业服务机构也正在形成全国连锁。会计、广告、股票交易、房地产和光学等行业已经形成连锁经营。法律和医疗都在朝着这个方向发展。只要州与联邦法律允许，连锁银行将主导银行业。

有些零售商拒绝接受这一趋势。它们对周围发生的事情视而不见，严防死守并盼望奇迹出现。但长期而言，什么都卖的地方商店无法抗衡拥有强大聚焦、可以低价采购、低价销售并主导品类的全国连锁商店。

地方零售商只有两个选择：要么加入全国连锁，要么自己建立全国连锁店。

零售商正在做的事情，也是你应该做的事情。

FOCUS

第6章

两瓶可乐的故事

百事公司与可口可乐公司一起，对聚焦的力量做出了最好的诠释。

百事公司是一家不计成本追求增长的企业。公司CEO韦恩·卡洛威（Wayne Calloway）最近说："我们绝不放弃15%的长期增长目标承诺。"多年来，卡洛威和历任CEO都努力通过大量收购以实现这一承诺。

除了世界上最大的休闲食品公司菲多利公司（Frito-Lay）以外，百事公司还拥有全美七大连锁快餐厅当中的三家：有世界上最大的比萨连锁快餐厅必胜客、世界上最大的墨西哥风味连锁快餐厅塔可钟，还有世界上最大的鸡肉连锁快餐厅KFC，也就是以前的肯德基炸鸡。

百事公司的餐厅遍布全球。除了三家大型连锁快餐店以外，百事公司还拥有哈特劳汉堡汽车餐厅（Hot'n Now）、切维斯墨西哥餐厅（Chevys）、诗碧阁（California Pizza Kitchen）、安吉洛三明治连锁店（D'Angelo）和东部马里奥餐厅（East Side Mario's）。百事公司旗下的24 000家餐厅一起构成了全球最大的餐厅体系。（相比之下，麦当劳在世界各地只有14 000家餐厅。）

在所有这些餐厅里喝的是百事公司的全系列饮料，包括百事可乐、百事轻怡、中卡百事、无糖百事、斯莱斯（Slice）、激浪（Mountain Dew）、立顿（Lipton）、全动（All Sport）和七喜（仅供美国以外市场）。为了好玩，百事公司还从俄罗斯进口了红牌（Stolichnaya）伏特加。

百事公司比可口可乐公司大多了，这是毫无疑问的，后者一直坚守传统的饮料业务。在最近一年，百事公司收入达285亿美元，而可口可乐公司的收入为162亿美元。

两家公司的相对"市值"或价值的比较却令人吃惊。以股票市场价值来衡量，较大的百事公司市值440亿美元，而较小的可口可乐公司市值930亿美元，是前者的两倍多。可口可乐每一美元收入所创造的价值几乎是百事公司的四倍。这就是聚焦的力量。

并不是说可口可乐公司多年来没有做过傻事。1982年可口可乐公司收购哥伦比亚电影公司（1989年卖给索尼公司），它还收购泰勒葡萄酒公司，然后又卖掉。如今，可口可乐公司是一家饮料公司。

好吧，你可能认为这样不公平。百事公司被利润较低的连锁快餐业务拖了后腿。

聚焦：决定你企业的未来

我们来对麦当劳公司和百事公司进行比较。麦当劳公司有大约14 000家餐厅，年收入74亿美元，而百事公司有24 000多家餐厅，年收入为94亿美元。如果让投资者选择，他为什么选麦当劳公司而不选百事公司呢？

利润是一个原因。麦当劳公司在74亿美元收入的基础上获得了11亿美元的丰厚利润，销售利润率达15%。而百事公司的净利润只有4亿美元，销售利润率仅为4%。

股市也同样能说明问题。麦当劳公司比百事公司连锁餐厅的规模小得多，但麦当劳公司的股票市值为310亿美元。KFC、塔可钟和必胜客加起来值多少？只能靠推测。

计算连锁餐厅市值的一种办法，是算出它们的净利润占百事公司净利润的比例，然后用这个比例乘以百事公司的总市值。这样算出百事公司连锁餐厅的市值为100亿美元。

这就再次说明了聚焦的力量。年收入74亿美元的麦当劳公司，市值310亿美元。年收入94亿美元的百事公司连锁餐厅，市值100亿美元。高度聚焦的小公司市值是聚焦缺失的大公司市值的三倍。

甚至可能高出更多。市场估值只是代表投资者愿意以某种价格买进或卖出公司股票的一个数字。如果他们真正懂得聚焦的力量，他们可能愿意为高度聚焦的公司开出更高的价格。

对百事公司而言，它的连锁快餐业务是双重缺乏聚焦。首先，百事公司有一堆互相竞争的品牌，而麦当劳公司则经营单一品牌。其次，这些快餐品牌都在一家饮料公司旗下，而麦当劳公司没有这个问题。

百事公司的问题出在哪里

尽管百事公司获得过各种成功,导致其增长放缓的原因不是快餐业务,而是因为它本来就是一家没有聚焦的公司。像百事公司这样缺乏聚焦的公司,在与高度聚焦的可口可乐竞争时,为什么会遇到这么多麻烦呢?

首先,最大的问题是管理。最近被质疑最多的观念就是职业经理人什么都可以管理。管理是一门学问,它需要可以适用于任何行业的沟通能力和思维能力。

说得不错,但管理还需要知识(可以从工作中学到)和经验。而经验正是职业经理人的软肋,任何人都无法在6个月的在职强化培训中学到20年的工作经验。

这是百事公司固有的问题。公司需要一个饮料专家来经营饮料业务,需要一个休闲食品专家来经营菲多利公司,还需要一个快餐专家来经营连锁餐饮业务。但是谁来选择分管这些业务的人呢?CEO,他可能是其中一个领域的专家,却不懂另外两个领域。

在可口可乐拥有哥伦比亚电影公司期间,随着电影公司经营情况持续恶化,可口可乐公司聘请了一系列高管,又将他们全部解雇。可口可乐公司最终放弃并卖掉了电影公司。

百事公司试图通过让优秀经理人轮换部门来解决管理问题。但数字证明这种安排是不利的。在饮料业务方面,百事公司的优秀经理人平均只能获得他们在可口可乐的同行1/3的经验。

除非你在某个行业拥有丰富的知识和经验,否则你很难选出合适的人来经营这个业务。古人说得好:"日久见人心。"

根据我的经验,许多大公司的部门经理(军事上称为战地指挥官)不具备职位所需的经验或性格。他们太急于取悦自己的上司,过于关注短期表现。

其次的问题是士气。在习惯上,多元化发展的公司让经理人员在部门之间轮换是为了避免岛国思维。他们希望培养出综合发展的企业高管,而不是思维狭隘的部门经理。很多渴望向上爬的经理人员照此办理,尽量避免给自己贴上"专家"标签。

然而经营的力量恰恰在于成为"专家"。聚焦的公司培养出的经理人员也是专家,原因就在于此。

在百事公司的目标是做企业的总经理。在可口可乐公司的目标是做饮料业务总经理。

在缺乏聚焦的公司,最麻烦的管理问题可能是晋升。多年来我"近距离"地观察过数百家公司,我不得不说,在被提拔到管理职位的人当中,至少有一半甚至更多都是不合适的。

看看汉堡王。1980年以来,这家公司已经有过十任总经理。他们干不长,因为汉堡王由一家传统食品公司(贝氏堡,Pillsbury)旗下的快餐业务发展而来,如今被一家主营酒精饮料的英国大型联合企业(大都会公司,Grand Metropolitan PLC)合并。大都会公司的高管很难跟上汉堡行业的形势发展。

在选择提拔对象时,总经理会犯两个典型的错误。他们

"根据业绩"或者"根据综合素质"选择。两种办法都不怎么行得通。

在根据业绩选择的公司，猜猜看会出现什么情况？大家都追求短期业绩而牺牲长期利益。这是提出大型联合企业概念的哈罗德·杰宁（Harold Geneen）和许多职业经理人主张的经营哲学。（杰宁曾说过："经理人必须有业绩。"言下之意：拿出业绩，否则走人。）

众所周知，大型联合企业由于缺乏聚焦而好景不再。他们想满足所有人的一切需求。如果你想做出短期业绩，推出新的产品和服务是最好的办法。换句话说，就是让公司不再聚焦。

牺牲长期利益并全速前进。我问过一位经理："你明明知道品牌延伸会损害公司的长期利益，为什么还要这么做呢？"他回答说："如果我拿不出今年的业绩，就没法在这里考虑长期利益了。"

有的公司根据综合素质而不是业绩选择。他们选择的标准是候选人激发与鼓励他人的能力。具备良好的素质并不是坏事，尤其是同时具备优秀领导所需的知识和经验。

根据我的经验，无论有多大的干扰，优秀的领导都知道如何抓住重点。他们知道如何激发与鼓励追随者继续朝着"最好的机会"努力，而不会让枝节问题浪费自己的精力。

但仅仅具备良好素质不一定就是优秀的领导。在政治和战争等非商业领域，多数成功的领导都有阴暗面。[温斯顿·丘吉尔（Winston Churchill）和乔治·巴顿（George

Patton）就是两个例子。]

优秀的领导倾向于自我反省，而不是"审时度势"。他们观察周围环境，但并非总是随大流。他们的动力似乎来自内在的工作狂热，可能正是这个原因，优秀的领导能够避免大量细枝末节的干扰而专注于一件事情。

还有第三种选择领导的方法。你可以问具体业务部门的员工谁可能是最佳领导人选，而不用通过业绩或素质进行衡量。我不推荐开展"声望竞赛"，因为它也不管用。

真正有效的方法是选择那些已经在自己的工作环境中显露出领导能力的人。天生的领导往往是那种在权力真空时能够迅速"夺取"领导权的人。（独裁者从来都不是选出来的。）

缺乏聚焦的公司还有一个主要缺点，为了维持公司的正常运转，管理上需要增加一层。百事公司的饮料部门、休闲食品部门和餐饮部门都有各自的总监，这些总监之上有一批职能副总裁。这些人并不只是坐着查看数据，他们也积极参与各个部门的经营。

此外，公司员工频繁的信息请求也消耗了大量的管理时间。正如美国联邦政府向国内公司收取"文件税"一样，多元化经营的公司也向业务部门收取内部的"文件税"。这让公司经常召开的业绩评估和预算讨论等会议又多了一项内容。

像百事公司这种缺乏聚焦的公司所面临的最主要问题，可能是跟自己的客户竞争。很多公司的多个产品线之间不是互相协调的，而是恰恰相反，一种产品往往会损害另一种产品。在百事公司，连锁餐厅就在与饮料业务竞争潜在客户。

既然百事公司的必胜客是达美乐比萨（Domino's Pizza）和小凯撒比萨（Little Caesars）的死对头，达美乐和小凯撒怎么会买百事公司的软饮料呢？

可口可乐公司在一系列令人难忘的广告攻势中利用了这种关系。"百事公司还没有在你附近开店吗？"有一则可口可乐广告说。"等4个小时。"广告接着说，"每隔4个小时，百事公司的餐厅帝国就会多一家新店，来抢你的生意，并为你的顾客提供食物。"

这些连锁餐厅不仅存在竞争问题，而且导致了资金短缺。百事公司每年要投入10亿美元资本支出建设和收购餐厅，这个数额远远超过餐厅的营业利润。百事公司进退两难，没有每年大量的资本投入，连锁餐厅就不会有长远的发展前景。

但百事公司需要利用这些资金在全球范围内与可口可乐公司展开竞争。以苏联为例。由于政治关系方面的原因，百事公司在苏联完全抢占了先机。一切始于1959年，公司董事长唐纳德·肯德尔（Donald Kendall）在陪同尼克松副总统访问莫斯科时，与尼基塔·赫鲁晓夫（Nikita Khrushchev）的一次会谈。

但情况在发生变化。1991年年末，可口可乐进入罗马尼亚市场，目前在当地的销量已经超过百事可乐一倍以上。在多数东欧国家和其他前社会主义国家，百事公司也输给了可口可乐公司。百事可乐的销量只在匈牙利、乌克兰和俄罗斯排在第一。

在中国，有10万家商店卖可口可乐。可口可乐是这个国家继日立之后知名度最高的品牌之一。可口可乐在中国软饮料市场的份额为19%,是百事可乐市场份额的三倍。

可口可乐在国际市场的迅速增长来自大力投资。迄今为止,可口可乐在东欧投资了15亿美元,仅罗马尼亚就投资了1.5亿美元。可口可乐公司1995年的国际投资预算约为7亿美元,而百事可乐公司只有3亿美元左右。

这些投资很划算。现在可口可乐80%的利润来自美国以外的业务,而百事公司的这一比例仅为15%。可口可乐现在是欧洲最大的消费产品,甚至还有更大的潜力,美国以外的消费者所喝的软饮料只是美国消费者的1/10。

百事公司该怎么办

像百事公司这样缺乏聚焦的公司,缺点非常明显。真正的问题是,百事公司应该如何应对?

通常来说,答案是继续努力。要是百事公司能够将美国市场的成功复制到全球市场就好了。要是那些连锁餐厅能够像麦当劳那样赚钱就好了。要是百事公司的某个新产品,如中卡百事和无糖百事能够一举获得成功就好了。要是……就好了。

继续努力很少管用。百事公司不应该继续在三条战线上同时作战,更好的办法是将公司资源集中到三条主要产品线中的一条上。我会选择可乐。

我们来看看可乐市场。如果要采取针对可口可乐的重大行动，百事公司唯一的希望在哪里？普遍的看法是可口可乐远远领先的海外市场。

经过分析，我的建议恰恰相反。在美国，每人每年喝掉的可乐达到令人吃惊的32.5加仑（约合123升）。美国的超市每个星期都会售出大量可乐，因此三大可乐品牌[可口可乐、百事可乐和皇冠可乐（Royal Crown Cola）]和至少一个自有品牌都要备货。海外市场的情况却不同。

在印度尼西亚，每人每年喝掉的可乐只有美国的1/5。雅加达的超市可能只备有一种可乐品牌，一定是可口可乐。

在世界上很多国家，百事可乐光是想要摆上货架都非常难。除非你能够参与游戏，否则不可能获胜。

美国的饮料市场实际有两个。一个是传统的商店市场，如超市、便利店、熟食店和自动售货机。另一个是冷饮机和餐厅市场。多年来，百事可乐在连锁超市的销量实际上超过可口可乐。

百事可乐无法进入部分冷饮机和餐厅市场。（为什么要从竞争对手那里买你的饮料？）在市场份额达26%的冷饮机市场，可口可乐的销量大约是百事可乐的两倍。

百事公司的悲剧在于，它从未将超市的销量优势转变成在可乐市场的整体优势。这种事情从来都不可能发生，除非百事公司能够在冷饮机市场有所作为。

解决方案：将必胜客、塔可钟、KFC和其他百事餐厅分拆为一家独立公司。（参见第11章，"分而治之"。）

这一行动干脆利落地解决了两个问题：让百事公司聚焦

于饮料业务，并消除了冷饮机市场的障碍。（乐事也应该卖掉或分拆，以筹集可乐大战所需的资金。）

连锁快餐业务不仅让百事公司不可能成为美国可乐市场龙头，而且也阻碍公司在最具增长潜力的海外市场发展。

通过聚焦饮料业务，百事公司有机会一举两得。第一个难度最大的行动是从可口可乐手中夺得美国可乐市场龙头地位。第二个相对容易的行动是将"美国销量第一的可乐品牌"这一信息传遍世界。

（百事可乐在南美地区的宣传语是"真正的美国口味"。要是百事可乐成为美国销量最大的可乐品牌，它就是更加地道的美国口味了。）

领导地位本身就是最有影响力的营销信息。看看周围的餐厅和酒吧。一家典型的酒吧或餐厅很可能供应的啤酒品牌有：百威、百威淡啤、米勒纯生、喜力（Heinken）、阿姆斯特淡啤（Amstel Light）、米狮龙（Michelob）、科罗娜特级（Corona Extra）和塞缪尔·亚当斯（Samuel Adams），等等。

换句话说，国产啤酒第一品牌（百威）、国产淡啤第一品牌（百威淡啤）、生啤第一品牌（米勒纯生）、进口啤酒第一品牌（喜力）、进口淡啤第一品牌（阿姆斯特淡啤）、高档国产啤酒第一品牌（米狮龙）、墨西哥啤酒第一品牌（科罗娜特级）和微酿啤酒第一品牌（塞缪尔·亚当斯），等等。

如果你发现有酒吧或餐厅卖力吆喝别的品牌，可以肯定的是这家啤酒公司付了买路钱。

在餐厅市场不占优势的百事公司，能够轻易从可口可乐手中夺取美国可乐市场领导地位吗？不，非常难。但至少以上策略认清了形势。它让百事公司可以为了一个目标（市场领导地位）集中所有资源，在一个国家（美国）对付一个敌人（可口可乐）。

事实上，百事公司已经有一种对付可口可乐的强大对策。那就是"百事一代"，一个在20世纪60年代初期首次提出的营销概念。"你不想喝你父母喝的东西，因为你是百事一代。"

影响年轻人的最好办法就是音乐。当百事可乐在20世纪80年代聘请迈克尔·杰克逊（Michael Jackson）和莱昂纳尔·里奇（Lionel Richie）等年轻人的偶像歌手代言时，它获得了最大的成功。

这需要钱，而百事公司在推广其核心产品方面的投入远远不足。如今，可口可乐在美国市场饮料广告方面的投入几乎是百事可乐的两倍。

分拆乐事和连锁餐厅将为百事公司筹集用于赞助顶级音乐团体的资金。百事公司应该在营销投入方面超过可口可乐，并有望夺取美国可乐市场的领导地位。换句话说，它应该为了今后的领导地位而放弃短期利益。

可乐被视为一种美国产品。只要获得了美国市场的领导地位，百事公司就可以参与全球市场的竞争。首先征服美国市场，然后征服全球市场。

这就是聚焦的目的。

FOCUS

第 7 章

质量定律

为了增加销售收入，需要改进产品或服务。谁都知道"好的产品或服务会赢得市场"。这就是质量定理，是当前商业的基本法则。

定律，当然就是不言而喻、无须证明的真理。谁都知道定律是正确的。谁都知道好的产品会赢。

越是不言而喻、显而易见、人人皆知的，也越是隐形的。没有人质疑过定律，没有人讨论过定律，没有人谈论过谁都知道的东西。

有了争议才会有讨论。定理被忽略了，结果时间一长定理就隐形了。

然后，突然之间有人推翻了旧的定律。真理毕竟不是绝对的。

在地理上，旧的定律是"世界是平的"。世界看起来是平的，因此谁都认为世界是平的。在尼古拉斯·哥白尼推翻旧的定律以后，地球就不再是平的，而是变圆了。

在几何上，旧的定律是"平行线在无穷远处相交"。但没有人去无穷远处查看，因此没有人质疑这条似乎显而易见的真理。换句话说，在阿尔伯特·爱因斯坦创立相对论以前，没有人质疑过。

现在看来，空间是弯曲的，平行线的确相遇在……某个并非无穷远的地方。原理既然不再成立，全部的欧几里得几何学也就成了一套不再适用的理论。

好的产品会赢吗

在商业方面，目前的定律是"好的产品会赢"。既然人人都知道好的产品或服务会赢，全世界的公司就要寻找改进产品的方法。

寻找的结果就是质量。

质量成为整整一代经理人的标志。"全面质量管理"，或者更通俗地称为 TQM，得到了超乎其他任何一种管理观念的高度认同。

根据最新统计，87% 的美国公司实行了某种形式的 TQM。最近一项调查显示，80% 的美国经理人认为，到 2000 年，质量将成为竞争中根本性优势的来源。

调查询问了 455 位电子行业的经理人，他们认为最重要的竞争成功因素是什么，回答"质量"的人最多。（质量因素连续六年在调查中排第一。）

质量之花到处盛开。目前公司能够获得的最负盛名的奖项，就是美国波多里奇国家质量奖（Baldrige National Quality Award），每年由美国标准与技术局颁发。有31个州按照此奖的模式也设立了州级的质量奖。

著名的美国管理协会至少开设了八项主题为质量管理的计划，有七家共同基金专门投资于实行TQM的公司。

有关质量的书籍、文章和演讲充斥着美国的书店、商业杂志和讲台。位于俄勒冈州波特兰的鲍威尔书城有五个书架、100多种不同的"质量"类书籍。

供职于威斯康星州密尔沃基的施瓦兹商业图书公司的杰克·科弗特是一位非常成功的董事长。他说"质量"类书籍最好卖，在六万名顾客所购买的书籍中，这类书占31%。

过去五年，杂志和报纸刊登了1 777篇重要的质量文章，其中931篇是关于TQM的。

质量是什么？问得好。质量好不好由谁决定？又是一个好问题。由顾客决定吗？

比方说，顾客去家电商场选购电视机。他看见三台电视机摆在一起。顾客会打开每台电视机的后盖比较电路质量吗？当然不会。顾客会阅读每台电视机的说明书并逐项比较性能吗？当然不会。

顾客会查看三台电视机并比较其画质吗？当然会，不过你知道，多数时候看不出区别。

谁都在谈论质量，但顾客多数时候无法分辨质量好坏。

多数价格相当的产品，看起来和感觉起来也大致相当。

梅赛德斯-奔驰比宝马的"质量"好吗？本田比丰田的"质量"好吗？可口可乐比百事可乐的"质量"好吗？耐克比锐步的"质量"好吗？

不错，的确存在着不同的偏好，尤其是涉及款式、风格、外观和其他可以观察、感觉和体验的产品属性时。但什么是质量？

质量的抽象定义很简单。要具体说明就难多了。

关心质量的顾客在家电商场的做法大多一样。他们要求销售员推荐一台。哪个牌子的质量最好？销售员会推荐哪一台？

很难说。如果某个厂家搞特别促销，电视机卖得最多的销售员将获得去意大利旅游的奖励，那么你就会知道哪个电视机的质量最好了。质量就是意大利免费游。

不用担心。尽管顾客听着销售员出于各自目的所推销的产品和品牌，但他们通常不会很快接受这些建议，他们还会寻找佐证。也许推荐品牌有一项独具特色的功能，也许价格很便宜，也许本周只有一个品牌打折促销。

有一种佐证特别有效："这是销量最高的品牌。"

这是一种双重效应。厂家认为好的产品会赢，顾客认为好的产品会赢，因此销量最高的产品肯定质量最好。

但是，几乎没有证据证明这一点。以汽车为例。每年都有一个权威消费者评级服务机构对车型进行广泛测试，包括行驶测试和车辆测试。

它们仔细查阅来自车主的可靠性报告和修理频率资料。

它们对车辆进行路试，考虑因素包括操控性、发动机性能、座椅舒适性、制动性能和油耗，然后它们对不同的车型按照综合质量排名。

以小型车为例。在最近一期的购车指南中，消费者评级服务机构列出了16个小型乘用车品牌。质量排名第1的是大众捷达（Volkswagen Jetta），第2名是讴歌英特格拉（Acura Integra），第3名是大众高尔夫（Volkswagen Golf）。

这3个公认的最佳品牌在那一年的销售情况如何？这个……第1名大众捷达销量排第12，第2名讴歌英特格拉销量排第9，而第3名大众高尔夫销量排第16。质量与销量之间没有什么关系。

另一方面，销量第1的福特福睿斯（Ford Escort）质量排第11。销量第2的土星（Saturn）质量排第6。销量第3的本田思域（Honda Civic）质量排第7。

质量排名前16位的车型，在当年的销量排名情况如下：12、9、16、5、7、2、3、4、15、6、1、11、8、10、13、14。质量与销量还是没有什么关系。

如果你是汽车专家，你可以从我过于简单的分析中发现很多问题。人们买车多数看品牌，而不看车型。有的品牌的代理商比其他品牌的多，有的车比其他车贵。不过，假如好车经常赢得销售大战，那么在"质量"排名和"销量"排名之间就应该存在某种关联。但我没发现有什么关联。

这并不是个例。我查看了大量不同产品的质量与销量排名，几乎没发现两者之间有什么关联。

部分原因是产品变得越来越复杂。测试汽车、电视机和计算机等高科技产品变成一件不可能完成的任务。什么重要,什么不重要?测试差异有多少是由样本选择不同所造成的?

另外,有许多测试非常主观。例如,什么是"好开的"车?而品牌对测试者的主观评价又有多大影响?

但质量的拥护者大有人在。福特公司从上到下到处都在强调质量,它在广告上说,"质量是首要任务"。还有摩托罗拉,它被《财富》杂志称为"TQM 的巨人",并获得首届美国鲍德里奇国家质量奖。

美国商业圆桌会议(Business Roundtable)杰出的 CEO 们将摩托罗拉列为美国全面质量管理的最佳实践者。许多书籍和商学院案例都记载了公司对六西格玛(百万次差错率仅 3.4)质量标准的狂热追求。

不过,再怎么强调质量,都对摩托罗拉的计算机业务无济于事。1985 年,公司推出的系列个人计算机产品无疾而终。1990 年,公司推出的系列工作站产品根本卖不动。1992 年,公司尝试的大型计算机业务同样遭遇滑铁卢。1994 年,摩托罗拉宣布计划生产 PowerStack 全系列桌面计算机系统。

现在,摩托罗拉正在推出 Envoy,这是一种个人无线通信装置,与牛顿同属个人数码助理。预测:不怎么样。

认知就是事实

马萨诸塞州的剑桥战略规划研究所(Strategic Planning

Institute of Cambridge)是最提倡质量的机构。该所负责管理战略与绩效(Profit Impact of Market Strategy,PIMS)数据库。有450家公司向PIMS匿名提供大概3 000个战略业务单元的保密资料。

通过一项比较可以看出PIMS的研究特点。产品与服务质量认知高的公司,投资回报率平均为29%。产品与服务质量认知不高的公司,投资回报率平均为13%。

29%比13%。质量值得重视……吗?请注意"认知"这个无伤大雅的词。如何分辨高质量的公司是确实拥有高质量产品,还是仅仅让人感觉它拥有高质量产品?

假设你能找到几家产品质量高但质量认知不高的公司,和几家产品质量不高但质量认知高的公司进行比较,那么后者肯定会成为赢家,认知肯定比质量重要。

认知就是事实。商业世界的真正动力不是质量,而是对质量的认知。

再举一个例子。在20世纪60年代,喜立滋(Schlitz)啤酒公司与安海斯-布希啤酒公司争夺啤酒行业领导地位,喜立滋最后输给了来自密苏里州圣路易斯的安海斯-布希。

到了70年代早期,喜立滋用玉米糖浆和颗粒啤酒花代替了传统配方,并将酿酒周期缩短了一半。结果公司的销售利润率和资产回报率均高于安海斯-布希。《福布斯》杂志问:"如果多数消费者不知情,提高产品质量划算吗?"

消费者当时并不知情。喜立滋的市场份额继续攀升,从1970年的12%上升到1976年的16%(当时只落后于市场领导者安海斯-布希三个百分点)。然后,喜立滋遇到了麻烦。

1980年,喜立滋的市场份额暴跌至8%。1982年,公司被施特罗啤酒公司(Stroh)收购,但喜立滋品牌的市场份额继续暴跌,现在已不足1%。安海斯-布希当然继续稳居美国啤酒市场领导地位,市场份额达45%。

喜立滋怎么了?多数研究员认为喜立滋的啤酒味道变差,引起啤酒消费者反感。但改变配方之后,销量实际是上升的。

喜立滋啤酒销量暴跌的原因,更可能是在公司配方变化曝光之后,消费者转向了百威啤酒和米勒啤酒。认知就是事实。

为什么说原因是配方变化而不是啤酒本身?

因为信息传播需要时间。坏消息总是要过一段时间才会造成恶果,在喜立滋的例子里更是如此。由于配方变化只是在商业媒体上公布,普通啤酒消费者几年后才得知这个坏消息。要是啤酒本身出了问题,消费者只要喝上一口就不会再喝了。

新可乐也遇到了和喜立滋一样的麻烦。区别只是新可乐为了"改进"产品,加入了更多玉米糖浆让它甜。实际上,可口可乐投资400万美元做了20万次品尝试验,证明新可乐比百事可乐好喝(百事可乐又比原始的可口可乐好喝,原始的可口可乐配方现在称为经典可乐)。

味道很难说清。感觉味道好和味道好本身同样重要。当消费者发现可口可乐改变了配方,他们会这样想:"新可乐不会像原来那么好喝。"于是他们品尝新可乐并说:"不像原来那么好喝。"可口可乐被迫恢复了原始配方。认知就是事实。

别忘了，皇冠可乐做过 100 万次品尝试验，证明皇冠可乐比经典可乐好喝（57%：43%），也比百事可乐好喝（53%：47%）。

你相信这些数据吗？我信，但无关紧要。人们喝的是品牌，不是内容，这是认知就是事实的另一种说法。

莎士比亚写道："名称是什么？随便给玫瑰换一个名称，闻起来还是一样香。"可能不一样。尝在嘴里的味道肯定与跟记在大脑里的味道一样。闻在鼻子里的味道可能也跟记在大脑里的味道一样。

尽管认知决定企业成败，但质量仍然是当今商业社会最普遍的信仰。原因就是人们在考虑问题时走极端。

在你把新车开出代理店的时候，要是轮胎掉了下来，你肯定不会再买这个牌子了。因此质量肯定是最重要的商业成功因素。

你买过新车吗？在你把新车开出代理店的时候，轮胎掉了吗？这种事虽然不是没有可能，却几乎不会发生。

事实上，竞争产品往往相似。质量上即使有差异，也很难确定。但认知上的差异却很大，也容易确定。

你的商业目标应该是改进产品或服务的质量认知，有时也包括改进生产工艺。（你生产的汽车轮胎会掉吗？要是会掉的话，就必须改进生产工艺。）

此外，在公司内部当然应该强调质量。如果员工认为管理层不关心质量，那公司就是自找麻烦。

但是，不要在提高产品质量上赌身家，这不是成功的关键。正如一句古老的高尔夫谚语："大力发球是作秀，轻击入洞才得分。"

发球就是生产好的产品，轻击就是制造好的认知。

不要误会，重视质量没有错，公司应该尽量提高每一种产品的质量，但提高产品质量与提高质量认知是两回事。

巧得很，你在让公司聚焦的同时，也改善了质量认知。相反，你在让公司失去聚焦的同时，也破坏了质量认知。

聚焦改变质量认知

聚焦可以从四个不同方面改善消费者的质量认知。

专业效应

如果你去找医生（内科或全科医生）看病，发现你真的有问题，你就很可能去找专科医生：心脏科医生看心脏病，皮肤科医生看皮肤病，眼科医生看眼病。

谁都知道专科医生在他的专业领域里要比全科医生懂得多。至于这是不是真的，却无关紧要。认知就是事实，谁都知道专科医生医治心脏病、皮肤病和眼病等病症更专业。

在经营上也一样。专业化提升质量，买家了解这一点，卖家却经常忘记。否则，如果专业化就是力量，为什么公司还会不遗余力地成为综合企业呢？

在 IBM 专门生产大型计算机的时候，它在大型计算机顾客心中的质量认知根深蒂固。提到 IBM，顾客想到最多的一个词就是"毫无疑问"。现在，IBM变成计算机综合企业，结果IBM就再也不是"毫无疑问"了。

如果你像IBM主导大型计算机那样主导一个行业，你就会在人们心里培养出一种感觉，认为你无所不能、不会出错。毫无疑问，你将继续保持行业主导地位。结果，潜在顾客就很可能继续选择IBM。

如果你扩张到并非由你主导的市场领域，那种"毫无疑问"的感觉就没有了。曾经认为IBM无所不能的顾客很纠结地发现，IBM无法在其他领域复制大型计算机的成功。

当然无法复制。IBM最早推出大型计算机，这是成功的关键因素。但是，它并不是第一家推出后来生产的多数其他计算机产品的企业。

IBM和其他很多公司一样，变成了改变的牺牲品。市场在改变。产品在改变。新技术让现有技术过时。公司应该如何应对？

首先，你只能承认改变是自然现象。人会变，公司也会变。为了保持竞争力，公司可能需要改变聚焦。（参见第10章，"应对转变"。）

领导者效应

不管是不是真的，消费者相信好产品会赢。因此，要在消费者心中树立质量认知，最简单、最容易和最直接的方法，就是成为行业领导者并广而告之。（要广而告之的是领导地位，而不仅是质量。）

福特汽车对员工说质量是首要任务，并对潜在顾客说福特汽车美国销量第一，这并不矛盾。"因为买福特汽车的人比买其他品牌的人多，它肯定更好。"

领导地位本身就是一项业务最强大的动力。它向消费者传递质量信息。哪种胶卷最好？销量最高的柯达。哪种进口啤酒最好？销量最高的喜力。哪种番茄酱最好？销量最高的亨氏。

领导地位不仅能提升质量认知，还能巩固领导地位。销量最高的品牌往往年复一年地保持领导地位。

有一家营销公司在25个品类中对1923年和现在销量最高的品牌做过比较。你相不相信，70多年以后只有5个品牌失去了领导地位？在25个品牌中，有20个仍然是现在市场上销量最高的品牌。

到底是质量造就了领导企业，还是领导地位造就了质量认知？历史似乎倾向于后一种解释。

那些同类产品中的领导者多年来几乎没有发生过根本性的调整，并得以在市场上取得成功。可乐行业的可口可乐，剃须刀行业的吉列，轮胎行业的固特异。固特异要不是在子午线轮胎方面奋起直追，其领导地位可能就已经被米其林抢走了。

当心。当你问消费者他们为什么买销量最高的品牌，他们几乎从来不会说："因为它销量最高。"

顾客总是"因为它质量好"而买销量最高的品牌。顾客和公司都相信"好的产品会赢"这一质量定律。因此，只要你的品牌销量最高，你的质量肯定更好。

占据市场领导地位是在顾客心里建立质量认知的最好办法。

价格效应

世界上最好的汽车是什么品牌？劳斯莱斯（Rolls-Royce）。世界上最贵的汽车是什么品牌？劳斯莱斯。

如果你想获得高质量认知，就要卖高价。为什么梅赛德斯－奔驰比凯迪拉克（Cadillac）好？原因之一可能就是梅赛德斯－奔驰比凯迪拉克要贵一倍多。（凯迪拉克塞维利亚STS最低价为45 939美元。梅赛德斯－奔驰S600最低价为130 000美元。）

当然，价格越高，市场越小。1995年，美国市场的凯迪拉克销量为18.1万辆，梅赛德斯－奔驰为7.7万辆，而劳斯莱斯（加上宾利）只卖了300辆。

鱼和熊掌不可兼得。你做不到"高质低价"。顾客会说："嘿，等一下，那是不可能的，只能是二选一。"当你试图同时持有两种相反的观点时，就会发生内心冲突，心理学家称之为认知失调。为了解决这种失调，通常必须抛弃一种观点。

比方说，智利红酒以质量享誉全球。但你可以在美国的超市和贩酒商店以每瓶2.99美元的价格买到最好的智利干露（Concha y Toro）红酒。为了建立质量认知，干露需要卖得贵一些（也需要一个更好的名字）。

高价不是坏事，高价对顾客有好处。要是劳力士（Rolex）很便宜，戴在手腕上就没什么面子了。

品牌名效应

另一个改善质量认知的办法是改变产品的"外观"、包装和名称。其中最重要的因素莫过于品牌名称,使用专用名称而不是通用名称尤其重要。

你愿意买西尔斯电池还是 Diehard 电池?西尔斯经销的 Diehard 电池是美国销量最大的汽车电池。它真的最好吗?谁知道?但它的名字最好。

拉夫·劳伦(Ralph Lauren)的 Polo 是一个很棒的名字,它已经成为一种大牌奢侈服装。神奇胸罩(Wonderbra)、星巴克咖啡、易洗厨房清洁剂(Easy-Off)、强力胶(Super Glue)、玉兰油(Oil of Olay)、哈根达斯(Häagen-Dazs)、金霸王(Duracell)也都是既大牌又好记的品牌名称。

虽然战略可能是公司成功的首要因素,但好的名称往往可以让公司免遭竞争对手入侵。

另一方面,不好的名称会成为沉重的负担。如果航空公司取名为奇异国际航空公司(Kiwi International Air Lines),你有办法让它的新飞机起飞吗?⊖

这家公司的航线与新西兰无关,它经营美国东海岸航线。

自称"美国最佳航空公司"的奇异国际航空公司,已经出现破产传闻并急需现金注入以维持运营。除非有一个比较好的名称,否则这家公司基本不可能被视为美国最佳航空公司。

⊖ 奇异鸟没有翅膀。——译者注

名称很烂的航空公司还有阿勒格尼航空、莫霍克航空（Mohawk）和皮德蒙特航空（Piedmont）㊀。为什么要用山脉来命名航空公司？想死吗？（三家公司都已消失。）

有些名字会过时，如碧芝（Ayds）减肥糖因为与艾滋病（AIDS）谐音，销量跌了一半。再如法国流行的一个软饮料品牌，居然叫作Pschitt。这个品牌要是在美国，可能就糟糕了。㊁

名称好坏最显著的区别就是发音。英语中许多发音含有负面的含义或观念，一定要当心以元音字母结尾的单词。A、E和O还好，但I和U可能有危险，尤其是U。

以汽车品牌为例。以A结尾的汽车品牌，质量感觉不错：讴歌、本田和丰田。以E结尾的也不错：道奇（Dodge）、鹰牌（Eagle）、奥兹莫比（Oldsmobile）和保时捷（Porsche）。（其中奥兹莫比最差，谁想买辆新的"老"车？）

以O结尾的汽车品牌也还行：阿尔法·罗密欧（Alfa Romeo）和沃尔沃。

以I结尾就危险了：奥迪（Audi）、现代（Hyundai）、英菲尼迪（Infiniti）、三菱（Mitsubishi）和铃木（Suzuki）在美国市场表现不佳。

最烂的是以U结尾：大发（Daihatsu）、五十铃（Isuzu）和斯巴鲁（Subaru）。在美国人看来，U是字母表中最难听的元音字母。

虽然五十铃继续用骑兵（Trooper）作为品牌名在美国

㊀ 皮德蒙特高原位于美国东海岸。——译者注
㊁ Pschitt与英文shit谐音。——译者注

销售轻型卡车，但大发和五十铃的乘用车业务都遭遇失败并退出了美国市场。

要是雷克萨斯（Lexus）取名为Lexu，肯定不会如此成功。

像Isuzu这样的品牌名称有三大缺陷。它不仅有两个U，首字母还是I。尽管投放了大量广受好评的广告，五十铃在美国的销售情况仍然持续低迷。

即使在五十铃销量最大的1987年，也只卖掉了39 587辆车。同年三大日本品牌（丰田、本田和日产）在美国市场销量达1 597 153辆。

还有一些品牌，如南斯拉夫的南斯拉夫牌（Yugo）和韩国的起亚（Kia）。销路不畅的原因是这些名称令人想起生产国。与德国和日本不同，南斯拉夫和韩国并不是以生产汽车而著称的国家。

有些傍大牌的名称也不好。如百路驰（BFGoodrich）让人想起行业领导者固特异。

固特异仍然是美国轮胎第一品牌，但百路驰已经不再生产轮胎，它卖掉了轮胎品牌，聚焦于工程与化工。

要是公司名称不好怎么办？改名。公司改名可能比你想象得更为普遍。来自纽约的企业形象咨询公司A.G.P.（Anspach Grossman Portugal）做过一项调查，最近一年在8 286家公众和私人公司中，改过名的占11%。

当然，多数改名是因为合并、收购、剥离和分拆等行动，但其中有170家（占2%）的公司为了营销而改名。

FOCUS

第 8 章

找到你的字眼

在1995年5月12日出版的《纽约时报》讣告栏第一段写着:"多尔曼奶酪公司前董事长,那位在'奶酪中间加张纸'而改变了美国人奶酪购买习惯的维克多·多尔曼(Victor Dorman),于3月4日在位于佛罗里达州德尔雷比奇的家中逝世,享年80岁。"

在80年的生命中,多尔曼先生曾经做过海军军官、商人和慈善家,但讣告将他一生的成就总结为在"奶酪中间加张纸"。

也许每年有上千人出现在《纽约时报》的讣告栏中。多数讣告过目即忘,但偶尔有人会想办法在中间加张纸。

如果你想生前身后都有名,就应该采取同样的策略:让人们记住你的字眼。个人是这样,公司也是这样。

要解释其中的奥秘,最好研究一下人类的大脑。通过研究，你会发现有两种相反的思维状态在起作用：复杂性与简单性。

人类大脑无疑是世界上最复杂的有机组织，肯定比最大和最昂贵的超级计算机还要复杂。大脑可能有1 000亿个神经元，加上40多种作为神经传递素的不同化学物质，让这个长在脖子上、容量约一升的容器比一台克雷（Cray）C90的处理能力还要强成千上万倍。

这是必需的。为了在当前的复杂世界里生存，普通人阅读的平均词汇量约为20 000，说话的常用词汇量约为8 000。

然而，看看普通人必须在市场上应付什么情况。一家普通超市就会有大约30 000种产品（大型超市有50 000～60 000种产品），一家普通的连锁杂货店销售15 000种商品，一家百货公司可能有40 000种货品。一家大型玩具反斗城销售18 000种玩具，一家百视达录像店有5 000种不同的录像带出租，一家大型的鲍德斯书店（Borders）有130 000种书。情况还有很多，数不胜数。

普通人被媒体上铺天盖地的文字所淹没。根据最新统计，普通人每天花九个小时看电视、听收音机、看报纸、看杂志、看书和看视频。换算成接收的单词量就是每天40 000个、每周280 000个、每年14 000 000个。

大脑沉迷于大众传媒。实际上普通人的一天分成三块：工作、睡眠和传媒。花在工作和睡眠上的时间都没有花在传媒上的多。

传媒活动经常与其他活动重叠:我们在穿衣服时听收音机,在吃早餐时看电视,在上下班路上看报纸,在开车时听收音机、磁带或CD,还经常在睡觉前看书。

我们被淹没在过度交流的社会里。

然而单一的单词(字眼)很重要。多数产品是说着买而不是看着买的。当然,你可以在超市比较两棵生菜,买最新鲜和最好的那棵。但在买多数东西的时候,要用嘴说。

你拿起一罐金宝(Campbell)面条鸡汤或一瓶亨氏番茄酱,阅读说明并决定是否购买。如果你带着购物单去超市,你就会写下来而不会画出来。

甚至生菜(Foxy)、橙(新奇士,Sunkist)、香蕉(金吉达,Chiquita)等其他产品在进入市场时也有品牌。这些单词增加了产品的含义,因此引起人们的注意。

人类大脑如何处理每天扑面而来的大量单词?只有一种办法。大脑会基于简单的心理原则进行选择性记忆。

对于过度交流的社会问题,解决办法就是过度简化信息。

占据一个字眼

当你问人们为什么买柯达胶卷,你肯定不会听到这样的回答:"因为柯达使用T颗粒技术在感光乳剂中加入扁平银盐颗粒。"

多数人选择柯达是因为他们认为它最好。但他们怎么知道呢?"因为大家都知道",这就是你通常得到的回答。

专业摄影师可能拍几卷某种型号的柯达胶卷,同时也拍几卷类似型号的富士（Fuji）胶卷，然后进行比较。业余摄影者从来不会这样做，因为人生苦短。要不然，每个月你如何做出成百上千个购物决定？

如果富士胶卷在美国销量最高，多数人就会选择富士。而当你问为什么买富士胶卷时，他们会说："因为它最好。"

我们为什么这样说？因为富士胶卷是日本销量最高的胶卷，日本人更喜欢买富士胶卷就是"因为它最好"。

有许许多多其他的公司和产品说明了这一现象。人们偏爱并购买一种产品，就是因为觉得它是最好的。

很多顾客找不到某种明确的购买理由，只能笼统地说：它是最好的；我喜欢这个味道；我喜欢这种质地；我喜欢它的外表；谁都知道它最好；它质量最好；它比别的牌子好，等等。

吉列、固特异、通用电气、凯洛格（Kellogg）、好时（Hershey）、箭牌（Wrigley）、可口可乐和施乐等公司的产品被认为是"最好的"。这些公司在真正重要的地方，即在顾客心智里，拥有质量定位。

它们是最好的吗？这有什么关系？谁又能说哪种产品最好？此外，如果你去问它们的竞争对手，我想你会得到不同的回答。

从深层意义上说，像吉列、固特异、通用电气和其他行业的领导品牌都在顾客心智里拥有一个字眼。而这些字眼就是它们在市场上的力量源泉。

如果要求1 000个业余摄影者在听到"感光胶卷"时，

说出他们首先想到的公司，毫无疑问，多数人会说出柯达。

如果要求1 000个企业老板在听到"复印机"时，说出他们首先想到的公司，毫无疑问，多数人会说出施乐。

还有"口香糖"就是箭牌，"巧克力棒"就是好时。

尽管没有人确切知道大脑如何工作，但上述和其他一些试验中，品类名称显然属于该品类销量最高的品牌。

我的意思是，当你想起"番茄酱"，大脑里就会跳出"亨氏"。因此，可以说亨氏在顾客心智里拥有"番茄酱"这个字眼。

对于顾客而言，公司是行业领导企业这一事实可能没有什么意义。重要的不是领导地位，而是让潜在顾客记住定义行业品类的字眼。这是领导地位的副作用，也是主导一个品类最强有力的方式。

这种现象还有更多证据。大脑往往会把公司/品牌与品类这两个名称重合起来。

人们会说"请给我一盒舒洁（kleenex）"，而不会说"请给我一盒舒洁纸巾（Kleenex tissue）"，甚至在盒子上明明写着斯科特纸巾（Scott Paper）时还是会这样说。舒洁在顾客心智里拥有"纸巾"这个字眼。

在使用"施乐"这个词的时候，人们不会说"用施乐（Xerox）复印"，而会说"把这封信给施乐（xerox）一下"。

我可能会因为把金佰利（Kimberly-Clark）和施乐的品牌名称全部写成小写字母而收到律师函。但这不是我的错，而是它们作为行业领导者的结果。人们把品牌名称与品类名称联系起来，并把品牌名称当作一般单词使用。在人们心里，是 kleenex 而不是 Kleenex。

如果有人将品牌或公司名称用作动词，更是对公司领导地位的一种权威语言表达。例如，"请施乐（xerox）这份方案并把它联邦快递（fedex）到洛杉矶"。没有人说"请佳能这份方案并把它 UPS 到太平洋海岸"。

施乐是复印机领导品牌，联邦快递是次日达快递业务领导品牌，因此这些名称可以用作动词。

并非每家公司或品牌名称都可以通用。人们一提到个人所得税就会想到布洛克税务，但没有人在 4 月 15 日[○]说："让我们布洛克个人所得税。"同样，人们认为嘉信理财代表着折扣经纪业务，但没有人说"让我们嘉信理财"。

布洛克税务和嘉信理财都是无可争辩的行业领导者，但它们的名称太"难懂"，无法通用。

是谁在顾客心智里代表比萨饼、炸鸡和汉堡包？是必胜客、KFC 和麦当劳。你可以通过词语联想测试加以证明，但并无必要。

只要问问自己，在听到以下品类时会想起什么品牌："阿司匹林？""可乐？""罐头汤？""即时成像？"

你可能想到的就是拜耳、可口可乐、金宝和宝丽来（Polaroid），对吧？

那么"微酿啤酒"呢？这是比较新的品类，由波士顿啤酒公司于 1987 年推出。如果你回答"塞缪尔 - 亚当斯"，那

○ 美国一年一度申报缴纳个人所得税的最后期限。——译者注

你可能已经喝过这种非常成功的啤酒。塞缪尔-亚当斯是第一个微酿啤酒品牌，也是该品类第一品牌，销量超过排在后面的八种微酿啤酒总和。

那么"租车"呢？这是一个比较老的品类，由22岁的沃尔特·雅各布（Walter Jacobs）于1918年在芝加哥推出，当时他有12辆福特T型车。1923年，约翰·赫兹（John Hertz）成为公司董事长，如你所料，一年以后公司更名为赫兹系统公司。

品类名属于行业领导者

品类中销量最高的品牌基本在顾客心智里代表这个品类。我的意思是，在潜在顾客心智里，代表品类的字眼属于品类中销量最高的品牌。

行业领导地位的基本优势就是在顾客心智里拥有字眼，这比公司的办公室、工厂、仓储和销售系统更宝贵。生产设施烧毁了，总还可以换成新的，但顾客心智里的字眼却难以替代。

如果你不是行业领导者却想生产比领导品牌更好的产品，常常会遇到麻烦。我在许多家行业排名第二、第三和第四的公司工作过，它们总是认为自己的产品或服务不比领导品牌的差，而且价格更低。

但它们很少在与行业领导者的竞争中占到便宜，也几乎从未超越领导者。

生产的产品比行业领导者的更好或更便宜还不够。这对顾客来说有好处，但还不够。要对付领导品牌在顾客心智里的牢固地位，必须建立一套企业战略。

这就是聚焦要做的事情。如果某个品牌已经"拥有了品类名称"，唯一可行的策略就是缩小自己的业务范围，在品类细分市场中占据一席之地。

必胜客是比萨第一品牌，在顾客心智里代表比萨品类。排名第二和第三的比萨连锁店都没有与之"全面"竞争，而是聚焦于一块——比萨。排名第二的小凯撒比萨聚焦于"外带"。排名第三的达美乐聚焦于"送餐"。

一旦品牌聚焦，只要进一步让焦点在顾客心智里变成一个词或一个概念，就可以大幅提高战略的有效性。达美乐在比萨送餐市场的最高份额达45%，靠的就是那句著名承诺："30分钟保证送达。"

出于安全考虑和受多起驾驶员死亡事故的影响，达美乐放弃了这一保证，销量也随之下滑。达美乐需要做的，是根据自己的送餐业务聚焦，将30分钟送达的保证换成可能在顾客心里拥有的另一个词或另一个概念。

小凯撒比萨是美国增长最快的快餐连锁品牌之一。它聚焦于外带比萨，这是成本最低的销售方式。没有餐桌，没有服务员，没有送餐车和驾驶员。

小凯撒比萨聚焦于比萨外带细分市场，用的概念是"两个比萨，一个的价"，或在广告中用方言说："比萨。比萨。"

小凯撒比萨出现时正好遇到两股强大的潮流，极大地促进了公司的发展。小凯撒比萨之所以与时代如此合拍，其中有运气，有眼光，也有才华。

第一股潮流是餐厅外卖食品销量显著增加。以晚餐为例，其中比萨店占了很大市场份额。

十年前，外卖销量比堂食销量少36%。十年来，堂食销量基本没有增长，但外卖销量大幅增长。现在，外卖销量比堂食销量多12%。

第二股潮流是比萨外卖销量显著增加。十年前，汉堡包占据30%的外卖市场，比萨排名第二，市场份额为26%。现在，比萨是占据主要市场份额的头号外卖食品。

（不幸的是，小凯撒比萨最近开设了送餐业务，这是一个严重失误。成功常常诱使公司进行品牌延伸，从而让公司失去聚焦。）

小凯撒比萨的例子证明了仔细选择"字眼"的重要性。可能的话，不要选择只有过去的词，要选一个拥有未来的词。

波士顿的成与败

还是以快餐业务为例。谁在顾客心智里拥有"鸡"这个字眼？肯德基炸鸡。但是有个问题。人们变得更追求饮食健康，肯德基炸鸡中的"炸"字是一个很大的不利因素。于是KFC成为新的名称。

一家公司的不利因素成为另一家公司的机会。1985年，两位企业家在马萨诸塞州牛顿创办了波士顿烤鸡。这家新的连锁餐厅卖的不是炸鸡，而是更健康的"电烤"鸡。

但直到1991年，公司在被三位百视达前高管收购以后，才开始快速发展。1993年，波士顿烤鸡的股票成为当年最热门的首次公开发行股票。上市第一天股价涨幅超过一倍。

公司以惊人的速度增长。根据最新统计,波士顿烤鸡已经有600家分店,并计划在十年内再开300多家分店。增长空间仍然很大。像KFC就有5 000多家分店。

烤鸡赶上了一股强劲的健康潮流。在几乎每个品类中,健康产品都占据了主要市场份额。常常看到有人在低因咖啡中加入脱脂牛奶、吃着Snackwell's减肥饼干,并点上一支柔和万宝路。

健康选择(Healthy Choice)是排名第一的高档冷冻晚餐品牌。减肥可乐占据可乐市场35%的份额。喝掉的啤酒有30%是清爽啤酒。超市充斥着无油饼干、无盐饼干和低胆固醇鸡蛋。健康就是今天食品行业的代名词。

那么接下来波士顿烤鸡采取了什么行动?这家连锁餐厅在菜谱上增加了烤火鸡、烤火腿和烤肉饼,在名称中去掉了和鸡有关的内容。除了传统的配土豆泥和玉米面包的"家庭"膳食之外,还提供了熟食三明治。这家连锁餐厅的新名字是波士顿市场。

预测:这种行动不会有好结果。波士顿市场应该在顾客心里拥有什么字眼?市场是什么?听起来像一个小型超市,而不是一家快餐厅。

公司在顾客心智里拥有的字眼同时从内外两个方面为公司提供强大动力。它向员工和顾客申明公司的业务重心。与那种花了无数时间想出来的公司使命宣言比起来,简单的字眼要有力得多。下面是一家快餐公司的使命宣言。

- 成为公认的、新鲜方便的餐饮品类的行业领导者。
- 为顾客提供不断改进的产品和服务,以满足顾客需求。
- 创造并保持一种环境,让可靠的员工、区域发展商和特许经营商能够实现各自目标。
- 以长期股东利益最大化为目的,对资源进行分配和集中使用。
- 尊重和研究竞争对手并向他们学习。

这是哪家公司的使命宣言?从这五条"使命"中能看出什么头绪?毫无疑问,这就是波士顿烤鸡(现在叫波士顿市场)。这样的使命宣言几乎适用于任何连锁餐厅,无论提供的食物是什么类型的。

当然,这正是波士顿烤鸡的想法。公司管理层不希望被"局限于"任何一种业务。"我们有一个盒子,"董事会副主席纳德尔(Nadhir)说,"此时此刻,那个盒子将成为它必须成为的样子,以适应消费者的需求。看不到这一点,你就只会盯着正在做的事情。"他的意思是,每当发现更好的机会,他们都会改变经营模式。

心智重于市场和工厂

在我看来,成功的秘诀就是"盯着正在做的事情"。只有盯紧一个狭小的细分市场,你才可能在顾客心智里占有一席之地。促进成功的因素不是工厂、设施、产品或人才,而是在潜在顾客心智里占有一席之地。

即使劳力士的工厂明天发生了火灾，公司也不会破产。他们会将表壳和机件的生产工作交给其他的供应商，尽管可能暂时影响供货，但劳力士品牌仍然会继续统治高档手表市场。

（劳力士手表供应短缺其实可能对公司有好处。供应短缺可以在最短时间内创造需求。）

相反，如果没有劳力士品牌，那么一家能够制造豪华手表的瑞士工厂就没有投资价值，除非它可以卖给伯爵（Piaget）、百达翡丽（Patek Philippe）或其他高档手表制造商。

事实上，现在有很多成功的公司什么都不生产。它们在公开市场，通常是在远东市场上采购需要的东西。耐克年收入达38亿美元，占有美国1/3的运动鞋市场份额，却没有一家制鞋厂。

但是，耐克每年投资1.2亿美元做广告。耐克在顾客心智中拥有一个字眼，并用广告加以维护。

耐克拥有什么字眼？耐克是行业领导者，它发明了这一品类。但这是什么品类？在菲尔·奈特（Phil Knight）和他设计的跑步鞋出现以前，只有科迪斯和其他品牌的休闲鞋，这种鞋被称为"软底鞋"。

菲尔·奈特设计的是业余运动鞋（有许多专业的网球鞋和篮球鞋品牌）。耐克非凡的设计和高昂的价格，将运动鞋变成了一种时尚的表达。

耐克和锐步（年收入33亿美元）都是生产全系列运动鞋的、赢利的大公司。排名第三的拉吉尔公司（L.A. Gear）既不大也不赚钱，但拉吉尔却生产全系列的儿童、女式和男式运动鞋。这是一个失误。

在五年中，拉吉尔的总收入为 27 亿美元，亏损达 1.86 亿美元。最近公司开始明白了。公司管理层表示，"拉吉尔将更专注于传统的女式运动／休闲品牌"。这是一步好棋，但可能为时已晚。

小企业更需要聚焦

如果你不是领导企业，看起来唯一有效的办法就是精准聚焦。以工作站为例，阿波罗电脑公司（Apollo Computer Inc.）于 1980 年成立并迅速发展。到 1984 年，阿波罗电脑公司占据了 60% 的工作站市场份额，比排名第二的太阳微系统公司高出两倍。

但太阳微系统拥有 UNIX 工作站聚焦，而阿波罗电脑公司的工作站使用专用操作系统。当太阳微系统销量上升时，阿波罗电脑公司决定让顾客选择 UNIX 系统或阿波罗系统。（你要什么，我们就有什么。）

结果却一败涂地。到 1989 年，阿波罗电脑公司的市场份额暴跌至 14%，并被卖给了惠普公司。相反，太阳微系统上升为第一品牌，目前在 UNIX 工作站的市场份额为 36%，远远超过惠普工作站 20% 的市场份额。

硅图公司的 3D 工作站复制了太阳微系统公司 UNIX 工作站的成功做法。1981 年，詹姆斯·克拉克（James Clark）为了开发销售三维计算机图形技术而离开了斯坦福大学。现在，他所创立的硅图公司是 3D 计算领域的龙头，年收入达 15 亿美元。

想到 3D 计算，就会想到硅图公司。

20 世纪 80 年代末期，斯特瑞塔通信公司（StrataCom）开发了"帧中继"技术，这是一种计算机网络数据通信技术。帧中继技术出现以前，公司常常要租用多条线路来连接各地的分支机构。有了帧中继技术，一条线路就够了。

斯特瑞塔的业务迅速增长，年收入不断翻番。想到帧中继技术，就会想到斯特瑞塔。

公司聚焦的字眼有时明显，有时不明显。十年前，一家年收入不足 50 万美元的小型软件公司来找我和我的搭档杰克·特劳特（Jack Trout），公司的产品名称是"Act"。但什么是 Act？从产品名称来看并不明显。

"一切"，帕特里克·沙利文（Patrick Sullivan）说。他是导体软件公司（Conductor Software）的创始人。我们说："太多了，你需要聚焦。"

经过深入讨论，我们得出了"联系"软件的概念。沙利文曾经是一名旅行推销员，他设计的这款软件用于处理旅行途中的各种杂务，通讯录、日程表和随访信件，等等。

由于这家公司发明了这一概念，Act 立刻成为"第一联系软件"。我们建议将公司名称改为联系软件国际公司（Contact Software International），以便强化新的聚焦。

聚焦可以促成许多管理决定。谁会使用联系软件？显然是拥有便携计算机或有笔记本的人。因此联系软件国际公司就联系了这些计算机制造商,以便在其计算机产品上安装Act软件。

同时,联系软件国际公司只在航空杂志上做广告,而不做大众广告。(如果你正在做联系工作,你就可能是一个空中飞人。)

在决定将公司和产品聚焦为"联系软件"八年之后,帕特里克·沙利文以4 700万美元将公司卖给了赛门铁克公司(Symantec)。现在,Act约有85万用户,市场份额达70%。

聚焦需要坚持

当你看到一家公司出现爆炸式的增长,往往是因为聚焦于一个字眼或者一个概念。如太阳微系统公司和UNIX工作站,硅图公司和3D计算,斯特瑞塔和帧中继技术。

聚焦并不是一种短期现象,它可能持续相当长的时间。早在1957年,马克斯·卡尔(Max Karl)发明了按揭保险,以便低首付的买家能够获得银行的住房按揭贷款。(这是私人企业针对美国联邦住宅管理局所采取的对策。)

现在,他所创办的抵押保险公司(Mortgage Guaranty Insurance Corp.,MGIC)拥有1 000亿美元有效保单,投资组合价值达13亿美元。MGIC的市场份额达29%,至今仍然是该行业第一大公司。

1984年,诺曼·高特(Norman Gaut)为了开拓新的视频会议业务而创办了全视通公司(PictureTel)。现在该公司年收入达2.55亿美元,所销售的视频会议设备占49%的市场份额，居行业之首。你大概认为，像索尼、IBM或苹果这样的设备制造商会占领市场，还有电视机制造商或有线电视公司。但它们没有。

市场的力量不在于那些大而全的品牌，而来自精准聚焦的公司。全视通公司就是一家在潜在顾客心里"拥有"视频会议这一字眼的公司。

有时字眼可能是一个电话号码。1987年，吉姆·麦卡恩（Jim McCann）以200万美元现金加上承担700万美元债务买下了1-800-FLOWERS（即1-800-356-3977）。麦卡恩说："买一个电话号码花那么多钱，太荒唐了。"

这笔交易很划算。得益于1-800-FLOWERS号码的有力宣传，麦卡恩的公司生意兴隆。公司目前的年收入为2亿美元，并迅速增长。公司下一步是在欧洲建立电话销售中心。

这是一个好主意。渴求增长的公司常常忽视国际上的机会。相反，它们在国内市场推出新的产品和服务，而这往往让它们失去聚焦。更好的选择是保持聚焦并进行海外扩张。

阿尔卑斯·雷斯（Alpine Lace）是一个有着12年历史、年收入达1.32亿美元的低脂和脱脂奶酪品牌。公司主导超市熟食奶酪品类，市场份额超过50%。然后阿尔卑斯·雷斯试图进入卡夫食品（Kraft）的领地，推出乳制品奶酪，却一败涂地。总收入下滑27%，公司最终连续两年亏损。

阿尔卑斯·雷斯本来应该用熟食奶酪战略进行海外扩张。由于贸易壁垒解除，适用于一个国家的战略应该也适用于其他国家。

客房供应公司（Guest Supply Inc.）是又一家先入为主并获得成功的公司。正是由于它的"客房便利"计划，现在较好的酒店和汽车旅馆都有小瓶洗发水、护发素、润肤露、漱口水等其他产品供应。与此同时，客房供应公司成为排名第一的酒店客房产品生产商和销售商，年收入远超1亿美元。

火箭化学公司（Rocket Chemical）是一家只有三个人的公司，生产航空航天业专用润滑剂。公司应邀开发一种防止飞机生锈的配方。经过40次试验，公司开发出了一种被称为WD-40的配方。这种配方是如此成功，以至于火箭化学公司逐步停产了其他产品，并将公司改为同名。

今天，WD-40公司在顾客心智里拥有"滑"这个字眼。在77%的美国家庭都可以找到这些蓝色、黄色和红色的气雾小罐。这家只有一种产品的公司拥有惊人的盈利能力。

过去十年，WD-40公司的总收入达8.64亿美元，净利润达1.44亿美元，销售利润率达到惊人的17%。（《财富》500强企业的净利润平均为收入的5%。）

你能开发出一种比WD-40更滑的产品吗？有可能。你能卖得更好吗？不可能。

品类领导者的力量

在某个领域排名第一的总是"发明品类"的公司，而不是首家制造产品的公司。雷明顿·兰德公司最先制造并销售商用计算机尤尼瓦克，但计算机品类是IBM发明的。也就是说，IBM很早就进入了人们的心智并在计算机行业占据了主导地位。

实际上，一种产品由谁或由什么公司发明并不重要。在商业上，关键是谁发明了这一品类。因此，重要的是迅速行动并制造一种幻觉，让人们认为是你或你的公司发明了这一品类。

婴儿食品是谁发明的？在20世纪初，成百上千万的父母亲手为他们的婴儿"过滤"食品。但在1928年，丹尼尔·嘉宝（Daniel Gerber）决定销售一系列工厂过滤的婴儿食品。嘉宝在婴儿食品行业先入为主，从未失去行业主导地位。

位于领导地位有许多好处。时间对行业领导者有利。如果有一种明显更好的产品冲击市场，行业领导者常常有充足的应对时间。即便只是复制竞争对手的产品，也常常足以让它保持领导地位。

领导地位也能吸引更好的人才。如果你想去一家运动鞋公司工作，难道你不会先试试耐克公司吗？如果你想去一家快餐公司工作，难道你不会先试试麦当劳吗？

如果你想去一家租车公司工作，难道你不会先试试赫兹租车吗？

来自大学的证据表明，行业领导企业往往吸引更多和更好的员工。尽管优秀人才容易被招聘网络漏掉，但事实上行业领导者往往可以优先考虑最优秀的人才。他们不见得会聘请这些人才，但他们有优先权。

行业领导者在销售方面也有优先权，建设分销网络总是容易得多。哪家超市不卖可口可乐、金宝汤或亨氏番茄酱？哪家药店不卖拜耳阿司匹林、泰诺和艾德维尔？

同样的道理也适用于公司自营销售的工业产品。哪家采购代理不愿意会见施乐复印机的销售代表？

福特和雪佛兰的故事

一旦你发现行业领导者的力量可以简化为在顾客心智里拥有一个字眼，就不难发现如果你还不是行业领导者应该怎么做。你一定要复制行业领导者的成功策略。

即使你不是行业领导者，你也一定要在顾客心智里拥有一个字眼。唯一的限制，是你无法拥有这个品类的名称，而只能拥有一个细分品类的名称。

以汽车行业为例。在亨利·福特（Henry Ford）的时代，福特汽车公司被视为汽车行业领导者。后来，由于福特未能"应对"颜色和款式的变化趋势，其领导地位被雪佛兰（Chevrolet）取代。

从20世纪30年代到80年代，雪佛兰汽车销量连续60年在美国排名第一。后来，由于型号太多、款式太乱，雪佛兰失去了聚焦，福特重新成为行业领导者。

雪佛兰一度有51种不同的车型和12种不同的子品牌——贝雷塔（Beretta）、科迈罗（Camaro）、卡普里斯（Caprice）、科沃兹（Cavalier）、名人（Celebrity）、雪维特（Chevette）、科西嘉（Corsica）、科尔维特（Corvette）、蒙特卡罗（Monte Carlo）、诺瓦（Nova）、光谱（Spectrum）、冲刺（Sprint）。

这些只是轿车型号。雪佛兰还有 288 种卡车型号和 12 种不同的卡车子品牌。

为什么？通用汽车的一个分部不嫌麻烦、不计成本地销售这么多不同车型，到底为什么？雪佛兰的失误以及行业领导者的愚蠢，都是因为想满足所有人的一切需求。

这种事情一直在发生。当公司拥有主导品牌，它就认为自己可以争取所有顾客。这样做在短时间内有效，但时间一长，公司就会失去聚焦，同时也会失去行业领导地位。

"双重"营销的负面效果

有些行业领导者采用价格策略争取所有顾客。它们实行"双重"营销，将整个市场分成老顾客和新顾客两个部分。

它们对忠诚的老顾客收全价，却给新顾客提供打折和奖励。这样做可能会增加销量，却得罪了老顾客。

航空业几十年来专门从事"双重"营销。广告和促销投入常常用于吸引利润贡献最少的顾客，难怪老顾客都跑掉了。

百货业把"双重"营销推向极致。1988 年，西尔斯百货以"促销"价出售的商品占到了惊人的 55%。面对来自沃尔玛和玩具反斗城的"天天低价"竞争，西尔斯百货已经转向明码实价策略。

要想获得今天的成功，你就不能靠价格、产品特色和产品档次吸引所有顾客。那些如今非常成功的汽车品牌，靠的是学会了如何聚焦。特别是那些"在潜在顾客心智里拥有字眼"的品牌。

沃尔沃失去焦点

以沃尔沃为例。随便问一位车主沃尔沃代表什么，回答常常是"安全"。这并非历史的偶然，而是沃尔沃开始于1959年的一项深谋远虑的战略，当时沃尔沃推出了世界上第一款肩腰三点式汽车座位安全带。

起初，沃尔沃以耐用为卖点。"在瑞典的崎岖山路上，沃尔沃平均使用寿命超过13年。沃尔沃在美国售出的汽车中，90%仍在行驶。"卖点逐渐转移到安全主题，包括成立沃尔沃车祸幸存者俱乐部。

今天，四四方方、外形土气的沃尔沃成为美国销量最大的欧洲进口豪华轿车。沃尔沃的销量一直高于宝马和梅赛德斯－奔驰。例如在过去十年，沃尔沃在美国的销量为88万辆，而梅赛德斯－奔驰和宝马都是75万辆。

与此同时，沃尔沃却在瑞典改变了方向。1971年，佩尔·于伦哈马尔（Pehr Gyllenhammar）成为沃尔沃CEO并开始多元化发展。

1981年，沃尔沃收购了北尔投资（Beijerinvest，能源、工业产品、食品、金融和贸易）和怀特发动机公司（White Motors）卡车分部。1984年，沃尔沃与克拉克设备公司（Clark Equipment）成立的合资公司成为世界第三大建筑公司。1988年，沃尔沃收购了英国的利兰巴士公司（Leyland Bus）。

在20世纪80年代，沃尔沃连续增持法玛西亚公司（Pharmacia，药品与生物技术）、卡斯图斯公司（Custos，投资）和帕克·里奇公司（Park Ridge）的股票。

压垮佩尔·于伦哈马尔的最后一根稻草是 1993 年与雷诺的合并计划。由于这家国有的法国汽车制造商业绩不佳,这项计划让很多经理人感到震惊,并激怒了股东。

计划公布三个月以后就被取消了,公司 CEO 也辞职。(沃尔沃退出雷诺计划耗资 1.7 亿美元,花得值。)

沃尔沃最近宣布,打算"重新聚焦于核心业务",并计划在 1996 年以前剥离于伦哈马尔在 22 年任期内积累起来的所有其他业务,总价值约 54 亿美元。初期效果不错。在 1993 年亏损 4.71 亿美元以后,沃尔沃在 1994 年扭亏为盈,实现净利润 18 亿美元。

传统智慧质疑精准聚焦的逻辑。《福布斯》杂志最近评论说:"沃尔沃的全球汽车市场份额仅为 1%,成功机会很小。"

但一家有 1% 市场份额和强大聚焦的汽车公司(沃尔沃),可能好过一家拥有 16% 的市场份额和几十个品牌却没有聚焦的汽车公司(通用汽车)。时间会证明一切。

甚至沃尔沃也无法抵御品牌延伸的诱惑。公司正投资 2 亿美元组建合资公司,合资方是帮助设计捷豹汽车(Jaguar)和阿斯顿·马丁(Aston Martin)DB 7 的汤姆·沃金肖赛车公司(Tom Walkinshaw Racing),目标是将沃尔沃 850 系列打造成风格时髦、性能卓越的敞篷轿车和双门跑车。这不是一步好棋。

除那家英国合资公司以外,沃尔沃基本没有偏离安全核心。多年来,公司开发了一系列汽车安全功能,包括前排安全气囊、侧面安全气囊、安全笼结构、可收缩转向柱和日间行驶车灯。

"安全"作为一种驱动力,既是外部聚焦,也是内部聚焦。既然只有1%的市场份额,那就应该让工程师在设计和制造时有所侧重。他们不用在各种不同问题上分散精力,只需要专注于安全功能。

例如,让其他公司去开发前轮驱动技术,等到它们花费数十亿美元证明该项技术可行以后,才加以采纳。沃尔沃直到1991年才推出800系列前轮驱动车型。

如何代表高档

沃尔沃一直聚焦于"安全"的家用轿车,与此同时,另外两个欧洲进口豪华轿车品牌也各自保持了自己的焦点。梅赛德斯-奔驰是传统的"高档"轿车,在顾客心里代表"声望"。

怎样才能代表高档?一般而言,你必须在前期入场,还必须价格高昂。两个因素加起来就会令人信服。

梅赛德斯的母公司,戴姆勒-奔驰公司是世界上第一家汽车公司。事实上,卡尔·奔驰于1885年发明了第一辆三轮汽车,戈特利布·戴姆勒(Gottlieb Daimler)于第二年发明了第一辆四轮汽车。

他们于1926年联合起来聚焦于高档车市场,他们创造的梅赛德斯-奔驰成为享誉全球的豪华高档汽车。

宝马则与众不同。宝马是一家摩托车和飞机发动机制造商,直到1928年才开始生产汽车。它不是第一,因此宝马仅靠卖高价无法成功。它需要聚焦。

直到1961年，宝马才找到了办法，让公司一举跻身顶级汽车制造商行列。找到焦点的一个办法，就是像行业领导者那样起步，然后反其道而行之。

梅赛德斯－奔驰是行业领导者，生产大型豪华汽车，于是宝马就聚焦于小型豪华汽车或运动轿车。梅赛德斯－奔驰以空间和舒适著称（行驶的沙发），于是宝马就聚焦于"驾驶"。这一聚焦体现在美国有史以来时间最长的一次广告宣传中："终极驾驶机器。"

至于雅皮一代将宝马选作公务用车有运气的成分。年轻的城市专业人士想要开什么车？显然是一种进口的雅皮汽车（美国车不上档次）。它必须贵，但也不要太贵，开起来还要好玩，除了宝马，你还能想到别的选择吗？

但是宝马和梅赛德斯－奔驰都不满足于"驾驶"与"声望"。根据传统思维，这两家德国汽车制造商都在美国市场进行了品牌延伸。宝马推出外形和空间更大、更贵的7系列和8系列，售价高达69 900美元。而梅赛德斯－奔驰则推出更小和更便宜的190系列（现在被C系列代替，售价低至30 950美元）。

宝马的高价大车和梅赛德斯的便宜小车都不太成功。目前宝马在美国市场的销售收入只有17%来自高价车型。梅赛德斯－奔驰在美国市场的销售收入只有35%来自低价车型（高价产品的低价型号比低价产品的高价型号好卖）。

要是宝马和梅赛德斯－奔驰没有进行品牌延伸，可能出现的结果只能靠猜。但根据我的推测，要是宝马继续聚焦于相对便宜的"驾驶"机器，要是梅赛德斯－奔驰继续聚焦于相对昂贵的"高档"汽车，那么它们都会比现在好。

美国汽车公司的悲剧

最顽固的观念莫过于只有提供全系列产品才能保持"竞争力"。美国汽车公司（American Motors Corp., AMC）就被这种错误观念拖累了很多年。

由两家著名的失败公司，纳什－凯维雷特公司（Nash-Kelvinator）和哈德森汽车公司（Hudson Motor Car Company）合并而成的AMC比莫扎特还要短命。莫扎特留下了《唐璜》和《费加罗的婚礼》等不朽作品，但AMC的产品转瞬即逝，包括大黄蜂（Hornet）、标枪（Javelin）、小精灵（Gremlin）和引路者（Pacer）。

从1954年成立到1987年卖给克莱斯勒，AMC有过两次黄金机会，但都错过了。

第一次机会是在20世纪60年代早期，当时AMC在紧凑型汽车方面拥有领先优势。不幸的是，美国汽车三巨头也冲进了这一市场，并开始抢夺经典漫步者（Rambler Classic）和其他AMC紧凑型汽车的生意。

这是AMC的关键时期。合理的行动应该是聚焦于小型汽车。相反，AMC打算成为全系列制造商，并推出豪华的大使（Ambassador）品牌、多种敞篷型号和各种各样的发动机选择。全系列战略是一个重大失误。

第二次是在20世纪70年代中期吉普（Jeep）带来的机会。1970年，AMC向恺撒工业公司（Kaiser Industries）购买了吉普制造权。起初吉普销量增长很慢，但到了1978年，AMC在美国市场的吉普销量已经超过了轿车（吉普16.3万辆，轿车15.8万辆）。

此外，吉普赚钱而轿车不赚钱。AMC当年的总收入为26亿美元，其中传统轿车业务估计亏损了6 500万美元，公司仍然有3 700万美元净利润，多数来自吉普业务。

就在那一年，AMC应该将吉普作为主打产品并宣称自己是一家四轮驱动的越野公司。"把公路留给通用汽车、福特和克莱斯勒，我们占领其他地方。"

但事实并非如此。1977年，AMC董事长杰拉德·迈耶斯（Gerald Meyers）告诉《时代》杂志，只要他还活着，AMC就会继续生产轿车。《时代》杂志写道："AMC长期以来一直宣称，为了分散总的汽车生产成本，并让经销商能够为公众提供更多选择，它需要继续生产轿车。"

他们应该做的事情太明显了，似乎根本不值一提，那就是放弃轿车业务并聚焦于自己处于行业领导地位的吉普业务。为了聚焦，你必须做减法，但许多经理人却想做加法，以便分散成本和增加收入。这样做几乎没用。

（将来克莱斯勒可能也会发现自己处在与AMC相同的位置。他们也许会向自己提出一个AMC应该提出的问题——我们是否应该放弃轿车业务并专注于吉普和小型货车？）

20世纪70年代末期，在被雷诺收购以后，AMC完全成了一锅粥。除了康科德（Concord）、伊格尔（Eagle）和吉普，公司还销售雷诺阿莱恩斯（Alliance）、安可（Encore）和富果（Fuego）。处境很不妙。

到了1986年，AMC剩下的唯一资产就是连年亏损的历史。《华尔街日报》写道，"这家汽车公司可能在本世纪都不用交税了。"AMC的财务总监吹嘘："我们可以避税5亿美元。"

1987年，克莱斯勒收购了由雷诺持有46%股份的AMC全部股权。克莱斯勒马上就做了AMC应该做的事情，他们抛开一切，只留下了吉普。（伊格尔品牌被用于雷诺开发的另一个系列的轿车。）

聚焦吉普获得了回报。吉普销量从AMC被收购那一年的20.8万辆，加速增长到1995年的42.7万辆。这个数字超过了AMC在32年历史中任何一年的销量——除了1973年，那一年AMC在美国市场卖了46万辆轿车和吉普。

可售的车型少，不说明汽车的销量也会少，可能恰恰相反，车型少通常意味着更为强大的聚焦。在今天的商业社会，聚焦让公司获得成功。

沃尔沃是一家赚钱的公司，它的产品每年的全球销量为30万辆。吉普每年仅在美国市场就销售40万辆轻型卡车。为什么吉普不能成为一家独一无二的公司和品牌？事实上，要是没有伊格尔拖后腿，吉普应该会成为更有影响力的品牌。聚焦的办法总是比不聚焦的更有力。

1978年，当雷诺收购了AMC近一半股权的时候，它觉得是获得了一个销售渠道，可以卖自己的勒卡（LeCar）、富果和运动旅行车（Sportwagon）。七年多以后，AMC与雷诺组合一共亏损近7.5亿美元。

克莱斯勒在收购AMC时没有任何幻想。它马上放弃了轿车业务并聚焦于吉普业务。

克莱斯勒与雷诺达成了一项愚蠢的交易，销售雷诺开发的一款轿车。于是克莱斯勒给这款轿车贴上伊格尔品牌，和吉普一起卖。伊格尔从来就没给克莱斯勒赚过钱，销量也不如吉普。最近一年，克莱斯勒的吉普销量是伊格尔销量的七倍。

吉普是轻型卡车第一品牌。它是该品类唯一的"通用"名称，与思高（Scotch）透明胶带、舒洁纸巾和吉露（Jell-O）果冻齐名。但吉普销量仅占美国每年600万辆轻型卡车销量的7%。

少即是多

你可能会想，首要目标应该是增加在轻型卡车市场的渗透程度，而不是增加经销商可以销售的车型。

少即是多。土星是美国"最精准聚焦的"汽车品牌。一种平台，一种型号、一种发动机、一种变速器。可供选择的只有车门（两门或四门）、气门数量（八气门或十六气门），以及车型（轿车或旅行车）。

按照每家经销商的销量计算，土星已经成为美国销量最大的轿车品牌。最近一年，土星每家经销商的平均销量为960辆。排名第二和第三的是本田和丰田，每家经销商平均销量分别为651辆和569辆。换句话说,土星经销商的平均销量比排名第二的品牌多出近50%。

那么,对土星这个美国最精准聚焦的汽车品牌,通用汽车有什么打算?它打算"拓宽"品牌。计划包括基于欧宝威达(Opel Vectra)的大型土星和基于欧宝雅特(Opel Astra)的小型土星。此外,通用汽车还计划生产电动土星,从原来的一种型号增加为四种型号。

为什么不反过来进行更精准的聚焦,将旅行车从土星车型中去掉?(旅行车只占土星销量的5%。)

当逻辑与现实冲突时,现实败下阵来。从逻辑上说,经销商卖的汽车越多,销量就会越高。于是生产商进行品牌延伸,以便给经销商更多汽车、给顾客更多选择。但是这种策略不管用。经销精准聚焦品牌的销量多过经销全系列品牌。合乎逻辑,但缺乏聚焦。

如果你的产品线精准聚焦,你就会有一种主张。你的销售人员和服务人员也会有一种主张。他们对产品有激情,他们充满信念。

当你走进一间沃尔沃展厅时,销售人员会问:"你有孩子吗?"意思是说,如果你爱自己的孩子,就会买一辆沃尔沃来保护他们。

当你走进一间雪佛兰展厅,销售人员会问:"你想买什么?"意思是说,我们这里没有什么主张。

我们有8 000美元的吉奥两厢(Geo hatchback),16 000美元的雪佛兰轿车,20 000美元的雪佛兰开拓者

（Blazer）和 40 000 美元的科尔维特。在这些车型之间还有许多车型。从逻辑上说，雪佛兰全系列品牌会在销量上战胜竞争对手精准聚焦的品牌。但是逻辑错了。

打破逻辑思考定势

管理人员的第一个错误，是倾向于根据逻辑而不是根据有事实依据的方法采取行动。

但事情还会更糟。公司继续重复着相同的错误。合乎逻辑的计划如果行不通，一定是执行出了问题。

这是管理人员的第二个错误，是倾向于从执行上而不是从策略上找原因。因为合乎逻辑，所以策略不可能有错。

由此立刻引出了聚焦概念的本质和基本原理。聚焦可能不完全合乎逻辑，但它行得通。成功和增加收入的方法都在于精准聚焦，如果你将这个概念融入管理，你就可能非常成功。

如果聚焦完全合乎逻辑，它就会失去威力。如果大家都聚焦了，聚焦就不会再有任何优势。你仍然不得不与其他许多聚焦的公司竞争。

突破行业局限

接受聚焦概念的另一个障碍是行业的历史。每个行业都有一套自己的历史信仰。要反对这些信仰，你就必须离经叛道。这很难做到。为了得到晋升，你必须墨守成规，而不是离经叛道。

因此，几乎每一位新任CEO都与前任CEO的资历相同。

公司不常聘请外人。有时，当他们想在一个行业获得新鲜血液和新的思想，董事会就会向外求助，找一个对该行业历史信仰一无所知的人。

真正懂得"领导地位"好处的常常是外人。如果一个企业能够被公认为行业领导者，它就几乎肯定会获得成功。在消费者看来，与更好的产品、更低的价格和更有效率的销售团队等因素相比，在行业中占有领导地位最有吸引力。

为什么领导地位如此强大？原来，行业领导者在顾客心里代表一个词，比领先本身更有威力。销量最大的产品或品牌总被认为是"真材实料"，其他的则都被认为是仿制品。如果其他因素差不多，为什么不买真货却买仿制品呢？

可口可乐是正宗的可乐，但这一概念超出了可乐的范畴。每个领域的领导者都被认为是真材实料。

AT&T提供真正的长途电话服务，IBM提供真正的大型计算机，赫兹是真正的租车公司，好时提供真正的巧克力棒，亨氏提供真正的番茄酱，好乐门（Hellmann's）提供真正的蛋黄酱，舒洁提供真正的纸巾，思高提供真正的透明胶带。

别的都是仿制品。

"正宗货"是可口可乐的广告词，它触及了顾客内心最敏感的地方。尽管它只在20世纪60年代末至70年代初投放了18个月，在40年代也曾投放了几年，但"正宗货"已经变成"可口可乐"的代名词。

只要可能，杂志和报纸编辑都会在有关可口可乐产品或公司的标题上使用这个词。

有趣的是,把"正宗货"植入顾客心智里的并非可口可乐,它只是发现了这一事实。"我们在研究时不断碰到这些词,"麦肯广告公司可口可乐客户主管尼尔·吉利特说,"于是我们改变了广告方案,以顺应时代要求。"

视觉差异有助于加强这种"正宗货"的感觉。例如可口可乐的曲线瓶。

劳力士的表带也有同样功能。如果你看见一只精工(Seiko)或西铁城(Citizen)手表配着"劳力士"表带,你就会觉得不对。"那不是劳力士,"你心里想,"那不是真货。"

其他行业领导者也使用类似的视觉差异策略。弗兰克·珀杜(Frank Perdue)用万寿菊的叶子喂鸡,把鸡皮变成嫩黄色。欧文斯科宁公司(Owens-Corning)将其玻璃纤维隔热产品染成粉红色,并使用"粉红豹"(Pink Panther)电影角色创造出一种与众不同的视觉差异感。(欧文斯科宁公司早在1987年就成为首家将颜色注册为商标的公司。)

毕马威的战略

行业领导者通常是一种国内市场现象,但这一情况正在转变。

毕马威是美国第四大会计师事务所,但毕马威有幸成为最大的跨国会计师事务所。因此,毕马威启动了一项确立其"跨国领导"的营销计划。

全球化的时代已经来临。"只要你是跨国企业,你就需要一家跨国会计公司",这是毕马威所传递的核心信息。(在现在这个时代,哪家公司的业务与全球化无关?)

毕马威必须争取成为"跨国领导",因为这并非显而易见。但随着国际贸易壁垒消失,将会出现一场对跨国业务字眼的争夺。

只要你能出口产品和服务,你就能出口字眼。事实上,你的字眼可能是你所能够出口的最重要的"产品"。

美国航空业的故事

如果你还不是行业领导者,那么你的任务就更难,但也更加清晰。你必须精准聚焦以便占领一个细分市场。

以航空业为例。三大航空公司(美国航空、联合航空和达美航空)提供的服务覆盖全部乘客(商务和旅游)、所有价格水平(普通舱、商务舱和头等舱)和所有飞行目的地(北美、南美、加勒比海地区、亚洲和欧洲)。结果,航空业陷入了困境。

没有哪家公司是真正的领导者,三大航空公司在乘客心智里都没有留下任何字眼或概念。三家公司中,只有联合航空的广告词一直没变:"乘坐联合航空,体验友善飞行。"对任何一个脑子至少有一半清醒的人来说,谁会相信联合航空的空乘人员比美国航空和达美航空的更友善?

既然每家公司都提供全面服务,却没有一家公司在乘客心智里留下字眼,那么乘客如何选择航空公司?简单。只要致电旅行社,告诉他们你要在什么时候飞去哪里,并要求提供最便宜的机票。

如果你像买机票那样买过汽车，你就会翻开购车指南并选择最便宜的四缸轿车。

美国航空业在四年中亏损128亿美元。航空公司一如既往地归咎于乘客、竞争、政府、机场公司，和除了它们自己以外的几乎所有人。

美国航空公司的母公司，AMR集团CEO罗伯特·克兰德尔（Robert Crandall）说："除非世界改变，否则我们绝不会收购别的航空公司。我们不会更新旧飞机。我们绝不会为了谋求发展而采购新飞机。总有一天，当所有的飞机都淘汰以后，公司也会就此消失。"

美国航空公司是世界上最大的航空公司之一。不幸的是，由于试图吸引所有乘客，它变成了一家航空业的"西尔斯公司"，严重缺乏聚焦。它不可能在竞争中获胜。

航空业用消费者的转变为自己的困境寻找借口。克兰德尔说："人们感觉每况愈下，因此更执着于价值发现，无论是航空公司、餐厅、酒店还是他们所购买的产品。我认为世界变了。"

当航空业再次起飞，三大航空公司又开始赚大钱，这一切又会被抛在脑后。航空业是资本密集型行业，也是周期行业。行业景气吸引公司增加运能，但一架波音747从生产到投入运营需要很长时间。由于运能过剩，业务量迟早会停止增长，于是下一个周期又开始了。

克兰德尔将航空业与餐饮业、酒店业进行了比较。不过，卢特西餐厅（Lutèce）或伯莱餐厅（Bonley）有没有为了与麦当劳或塔可钟竞争而在后面的房间供应便宜食品？航空业就出现过这种事。

华道夫-阿斯多里亚酒店（Waldorf-Astoria）或广场饭店（Plaza）有没有为了与假日酒店（Holiday Inn）或莫泰168竞争而在地下室提供廉价客房？航空业就出现过这种事。

还有，卢特西餐厅或伯莱餐厅会不会带领旅行团顾客穿过大厅到后面的便宜餐桌？航空业就出现过这种事。

但航空业的专家说，航空业不一样。是的，每个行业都不一样，每个行业都有自己的一套具体情况。因此，每个行业都有自己独特的经营方式。

"我们航空业就是这样做的。"音乐、超市和制药行业，都可以这样说。

然后就会出现一个局外人，无视这些既定的行为模式，做事直截了当并被视为天才。这个人被视为天才当之无愧，因为突破条条框框很难。

赫伯·凯勒尔（Herb Kelleher）创办的西南航空是一家单一舱位等级和单一票价的航空公司。西南航空甚至将其聚焦延伸到飞机的选择。公司只有波音737s一种飞机，从而极大地简化了培训、航班计划和维护工作。

结果，西南航空拥有了强大的聚焦。西南航空是廉价航空公司，这就是它在乘客心智里的印象。当然，不是"最低"价，因为其他航空公司偶尔会临时降价，跟西南航空争抢客源。但公司一贯低价的策略让乘客相信自己不会吃亏。

尽管与之竞争的大公司还在亏损中挣扎,西南航空却一直有利可图。开业 24 年以来,西南航空连续 22 年实现盈利,其他任何一家干线航空公司都难望其项背。

西南航空 45% 的机票直接卖给乘客,这一比例高于任何一家干线航空公司,它们的平均比例只有 15%。乘客信任西南航空,因为它不像其他多数航空公司那样在票价上玩"猜豆魔术"。"看到了,又没了。"

你在报纸上看到一则低价广告,等你致电旅行社时,他们却说:①低价票卖完了;②你不能买,因为你要的那天没有低价票;③因为你星期六不想在北达科他州法戈过夜。

更让乘客迷惑的是,票价总是在变。所谓的收益管理系统使航空公司的票价几乎每个小时都在变。美国航空业每天票价变动 25 万次,有时超过 100 万次。

对于想从市场榨取每一分收入的航空公司来说,收益管理系统是好东西。但对于试图应对这种状况的乘客来说,却很糟糕。(想改票?没门儿。)

结果,航空公司在乘客当中口碑很差。在一项包括十个主要服务行业的调查中,定期航班的满意度排名垫底,同样差劲的还有美国邮政。

几乎所有航空旅客的机票都有很大折扣,大公司员工的协议折扣可达四五折到七折。实际上,现在买全价票的国内旅客不到 1%。

无论你的票价是多少,肯定有人买得比你更便宜。这种感觉让乘客不舒服,用这种方法经营航空公司行不通。

在电影《西雅图不眠夜》(*Sleepless in Seattle*)中,乔纳问:"你知道飞到纽约需要多少钱吗?"

"没人知道,"玛吉回答,"票价几乎天天变。"

西南航空在国内多数航线的票价都很低,但从纽约到迈阿密的东部走廊明显是一个例外。有许多新成立的航空公司打算在美国东部采取西南航空的策略,包括奇异国际航空公司。奇异国际航空公司于1992年由一帮前飞行员创办,公司有一个很好的策略:低价,无限制,所有座位同价。

策略不错,但名称很差(更糟糕的是奇异鸟不会飞)。乘客想起的是新西兰,而不是公司想要的(低价字眼)。既然商业成功的动力是在乘客心智里拥有一个字眼,字眼一开始就错了,这家公司怎么可能成功?

实际上,这家航空公司也取得过一些成功。它被《悦游》(*Conde Nast Traveler*)杂志评为1994年美国最佳国内航空公司,那一年奇异国际航空公司收入1.16亿美元,亏损1 600万美元。第二年,奇异国际航空公司董事会驱逐了公司的联合创始人,时任董事会主席、CEO和总经理的鲍勃·艾弗森(Bob Iverson)。奇异国际航空公司的未来好像不妙了。

雄心勃勃的美国瓦鲁杰航空公司(ValuJet)采用与奇异国际航空公司相同的策略,但公司的名称要好得多。公司比奇异国际航空公司晚成立一年,但一直赚钱,其销售利润率达25%,居国内航空公司首位。

跟西南国际航空公司一样,瓦鲁杰航空只有一种飞机

（39架DC-9-30型飞机）。"人们问我们担心什么，"瓦鲁杰航空董事长刘易斯·乔丹（Lewis Jordan）说，"我们担心失去聚焦，担心偏离公司策略。"阿门。

航空业以经营困难著称，但那仅限于你采用与其他公司相同的经营方式。如果你能够聚焦，任何业务都可以做得轰轰烈烈，包括航空业。

在成立后的第一个完整年度，瓦鲁杰航空收入1.34亿美元，盈利2 100万美元。第二年的收入和盈利增长都超过一倍。股票价格比发行价上涨了400%。

还有其他地区可以采用西南航空的策略吗？嗯，西南航空没有美国中西部航线，也就是从明尼阿波利斯到西雅图。不过，该地区毗邻美加边境，航空客运量相对不大。

西南航空和瓦鲁杰航空的成功可能误导将来新成立的航空公司。精简服务、单一舱位等级、纯经济舱布置和低票价只是航空公司希望给乘客留下印象的一种聚焦方式。如果适用这种策略的地区市场已经被瓜分完毕，后来新成立的航空公司就必须寻找其他机会，可能有些什么机会呢？

"商务"航空公司是一个显而易见的机会。商务航空公司不但保证有更好的食物和服务，还保证没有太多哭闹的幼儿和叽叽喳喳的年轻人。

商务航空公司的座位布置与票价介于头等舱和经济舱之间，对于占航空旅客人数45%和航空公司收入60%的商务旅客细分市场来说，这可能非常有吸引力。

金佰利公司下属的中西部快运航空公司（Midwest Express）就已经成功地运用了这种策略。座位都成对布置，因此没有中间座。公司供应的每顿饭预算为10美元，而多数航空公司不到5美元。

与多数航空公司亏损不同，中西部快运自1987年以来一直赢利。在最近一次《消费者报告》(*Consumer Reports*)杂志所做的调查中，该公司被评为"服务最好和最舒适的航空公司"，得票率领先排名第二的航空公司18个百分点。

1981年，当詹·卡尔森（Jan Carlzon）收购亏损的北欧航空（Scandinavian Airlines System，SAS）时，他也采取了相同的策略。他希望将SAS打造成"商务空中飞人眼中最好的航空公司"。

他首先将欧洲航线的经济商务舱换成头等舱。然后，SAS开始自称为"商务航空公司"。到1982年，公司就扭亏为盈。在卡尔森决定扩大地盘之前，这种策略的执行效果一直很好。

1989年，在哥本哈根举行的一场奢华的耗资250万美元、有舞蹈女郎和迪斯科灯光的多媒体聚会上，卡尔森揭晓了新的战略计划。SAS将不只是一家航空公司，而是一家"全球旅行服务公司"。

詹·卡尔森说："在飞机客舱内能够提供的服务十分有限。因此我们必须增加地面服务。"

他计划在1991年以前，将非航空业务的利润比例提升一倍，从现在占净利润25%增加到占50%。为此，卡尔森宣布收购洲际酒店40%的股权。

卡尔森组合起来的全球旅行服务公司包括大来卡北欧分部（Diners Club Nordic）和北欧最大的旅游公司——北欧航空服务伙伴公司（SAS Service Partner）。卡尔森还收购了得克萨斯航空公司9.9%的股权和智利航空公司（LanChile）42%的股权，并与其他航空公司结成了多种联盟。

这种组合从来没赚过钱。1990年，SAS出现亏损，而全球旅行服务公司继续赔钱（累计亏损超过2亿美元），直到1993年卡尔森离开公司。

新任CEO（杰恩·斯坦伯格）开始剥离非核心业务并使SAS重新成为一家航空公司。到1994年，SAS又赚钱了。

其他人尝试过类似的策略，也失败了。UAL集团公司前董事长理查德·费里斯曾经将联合航空、希尔顿国际集团、威斯汀饭店集团和赫兹租车组合成为一家"旅行怪胎"，名为阿利杰斯集团。费里斯很快被迫离职，而新的管理层只留下了航空公司，把其他公司都卖了。

美国航空的母公司AMR集团也曾经与万豪国际（Marriott International）、希尔顿酒店和巴吉租车（Budget Rent-A-Car）合作，进行过同样尝试。计划是建立一个名叫CONFIRM的超级预订系统。该计划遭遇惨败，AMR集团作为技术先驱的声誉也毁于一旦，由此产生的坏账达1.65亿美元。

它们会吸取教训吗？最近奥地利公司AUA收购了该国最大的旅行社Touropa，希望增加航空客源。两家公司今后的竞争力都会下降。

任何公司，无论是航空公司还是汽车公司，只要试图为所有人提供服务，就是自寻烦恼。美国航空、联合航空、达美航空和其他公司要多久才能明白这一点？

到目前为止，多数航空公司一直采用中心辐射（hub-and-spoke）运营模式来形成地区垄断并收取高票价。但这种模式好景不再。占有市场最大份额的公司只要想卖高价，就会面临多数公司的降价竞争，并被单一价格的低价航空公司乘虚而入。

聚焦成就联邦快递

在竞争环境中，垄断不会长久。坚定的聚焦是唯一持久的战略。

但多数公司仍然涌向品牌延伸。卡尔森在 SAS 采用的是一种常规做法。几乎每家大公司都把在一个领域获得的成功视为扩大地盘的机会，借此进入其他相关的产品或服务领域。它们很少寻找深入发掘的机会，趁机把初战告捷的公司变成主导行业数十年的龙头企业。

有的公司像 SAS 一样因品牌延伸而出现亏损，也有的公司通过重新聚焦而获得成功。

战场上，进攻战线太长就等于自杀。唯一可能成功的进攻策略是收缩战线。"收缩前线，长驱直入"是军事咒语。同样的原则也适用于商战：集中经营的强盛，多元化发展的衰弱。

联邦快递的例子能很好说明聚焦的力量。公司于 1973 年 4 月开业，拥有自己的飞机、卡车和一套独特的中心辐射配送系统，配送中心位于田纳西州孟菲斯。联邦快递的策略是以更低的价格提供更好的服务，主要为大客户提供直接服务。竞争目标是当时空运行业中历史最长、规模最大和利润最高的公司——艾默瑞空运公司（Emery Air Freight）。

这种策略衍生出三种不同产品："一级优先"（次日送达），"二级优先"（两天送达），"三级优先"（三天送达）。送达的时间越长，对应的运费越低。联邦快递用这三种产品与艾默瑞竞争，艾默瑞有的服务，联邦快递都有，而且价格更低。

如果你不是行业领导者，如果在顾客心智里你并不代表这个行业，那么就很难以更低的价格提供更好的服务。联邦快递在开业头两年里亏损达2 900万美元。

后来，联邦快递在新的策略基础上重新聚焦，新策略强化了次日送达服务——一级优先。（放弃三级优先，将二级优先改名为"标准空运"。）同时推出"快递包裹"产品。快递包裹可投递最多两磅重的文件，是"次日"概念的视觉表达。

广告上的投递对象也从收发室和货运部门主管变成了公司经理。新的广告主题是："当它绝对、确实、必须次日送达。"没有提到价格更低。

"次日"成了联邦快递的战斗口号，而公司经营也在一夜之间出现转机。1975年7月，公司达到盈亏平衡，以后就再也没有出现亏损。联邦快递在1978年4月以每股25美元上市。三年以后，经过两次拆细的股票价格达180美元。公司1980年利润达5 000万美元。

联邦快递不但在策略方面从"服务更好,价格更低"变成"次日",而且在价格方面也超过了竞争对手。此举为联邦快递带来两个好处:赚钱更多,声誉更好。顾客想,更贵的服务一定更好。

联邦快递在策略上的唯一问题是:"有必要提供标准空运服务吗?"对公司来说幸运的是,多数顾客似乎无视这种两天服务,而认为联邦快递只有"次日"服务。

与此同时,艾默瑞却每况愈下。联邦快递在小包裹次日达业务方面的优势使得艾默瑞的业务重心转向大包裹运输。为了夺回失去的市场份额,艾默瑞在1987年4月斥资3.13亿美元收购了皮洛雷特快递公司,这是一家专门从事次日送达信件和文件快递的公司。

用并购专家们的术语来说,收购皮洛雷特"正合适"。艾默瑞的优势在于大包裹运输;皮洛雷特的优势在于小包裹运输。两者结合,可以满足所有客户的一切需求。

不过,在理论上看起来不错的东西,在地上或天上都不一定管用。艾默瑞失去了聚焦,开始麻烦缠身。到1987年12月,董事会将公司创始人的儿子,刚愎自用的小约翰·艾默瑞(John Emery Jr.)赶出了公司。

1989年4月,艾默瑞作价4.89亿美元卖给了统一货运(Consolidated Freightways)。但事情并未好转,而是变得更糟。到1990年,艾默瑞环球[原来的艾默瑞合并了CF空运公司(CF Air Freight)后的新名称]耗尽了统一货运的现金,亏损速度达每年一亿美元。当时的CEO被炒了鱿鱼,并更换了管理层。

艾默瑞的问题就出在聚焦。新的管理层让公司退出了次日送达信件和小包裹业务,专注于70磅以上的中型和大型包裹次日达业务。

历史重演了。这正是联邦快递做过的事情,大小不同而已。艾默瑞形成了与联邦快递的轻量级聚焦对应的重量级聚焦。公司现在是70磅以上空运市场的行业领导者,市场份额达24%。排名第二位的竞争对手伯灵顿航空速递公司(Burlington Air Express)市场份额为13%。

最近一年,艾默瑞的经营利润达7 700万美元。考虑到在20世纪90年代联邦快递年平均利润只有6 600万美元,这个数据还不错。

后来,雷·塞斯顿(Ray Thurston)创办了索尼克空运公司(SonicAir),开拓"同日达"航空货运业务。在占领40%的同日达空运市场份额以后,塞斯顿将这家私人公司以6 500万美元卖给了UPS。

"你知道生活的秘诀吗?"杰克·帕兰斯在1991年的电影《城市滑头》(*City Slickers*)里问。

"不知道。那是什么?"比利·克里斯托说。

"一件事情,只有一件事情。你要一直做下去,其他都无所谓。"

"太好了,不过那是什么事情?"

"你必须自己去找。"

FOCUS

第9章

缩小经营范围

不一定要发明什么东西才能在顾客心智里拥有字眼。缩小经营范围有时也可以达到同样目的。

制定有效企业战略的最大障碍,就是顽固坚持企业必须吸引整个市场。和其他任何经营活动比起来,更多资金浪费在帮助企业的"非客户群体"方面。

"如果我们不想办法吸引非客户群体,我们该如何实现增长?"这个问题合乎逻辑。要发现扩大市场可以增加收入和利润很容易,但要发现缩小经营范围也可以做到这一点就很难。

要充分认识到缩小经营范围而不是扩大市场的力量,你首先应该相信吸引整个市场是徒劳的。实际上,如果影响每个人有用的话,就没有必要再考虑其他选择。

在竞争环境下,没有任何品牌、公司或企业能够百分百占领市场。防止早期行业垄断的并非仁慈的政府,而是顾客的心智。

顾客有两种类型,同一名顾客面对不同商品时也会属于不同类型。有些顾客喜欢和别人买相同品牌,另一些顾客则喜欢与众不同。这不是因为性格不同,而是每个人对不同商品的购买需求有所不同。

如果我是一个男人,我可能会蓄须以便区别于其他不留胡子的男人。另一方面,我可能喝可口可乐,因为多数人也喝可口可乐。在购买某种商品时,我的决定可能与众不同;在购买其他商品时,我可能又决定随大流。

对于世界稳定来说,值得庆幸的是希望随大流的是多数,希望与众不同的是少数。因此,越是流行的品牌、电影和表演就会不断吸引更大的市场份额,而不怎么流行的品牌则倾向于吸引更小的市场份额。

然而,表面现象并非实质。质量定理是人们购买主导品牌的根本原因。也就是说,好产品会赢得顾客。与众不同是不买主导品牌的根本原因。消费者每天都要选择,是买更好的还是买不同的。

也不完全是这样。为了证明自己的观点,希望与众不同的消费者经常认为多数人受到了误导。如果真的对产品做过公正评估,他们就不会选择主导品牌。也就是说,好产品没有赢得消费者,但它应该赢。

因为有这些不利的心理因素,任何品牌都不可能百分百占领市场。

主导品牌吸引那些做事随大流，买东西也随大流的人。另一方面，主导品牌也排斥那些希望与众不同的人。一个品牌和一家公司、一个企业怎么可能吸引每一个人？不可能。

忠臣还是叛徒？民族主义者还是反政府者？拥护者还是挑战者？民主党还是共和党？可口可乐还是百事可乐？生活将每一种政治或经济状况一分为二，主导方的霸权面临弱小方挑战。

富兰克林·罗斯福大概是美国最受欢迎的总统，但在1936年以压倒性优势获胜时也仅仅获得61%的选票。[他的共和党对手阿尔夫·兰登（Alf Landon）获得37%的选票，其余2%的选票被投给了其他五个党派。]

作为美国唯一连任四届的总统，罗斯福都不能在胜选优势最大的一次选举中获得超过61%的选票，你怎么可能获得某一市场80%或90%的份额呢？完全不可能。

战略的精髓是舍弃

别再幻想。准备放弃一部分市场，面对现实。所有行业都有利基⊖，唯一区别是行业领导者的利基比其他企业的利基大一些，但它仍然是一个细分市场。

问题是你想拥有什么利基？质量利基、价格利基、安全利基、操作利基、送货利基还是外卖利基？

在竞争环境下，没有哪个品牌、哪家公司或哪个企业能

⊖ 利基（niche）指有利可图的细分市场。——译者注

够获得百分百的市场份额。一旦你接受这一现实,要找到希望植入顾客心智的字眼就简单多了。你不用再面对那些魔鬼,他们不停地告诉你"让我们把控住整个市场"。

牺牲是企业战略的精华。没有牺牲就没有战略。没有牺牲,一家企业或机构会变得衰弱。西尔斯公司不愿放弃任何零售细分市场,因此它们变得越来越弱,其低端业务被沃尔玛和家得宝挤压,而高端业务则被许多专业连锁品牌蚕食(GAP、玩具反斗城、利米特女装、维多利亚的秘密和其他品牌)。

IBM不愿放弃任何计算机细分市场,因此它遭遇的竞争压力来自个人计算机制造商(康柏、佰德、捷威、戴尔等)、工作站制造商(太阳微系统、惠普、硅图等)和软件生产商(微软、甲骨文、网威、莲花等)。

既然你无论如何都不能成功地吸引每一个人,也就不难接受放弃的概念。其实你什么都没有放弃,你是在明确自己的定位,而明确定位的好办法就是知道自己不是什么。

谁是温斯顿·丘吉尔?这位英国前首相以阿道夫·希特勒的死对头著称。(第二次世界大战以后,丘吉尔失去了希特勒这个对手,也很快失去了自己的位子。英国人喜欢他的外交风格,却不喜欢他的内政风格。)

牺牲原则在政治上由来已久。如果你声明自己的立场并有力抨击对手,潜在选民就会了解你和你的主张。如果你试图两边讨好,潜在选民就会认为你软弱无力,因此不会投你的票。

政治艺术包括主动公开地放弃那些你知道无论如何也争

取不到的选票,这种做法让你看起来像一个果断有力的领导者。

公司可能要向政党学习。无论何时,有支持的同时自然就有反对,没有敌人你就没有定位。(例如反堕胎运动的敌人就是"人工流产"。)

当艾默瑞空运公司还在同时经营信件文件和大型包裹业务时,它没有敌人也没有定位。它只是又一家试图在联邦快递和UPS主导的行业中生存的公司。

当艾默瑞重新聚焦于70磅以上包裹的速递业务,它就有了联邦快递这个可爱而实用的对手。"为什么与联邦快递合作?因为它擅长运输文件和小型包裹,而我们是对付大家伙的专家。"

这是专业公司对抗综合企业。多数时候人们宁愿与专业公司而不是综合企业做生意。如果心脏有问题,就去看心脏病专家而不是看全科医生。如果想买鞋,就去鞋店而不是去百货公司。如果想买牙膏,就去杂货店而不是食品超市。基本如此。

然而消费者的行为并不是非此即彼。有时人们在百货公司买鞋并在超市买牙膏。在不方便的时候,人们常常会为了节省时间而多付一点钱并放弃更多选择。

看看7-11便利店(7-Eleven)和其他便利店的崛起。此外,为什么要同时经营汽油和食品?还有很多加油站开设零售食品网点。为什么?方便。

加油站在获得食品业务增长的同时,也在失去机油更换业务。为什么？专业化。

在细分市场的一个经典案例中，曾经大部分由加油站和汽车代理商经营的机油更换业务从中分离了出来。机油更换变成一个由捷飞络（Jiffy Lube）、汽车浴（Auto Spa）等许多其他公司主导的不同行业。

"十分钟换机油"是新的机油更换行业的动力。捷飞络不仅与加油站和汽车代理商竞争，也跟消费者抢生意。（一半以上车主自己换机油。）

随着双职工家庭增加和兼营汽车修理的加油站数量下降，快速机油更换业务前景一片光明。

不管称之为细分市场、专业化经营还是市场分工，这就是目前的商业现实。行业不是合并，而是分化成不同的子行业，有各自的领导企业和追随企业。

关键是要感觉到市场分工即将出现，然后抢先设立一家拥有不同品牌名称的企业或公司，以此传递希望植入顾客心智的字眼。

专业机油更换服务商有什么好处？快速服务。行业龙头捷飞络准确地把握住了这个概念。

领导企业有时认为它们可以阻止市场分工。面对代理商损失机油更换业务的困扰，福特汽车公司曾经宣布，计划在1992年以前在福特和林肯－水星经销店（Lincoln-Mercury）开设2 000家Fast Lube换油中心。

你最近去过经销店吗？你见过Fast Lube换油中心吗？这项计划从未实施。

租车业的聚焦

以汽车租赁业务为例。谁都知道赫兹是行业领导者,但哪家租车公司排第二?

错了。第二位的租车公司不是安飞士(Avis),而是企业租车(Enterprise Rent-A-Car)。例如,1994年赫兹收入21亿美元,企业租车以收入18.5亿美元排在第二,而安飞士收入为17亿美元。

此外,企业租车的车队规模比赫兹租车大,23万辆对21.5万辆,营业网点也更多,2 000家对1 175家。

这是怎么回事?为什么企业租车收入高于安飞士而车队规模却大过赫兹?答案就是专业化。企业租车聚焦于保险-备用车市场。公司的18.5亿收入中有2/3来自从事机场租车的巨头们不做的业务,即租车给那些车辆被盗或在车祸中损坏的车主。

聚焦保险-备用车市场让企业租车减少电视广告投入,致力于业务转介渠道的宣传。公司寻找那些了解顾客需求的保险代理和保险理赔员,它为保险行业提供有大额折扣的个人租车业务,有时还赞助高尔夫活动。

企业租车还与当地汽车代理商、健身俱乐部和汽车修理厂保持紧密接触。它有时会在汽车经销店租一个摊位。经理甚至给业务介绍人提供早餐。"我们最主要的促销手段就是甜甜圈。"公司CEO安迪·泰勒开玩笑说。

企业租车主要在成本不高的商铺或商业街开展业务,而不是在安飞士和赫兹喜欢的成本高昂的机场和市中心地段。企业租车也不是每6个月左右就买新车,而是使用18个月以后才会把车卖掉。

得益于这些节约措施,企业租车的收费比那些更引人注目的竞争者最多低30%。尽管收费低廉,企业租车在过去20年每个月里都是盈利的。专业化就是力量。

可以换一个角度来看企业租车的数据。这是一个反复出现的陷阱。你知道保险－备用车市场占其收入的2/3,而传统市场占其余的1/3。哪里有机会呢?

企业租车已经占据了保险－备用车市场的最大份额,却仅占传统市场很小的份额。要是企业租车能够使其传统市场份额增加一倍,它就会超过赫兹了。

从数学角度看合理,但实际上行不通。要是企业租车打算把资源从唾手可得的保险－备用车市场转移到竞争激烈的传统市场,它的总收入可能受损。生意就像跷跷板。你压下一头,另一头就起来了。

生意也像政治。向左就会失去右翼的选票,向右就会失去左翼的选票。

如果仔细分析企业租车的传统业务,我们可以发现它与保险－备用车业务有关。一个方面的业务有无数种方式可能促进另一方面的业务。顾客的朋友、邻居、亲戚和其他人都可能光顾企业租车的传统租车业务。

这不仅仅是理论。如果为了在份额较小的细分市场拓展业务而试图扩大市场,公司总会失去聚焦并最终丢失市场份额。但这不会很快发生,要过一段时间。

需要过一段时间,核心客户才会感觉到公司重视更大的市场而莫名其妙地忽视了自己的利益。也要过一段时间,才会有一个新的"聚焦的"竞争对手进入市场并抢走核心客户。罗马不会在一天之内灭亡。

LDDS 与皇冠可乐

另一个高度聚焦的案例是 LDDS 通信公司,它是美国第四大长途通信公司。LDDS 在过去五年完成了 45 笔收购,年收入达到 32 亿美元,市场份额达到 5%。

不过,与 AT&T、MCI 和斯普林(Sprint)的主要收入来自住宅业务不同,LDDS 来自住宅业务的收入不超过 5%,其大部分业务来自企业。(你不大可能看到 LDDS 的电视广告攻击 AT&T 或 MCI。)

LDDS 的成功不仅在于对市场进行细分,还在于用语言描述细分市场。如果你的描述方式对顾客和潜在顾客而言没有意义,那么你等于没有这个细分市场。

当"企业"这个词被 LDDS 业务代表说出来的时候,它是有力的。企业负责人能够理解一家面向企业经营的长途通信运营商的价值。这样的公司会推出适合企业客户而不是消费者的费率、服务和优惠政策。

另一方面,如果一家公司的业务遍及几个州,它通常无法将各州业务作为细分市场处理。客户购买这种业务有什么好处?要是没有隐含的或别的好处,就没有细分市场。

但是，如果你可以用语言描述这几个州，你往往可以创造一个细分市场。假设你只在中西部销售一种产品，通过将你的产品描述为"中西部的骄傲"，你或许能够为你的产品创造出一种地区偏好。

事实上，皇冠可乐可能是运用这种策略的一个典范。皇冠可乐以及它的无糖姊妹品牌健怡可乐（Diet Rite Cola）拥有约3%的全美可乐市场，只在中西部销售的策略（皇冠可乐在中西部相对强势一些）可能是一种对抗可口可乐和百事可乐的有效办法。

相对于扩大经营范围结果处处皆弱，缩小经营范围并获得局部优势是一种更好的策略。在全世界53个国家销售皇冠可乐没有任何意义，这样做或许有利可图，但在管理层的时间和资源方面要付出多大代价呢？

计算机业的聚焦

另一个见证聚焦威力的地方就是个人计算机领域。起初，所有的个人计算机都是"家用"计算机，当时主导市场的是苹果、无线电小屋和康懋达PET（Commodore PET）这些具有强烈的消费或家用产品感觉的品牌。但市场变了。公司主管们购买家用计算机并带到办公室，经常违反企业的销售政策。

IBM在1981年推出PC时，曾经拥有精准聚焦。它曾经是市场上唯一的"商用"计算机供应商，而其他公司都兼顾家用和商用市场。它曾经获得巨大的成功。到1983年，IBM

成为销量最大的品牌，市场份额达 21%。

IBM 的下一步行动是什么？他们发布了家用产品 PCjr。这个计划流产了。（历史会重演。目前办公计算机销量最大的是康柏。康柏的下一步行动是什么？他们计划发布一系列家用个人计算机。）

作为一家公司，IBM 的经营范围相当分散，包括从大型计算机到软件的所有业务。这种状况迟早会在个人计算机领域对它造成损害。但没有哪家公司仅仅因为分散经营而丢失生意，只有在碰到一个聚焦的竞争对手时，才会失去商机。

康柏来了。这是一家专门从事商用个人计算机的公司，没有工作站，没有软件，没有家用计算机。起初，康柏试图通过高端市场销售策略变成又一个梅赛德斯－奔驰。

理论上不错的策略。实际上由于计算机很快过时，没有谁愿意为高质量计算机多付钱。一辆车可能行驶十年或更长的时间，一台计算机在三年内就会被更先进的计算机代替。为什么要在昂贵的垃圾上浪费钱呢？

康柏一降价，IBM 的好日子就到头了。两年之内，康柏的个人计算机市场份额从 5% 激增至 14%。在此期间，康柏变成销量最高的品牌。

那么，现在谁是增长最快的个人计算机制造商？是佰德。康柏在商用计算机市场怎么做，佰德就在家用计算机市场怎么做。通过完全聚焦于家用计算机市场，佰德占据了 IBM 和康柏都不可能在商用计算机市场获得的优势。佰德几乎拥有 50% 的家用计算机市场份额。

如果处理得当，精准聚焦可以建立强大的品牌。既然你不必让每个人满意，你就不用在设计、包装、定价和销售方面作出妥协。

佰德根据家用特点包装计算机产品。它是首家销售带有内置CD-ROM驱动器和音箱的个人计算机，便于客户运行具有丰富声音和图像的多媒体程序。佰德有各种预装软件，而领航员（Navitator）浏览器由于使个人计算机变得更容易使用而获得好评。

尽管计算机迷因为奔腾（Pentium）芯片的算术错误而嘲笑它，佰德却果断选择了奔腾（它是家用计算机用户听说过的唯一一种芯片），公司约一半产品使用了奔腾芯片。

佰德实现了很高的市场占有率，却在产品可靠性和客户服务方面做得不怎么样。《个人计算机世界》(*PC World*)对9.6万名用户进行了调查，结果该公司产品可靠性被评为"一般"，其客户服务在42个品牌中被评为"最差"。幸好佰德主要市场是普通用户，而不是那些看计算机书籍的计算机迷。

沛齐公司的故事

沛齐公司（Paychex）在薪酬处理行业的经营方式与佰德在计算机行业如出一辙。位于新泽西州罗斯兰德的美国自动数据处理公司（Automated Data Processing, Inc., ADP）是薪酬处理行业的奠基者和领导者，年收入超过20亿美元。但位于纽约州罗切斯特的沛齐公司是这个行业的后起之秀。

沛齐公司在过去十年里每年平均增长20%，几乎是其竞争对手ADP的两倍。ADP主要服务于大公司，相反，沛齐公司聚焦小公司业务。

潜在市场非常大。在1 000万家美国企业中，98%的企业员工不到200人，这就是沛齐公司所瞄准的市场。目前沛齐公司的年收入为2.24亿美元，净利润率12.5%。

由于政府配合，薪酬处理行业有可能继续增长。近年来联邦政府、州政府和地方政府在税法方面做了400多项变更，雇主们每年需要填报的纳税申报单多达42种。

轮胎业的聚焦

相比薪酬处理这样快速增长的行业，聚焦在缓慢增长的行业同样有效。以轮胎行业为例，传统轮胎公司认为只有亏本卖给汽车公司，才能通过轮胎代理商培养出有利可图的轮胎更换业务。

固铂轮胎橡胶公司（Cooper Tire & Rubber）不这样看。固铂根本不参与原装轮胎市场竞争，但公司却实现了收入和利润稳定增长。过去十年，公司收入增长了150%，净利润增长超过一倍。

轮胎行业的特征其实也是很多行业的特征。每个行业都有一至两个全系列经营的领导企业（固特异和米其林）和许多像固铂那样有利可图的专业生产商。在泥泞的中间地带，是勉强赢利的公司，比如普利司通（Bridgestone）和费尔斯通（Firestone）。

在泥泞的中间地带的公司应该做的，是专注于一个细分市场。但积重难返，一旦公司已经成为全系列制造商，就几乎不可能让管理层转到专业制造商。"什么？放弃我们的一部分业务？"

是的。商业成功的秘诀始于放弃。新公司常常迅速掌握这一秘诀。但公司一旦尝到了全系列的好处，"聚焦"就好像是退步。

或许这是一个自我意识问题。现任管理层一般不愿降低销售收入，但新任管理层却常常有决心采取必要的削减措施。

销售渠道的聚焦

"全系列"这一说法可能不太恰当。成功需要聚焦，这一目标有时可以通过全系列经营实现，但仍然需要在其他领域做出放弃。销售就是这样一个领域。

捷威和戴尔两家公司在个人计算机市场举足轻重，各占约 5% 的市场份额。两家公司都提供全系列产品，但它们放弃了销售网络和直销人员。它们的聚焦方式是直销，而销售渠道单一的两家公司实际上都非常赚钱。

戴尔是首家聚焦于计算机直销的公司。戴尔使用佣金销售员通过公司免费电话每天 24 小时接受订单。通过消除零售价格环节，戴尔能够以低于 IBM 个人计算机 40% 的价格销售计算机，于是销量大增。

但是戴尔也犯过很多错误，让自己不再聚焦。1988 年，该公司增设了为大客户服务的销售部门。1990年，戴尔允许软仓超市连锁（Soft Warehouse Superstores，现在的名称是计算机美国）以邮购价格销售它的计算机，从而进入了零售市场。

1991年，戴尔与办公用品连锁供应商史泰博公司达成了一笔类似的交易。1993年，戴尔开始通过百思买的零售店销售个人计算机。1994年，戴尔突然改变策略，宣布不再由零售店销售。

当戴尔在销售策略上举棋不定的时候，捷威仍然聚焦于电话销售。现在，捷威年收入已达20亿美元，与戴尔并驾齐驱。

当那些在领导地位的公司（IBM、康柏、苹果和DEC）开始从事电话销售个人计算机，情况怎样？不怎么样。这些零售渠道的大品牌没有一家在直销方面产生重要影响。目前捷威和戴尔加起来拥有47%的邮购市场份额，在这项业务成熟之后，它们的市场份额可能还会增加。

当聚焦可以出现在任何地方（例如邮购）时，聚焦本身很快成为经营的动力。因为知识阶层的顾客更喜欢邮购，捷威和戴尔可以在高端计算机型号方面投入更多精力。

此外，它们可以先接单后生产，避免产生大量可能卖不掉的产品库存。（戴尔存货周转期仅为35天，而康柏是110天。）

销售渠道单一常常被看作负面因素，实际上却是这些公司的聚焦优势和它们成功的原因。如果没有这种强大的聚焦优势，戴尔和捷威很可能会像1975年以来的无数家计算机公司那样，来得快去得也快。

安利与实耐宝

另一家聚焦销售的公司是安利,其产品范围非常广:家具、行李箱、立体声音响系统、手表、百科全书、美容健身设备和家庭护理产品。这是一条失败之路,只有一种情况例外。安利拥有一套强大的聚焦优势。该公司是当今所谓"多层次直销"的开拓者。

安利通过 200 多万名独立代表(称为直销员)在近 60 个国家销售产品。直销员的佣金不仅来自他们自己的销售收入,也来自他们所招募的直销员的销售收入。

另一个销售成功案例是实耐宝公司(Snap-on Incorporated,前身是实耐宝工具)。1991 年乔·约翰逊发明了可替换的扳手手柄和套筒。不过,让公司名扬天下的是斯坦顿·帕尔默和牛顿·塔伯两位销售员。

他们两人开发出一种到客户那里展示实耐宝成套工具的销售模式。1921 年,帕尔默和塔伯买断约翰逊的原始投资者的全部股权,然后实耐宝开始建立独特的销售体系。

如今,有 5 000 多名实耐宝经纪人和特许经营者开着可步入的巨型厢式货车,满载工具穿行在美国公路上。实耐宝年收入超过 10 亿美元。

具有讽刺意味的是,成功的公司经常比不成功的公司能够更多受益于重新聚焦。成功的公司可能失去一次重大机遇,但失败的公司可能处于没有任何重组希望的无望境地。

看看两个矿工。一个矿工在主矿脉边上挖掘,日子过得还不错。另一个矿工在贫瘠的地域挖掘并濒临破产。谁能通过重新聚焦策略获得最大收益？

当然是成功矿工。只要稍稍调整挖掘方向，就可以找到主矿脉发大财。失败矿工的处境没有希望。

许多公司也同样如此。成功者觉得他们一切顺利，不需要调整。失败者却病急乱投医并失望地发现一切都于事无补。

抵不住的扩张诱惑

在推动公司创造奇迹方面，聚焦可以发挥的作用大于其他任何一种行动。但这并非易事。没有问题时不闻不问，出现问题时胡乱折腾，这种做法更有诱惑力。

管理层应该做的，是找到一项有效的策略，然后将整个公司的力量聚焦于这项策略。

以位于俄勒冈州波特兰的威德默啤酒公司（Widmer Brewing）为例。公司业务快速发展，产品热销，公司每年增长50%～60%。你还需要别的吗？

需要聚焦。威德默生产八种德国风味啤酒和桶装根汁汽水。但威德默70%的收入来自一种名为"美国原创哈佛维珍"（America's Original Hefeweizen）的小麦啤酒。饮用这种色泽金黄、外观浑浊、口感强烈的威德默哈佛维珍是波特兰的特色。搭配一片柠檬，哈佛维珍看起来与众不同，喝起来与众不同，的确与众不同。威德默就在主矿脉边上。

威德默下一步的合理策略是放弃另外七种啤酒和根汁汽水，聚焦于哈佛维珍，然后在全美范围大量生产哈佛维珍。

换句话说，从小市场分散经营变成大市场精准聚焦。美国的酒吧、餐厅和超市不可能准备太多德国风味啤酒,却可能推出一种与众不同的"小麦啤酒"。

但是威德默不大可能这样做。威德默的动力和多数美国公司的动力一样——增长优于聚焦,规模优于利润,多样化优于专业化。

规模不等于成功

规模不等于成功或利润。在员工数量方面,美国邮政有70万人领工资,是美国最大的"公司"。过去十年,美国邮政的收入为3 680亿美元,却亏损50亿美元。

美国邮政资金成本低廉,还有垄断经营优势(如果让比尔·盖茨那样的自然垄断者经营美国邮政,他很可能赚到足够的利润来偿还大部分美国国债)。

不断追求规模似乎控制了CEO们的想象力。美国财政部前部长W.迈克尔·布卢门塔尔(W. Michael Blumenthal)曾经领导过宝来公司,这是一家年收入50亿美元的计算机公司,不算太大。

"在任何其他领域,宝来都应该算是一头大象,"布卢门塔尔先生说,"但是在大型计算机领域,我们却是大象跟前的一只兔子。"因此,他渴望收购斯派里公司。

在最初的拒绝之后,两家公司于1986年合并。不久以后,合并后的公司更名为优利公司(Unisys Corporation)。

优利公司是"1+1=1.5"这种合并算法的最好案例。公司合并至今已经九年。合并以前,宝来公司在金融行业有着牢固的市场地位。即使到现在，优利公司仍然为世界50大银行中的41家处理一半的支票。

合并前，宝来公司总收入为295亿美元，总利润为19亿美元。

合并九年后，优利公司（宝来公司加上斯派里公司）收入为729亿美元，相当不错。但该公司在这九年中亏损了4.94亿美元，太糟糕了。优利公司因此成为与美国邮政类似的公司。

在优利公司发生的事情也发生在国际收割机公司（International Harvester）。40年前，国际收割机公司是全美排名第22的工业公司，远远超过排在第75位的卡特彼勒公司和排在第104位的迪尔公司（Deere & Co.）。不过，国际收割机公司有三项基本业务：卡车、农业机械和建筑设备。

国际收割机公司的竞争对手专业化程度高得多。卡特彼勒公司聚焦建筑，迪尔公司聚焦农业机械。

今天，两家精准聚焦的公司远远超过如今名叫纳威司达（Navistar）的国际收割机公司。卡特彼勒公司收入140亿美元，迪尔公司收入90亿美元，而纳威司达公司仅为50亿美元。

此外，纳威司达公司在过去五年亏损了5.79亿美元，而两家竞争对手都实现了盈利。

泰森食品的聚焦

管好自己的事情有好处。以泰森食品公司（Tyson Foods）

为例，该公司是美国最大的鸡肉生产商，市场份额达 18%。据公司董事长唐·泰森（Don Tyson）说，他的一半客户希望由单一供应商提供所谓"盘子中央"蛋白质，包括鸡肉、牛肉、猪肉、鱼和火鸡。

因此，在 1992 年泰森食品以 2.43 亿美元收购了美国最大的渔业上市公司——北极阿拉斯加公司（Arctic Alaska）。

两年后，泰森食品注销了收购产生的 2.14 亿美元商誉，多数海产食品专家认为这是一场灾难。泰森食品还试图进入猪肉市场，在养猪和处理设施方面投资了 1 亿美元。

然而，泰森食品 3/4 的收入和几乎全部利润都来自它核心的鸡肉业务。事实上，泰森食品是鸡肉行业的领导者，它的鸡肉出口量占美国出口日本鸡肉的 70%。它为麦当劳发明了麦乐鸡，为 KFC 发明了烤鸡系列产品 Rotisserie Gold。

当时正值美国快餐业走向世界之时，这些专业化的鸡肉产品呈现出巨大的潜力。过去几年，泰森食品的毛利率平均达 19%，大约是行业平均水平的两倍。

为什么不聚焦于鸡肉产品？就是那个欺骗性的"盘子中央"策略，它在会议室里听起来妙不可言，但在鸡笼里可能就显得不太高明。顾客经常说他们希望跟一个供应商采购所有东西。

但是这种事情从来不会成功。问问 IBM 为什么客户不跟"蓝色巨人"购买全部计算机设备，他们可能很难解释。

事实上，在潜在顾客说希望跟一个供应商采购所有东西时，他们经常会悄悄加一句："一切都一样。"

但一切绝对不一样。当你成为全系列供应商,你就不再是专业生产商。你就不再是"专家"。你就失去了大部分力量。

今天泰森食品是鸡肉之王,是在质量、价格、服务和创新方面公认的行业领导者。但如果它成功变成一个全系列的"盘子中央"供应商,就会失去大部分的洞察力,它就只不过是又一家没有名气的蛋白质供应商。

捷报频传

精准聚焦有好处。当约玛·奥利拉(Jorma Ollila)1992年接任芬兰综合企业诺基亚(Nokia)CEO时,这家公司什么都生产,从电视机显像管到卡车轮胎和卫生纸。当时它一年亏损1.4亿美元。

奥利拉卖掉了卫生纸和其他数十种业务,然后聚焦于移动电话。诺基亚目前在全世界移动电话市场排第二(在摩托罗拉后面),在欧洲排第一。这家曾经落后的芬兰公司,未来无限光明。

甚至保险行业也开始醒悟。《纽约时报》报道:"保险巨头们不再要求为所有人提供一切。"安泰保险(Aetna)首席精算师沃尔特·菲茨吉伯恩(Walter Fitzgibbon)说:"公司曾经想在50个州销售所有类型的保单,我们再也不想那么做了。"

为了专注于卫生保健和人寿保险,安泰近期宣布作价40亿美元将财产和责任保险业务卖给旅行者集团(Travelers Group)。

精准聚焦的保险公司在保险业务方面获得了很多成功。如威廉姆斯伙伴公司（A.L. Williams）的定期人寿保险，桑美金融集团（SunAmerica）的年金保险，前进保险公司（Progressive）的汽车保险。

其他行业的高管们也感受到了专业化的威力。曾经领导全球制药巨头葛兰素公司的伯纳德·泰勒（Bernard Taylor）1990年加入梅德瓦公司（Medeva PLC），这是一家成立仅四年的英国小公司。泰勒认为有机会成立一家公司采购那些大公司不想采购的、销量不大的药品和疫苗。

但也不限于药品。泰勒专门采购小范围供应的产品，特别是治疗支气管疾病（如流感和哮喘）的药品。泰勒解释说："通过瞄准一小部分临床领域，梅德瓦的销售人员可以聚焦治疗这些疾病的医生，跟那些推广多种药品的销售人员比起来，往往能获得更大的成功。"

这种策略卓有成效。1994年梅德瓦销售收入同比增长30%，达到4亿美元，税前利润达9 000万美元。伯纳德·泰勒说："在我看来，梅德瓦的经营策略可以作为经营制药公司的一种新途径。"

医疗保健业的聚焦

其实任何公司都一样。商业的力量并非来自你的产品或你的工厂，它来自你在顾客心智里的定位。同时，一家专业化的、聚焦的公司在定位方面远远超过一家全面经营的公司。

萨里克卫生保健公司（Salick Health Care）聚焦于癌

症领域。这家公司经营医院里面的24小时癌症中心，这些癌症中心让病人可以在方便的时间接受治疗，甚至是在晚上或周末。公司收入增长很快，1994年达1.32亿美元，净利润达1 000万美元。

量子卫生资源公司（Quantum Health Resources）聚焦于血友病领域。五年之内，公司收入从400万美元上升到2亿多美元，销售利润率平均达8%。

塞内公司（Cerner）将医疗信息数字化，以便在计算机上检索。公司收入在五年内增长两倍，达到1.55亿美元。

市场变化不断创造着机会。健康维护组织（HMO）的兴起催生出一种新的卫生保健组织，称为PPM，意思是医师业务管理公司。PPM充当医生和HMO的中间人，为医生服务并代表医生利益与HMO谈判。

已成立七年的医师社团（PhyCor）是最大的PPM之一，年收入达到约4亿美元，仍有很大增长空间。全美65万医生一年创造约2 000亿美元收入。迄今为止，PPM公司的收入只占市场的2%。

甚至医院也正在走向专业化。十年前，位于纽约州罗斯林的社区医院圣弗朗西斯医院决定升级为心脏病专科医院，它取得了非凡的成就。"目前，我们75%的业务与心脏病患者有关，"院长帕特里克·斯科拉德（Patrick Scollard）说，"每天的床位都是满的。去年我们的正式床位使用率是114%。"

在附近位于纽约州杰斐逊港的圣查尔斯医院聚焦于康复。

"我们知道管理式医疗保健正在纽约州实施,那将导致一般外科病床数量减少,"院长巴里·泽曼(Barry Zeman)说,"我们也知道额外的康复病床在长岛的需求量很大。"

目前,圣查尔斯医院拥有长岛规模最大的康复项目。它正在进行耗资7 500万美元的扩建,以便增加近100张床位。

教育行业的聚焦

同样的原则也应该适用于教育。教育排在医疗之后,也是美国最大的产业之一。教育支出大约为每年2 700亿美元,占美国国内生产总值达4%。

在教育市场上,你很难找到专业院校,几乎所有教育机构都是综合性的。例如,很多学院的院长迫不及待地想把自己的学院变成大学,以便让自己变成大学校长。然而,更好的发展目标可能是聚焦于某个单一学习领域。

只有一小部分的本科院校实现了专业化,如音乐领域的著名的茱莉亚音乐学院(Juilliard School),设计领域的罗德岛设计学院(Rhode Island School of Design),时尚领域的纽约州立大学时尚技术学院(Fashion Institute of Technology)和创业管理领域的巴布森学院(Babson College)。有的学校几乎是偶然地获得了专业声誉,著名的如医学领域的约翰·霍普金斯大学(The Johns Hopkins University,只有29%的一年级学生是医学院预科生)。

有些研究生院也获得了世界级的专业声誉,但大多数仍然是出于偶然,著名的如金融领域的宾夕法尼亚大学沃顿商学院（Wharton School）和营销领域的西北大学凯洛格商学院（Kellogg School of Management）。

不过，教育机构应该在有计划地聚焦单一学习领域并努力获得世界声誉方面做得更好。在法国枫丹白露的欧洲工商管理学院（European Institute of Business Administration）取得了惊人成功是这方面的最佳案例。

拥有35年历史，聚焦于培养全球商业领袖的欧洲工商管理学院声誉卓著。它是国际企业招聘人员最为关注的一所学校，每年到访学校的招聘人员大约有200人，提供的职位起薪平均为7.5万美元。

在美国，位于亚利桑那州格伦代尔的美国国际管理研究生院（American Graduate School of International Management）也致力于聚焦同一领域。这家被称为"雷鸟"的非营利机构在过去五年的收入增长达900%。

但专业化的美国教育机构非常少。美国的2 000多家四年制大学几乎全部是综合性大学。迄今为止，它们受益于教育需求的稳定增长。

但需求增长是有限的。随着升入大学的高中生比例趋于稳定，教育的竞争将趋于激烈。你就可能看到教育转向专业化，与制造业和服务业市场已经发生的情况完全一样。

法律行业的聚焦

法律行业正在慢慢朝这个方向发展。律师事务所曾经是处理法律事务的公司，它处理各类案件。除了在小型社区，如今律师事务所通常专门处理事故、破产、商业、刑事、就业、婚姻、社会保障、税务或其他某一方面的法律事务。

律师的能力一定在于成为专家而不是全才。如果专家试图拓展其专业基础，那就是在找麻烦。

在蓬勃发展的20世纪80年代，世达律师事务所（Skadden, Arps, Slate, Meagher & Flom）曾经排在首位。在资深合伙人约瑟夫·弗洛姆（Joseph Flom）领导下，这家纽约的律师事务所参与了十年来最大、最轰动的并购案。这场官司带来的税后收入也非常可观。在80年代后期，合伙人平均利润达每年120万美元。

弗洛姆先生说："想投资于一家提供全方位服务的事务所。我可能疯了，但那是我的梦想。"为了追逐这个梦想，世达在12个城市开业，并进入12个以上主要执业领域。仅仅在四年之内，它就开设了九个国外分部。当然人手也增加了，律师从1985年的526名增加到1990年的约1 000名。

世达在规模扩大的同时，利润大幅下滑：合伙人平均利润从1989年的120万美元减少到四年以后的69万美元。

对世达冲击最大的，就是并购业务减少。世达的例子说明在计划过程中存在的最大问题就是一厢情愿。它是这样一种思维方式："今天我有两个苹果，如果明天再来一个橙子，我就有三个水果了。"不见得。

试算一下规模。在20世纪80年代中期，世达拥有约500名律师和35%的并购市场份额。在90年代初期，世达拥有的律师数量几乎翻番。问：事务所大幅扩张后，并购市场份额是多少?

答:20%~22%之间。这就是聚焦的数学运用。如果你为了吸引更大的市场进行扩张,你常常不再聚焦于你的核心业务(同时也失去收入)。两个苹果加上一个橙子往往等于两个水果,而不是三个。

老对手华特尔律师事务所(Wachtell Lipton Rosen & Katz)又在世达合伙人的伤口上撒了一把盐。通过继续聚焦于并购业务和保持小规模(仅在两个城市拥有103名律师),华特尔将利润维持在很高的水平。在世达合伙人平均利润降到69万美元那一年,华特尔合伙人平均利润达135万美元。

好莱坞明星的聚焦

华尔街的原则也适用于好莱坞。不断反复扮演同一种角色的演员经常变成巨星。如果宝马是终极汽车,那么约翰·韦恩(John Wayne)就是终极牛仔,玛丽莲·梦露(Marilyn Monroe)就是终极性感偶像,而克林特·伊斯特伍德(Clint Eastwood)则是坚强沉默的终极典范。

大体上,好莱坞巨星都很专业化。他们扮演自己,简化自己的工作并大把赚钱。就像萨拉·泰勒(Sara Taylor)曾经对女儿伊丽莎白说的那样:"(话剧)演员朝不保夕,而电影明星什么都有。"

亨弗莱·鲍嘉(Humphrey Bogart)总是扮演亨弗莱·鲍嘉。凯瑟琳·赫本(Katharine Hepburn)总是扮演凯瑟琳·赫本。同样还有加里·格兰特(Cary Grant)、弗雷德·阿斯泰尔（Fred Astaire）和几乎每一位以前的超级巨星。聚焦让他们功成名就，聚焦让他们长盛不衰。

下一代的超级巨星追随着韦恩、梦露、鲍嘉、赫本、阿斯泰尔和格兰特的足迹。他们也正在通过扮演自己而成为大明星：西尔维斯特·史泰龙（Sylvester Stallone）和阿诺德·施瓦辛格（Arnold Schwarzenegger）是终极硬汉，布鲁斯·威利斯（Bruce Willis）是终极自作聪明的人，朱莉亚·罗伯茨（Julia Roberts）是终极美人。

如果一个大男子气概的电影明星扮演相反的"类型"，会怎么样？你看过电影《威龙二世》（*Junior*）中怀孕的施瓦辛格吗？还有喜剧《母子威龙》（*Stop! or My Mom Will Shoot!*）中胆小的史泰龙？很少有人看过。

就像一个电台脱口秀主持人说过的那样："要是西尔维斯特·史泰龙手上没有AK-47，我可不想看他的电影。"

并非每个人都那么想。跟美国企业界一样，好莱坞也有人故意"淡化"他们的特征，目的是拓宽他们的戏路，避免模式化。因此梅尔·吉布森（Mel Gibson）出演了《哈姆雷特》。

强势的威廉·莫里斯经纪公司（William Morris Agency）的阿诺德·瑞夫金（Arnold Rifkin）这样形容他的客户布鲁斯·威利斯："不幸的是他被归类了、被定位了，而电影工业的梦想家们最喜欢的事情大概莫过于此。"因此威利斯穿着兔子服装出演《浪子保镖》（*North*），一部票房超过7 200万美元的电影。

据瑞夫金说，威利斯准备以极低的片酬出演一些电影，明显为了拓宽他的戏路，避免被固定为一个强硬的自作聪明者。（我们不要被归类为只是一家并购律师事务所，弗洛姆先生。）

在生活中的其他许多领域，发展并拥有聚焦优势可能成为成功的巨大动力。在政治上，罗纳德·里根（Ronald Reagan）成为"伟大的沟通者"。在运动上，巴贝·鲁思（Babe Ruth）是过去的"全垒打苏丹"，而彼得·罗斯（Pete Rose）是现在的"击球王"。在音乐上，梅尔·托尔梅（Mel Torme）是"像天鹅绒般的雾霭"。

在商业上，汤姆·彼得斯（Tom Peters）有"卓越"[一]，迈克尔·哈默（Michael Hammer）有"企业再造"[二]，菲利浦·克劳士比（Philip Crosby）有"质量"[三]，乔尔·思腾恩（Joel Stern）有"经济增加值"，乔尔·巴克（Joel Barker）有"模式转移"。

在公司董事长中，斯科特纸业前CEO阿尔·邓拉普（Al Dunlap）是一个"转向专家"。在媒体报道和研究员报告中，"来一个邓拉普"是闪电般地让公司转向的简短表达。

聚焦是一种艺术，它包括谨慎选择公司业务范围并努力让公司归类。聚焦不是需要避免的陷阱，而是需要实现的目标。不要让愚蠢的批评转移你的目标。

[一] 他的著作《追求卓越》被称为美国工商管理圣经。——译者注
[二] 他被誉为企业再造之父。——译者注
[三] 他被美国《时代》杂志誉为"一代质量宗师"。——译者注

如果你是一名好莱坞的明星，一位华尔街的杰出人物或者是一名公司主管，很难让你接受单一风格的做法。你何苦用多重风格给自己增加负担呢？

在生活中或在商场上，谨慎选择、细心雕琢的聚焦优势将带给你无与伦比的成功。

FOCUS

第 10 章

应对转变

每一种公司策略迟早都会受到转变的侵蚀：技术转变、社会转变和潮流转变。管理的艺术就是预见这些转变并使公司与新的未来保持一致。

这不同于为了转变而转变。几乎每一家陷入困境的大公司都因为转变得不够快而受到批评（IBM、DEC和西尔斯公司是典型案例）。

但是，它们的错误不在于转变的速度，而在于转变的方向。比方说，它们可能变得太快，来不及认真考虑方向。

技术转变让公司进退两难。你是抗拒转变还是跟随潮流？

商业书籍中到处都是那些因为抗拒潮流而一败涂地的公司的案例。很显然，在转变发生时，公司必须调整策略以适应转变。要做到这一点，有五种基本方法。通常其中四种有效，一种无效。

应对转变的五种方法是：①一脚踏两船；②两脚踏新船；③留在旧船；④踏上新船并改名；⑤分乘两条船，名称也分开。

那么，五种应对转变的方法中哪一种效果最差？（提示：它也是最流行的一种方法。）

一脚踏两船

这就是最流行也是效果最差的应对转变方法。不难看出为什么"一脚踏两船"这么流行，因为它历史悠久。"我们会同时提供新技术产品和现有产品，供消费者选择。"

高层管理人员经常将提供多种选择视为保障消费者利益。此外，管理层接受这种全系列观点由来已久。1960年，西奥多·莱维特（Theodore Levitt）在《哈佛商业评论》（*Harvard Business Review*）上发表了他的经典文章《营销短视症》。莱维特有力地指出了采取"一脚踏两船"策略的根本原因。

"在客运与货运需求下降时，铁路不是停止发展，而是继续发展。如今铁路陷入困境，不是因为其他交通方式（开汽车、卡车，搭乘飞机甚至打电话）满足了市场需求，而是因为铁路本身满足不了需求。它们的客户被其他交通方式抢走，因为它们认为自己做的是铁路业务而不是交通业务。它们之所以错误定义自己的行业，是因为它们只重视铁路却不重视交通。"

假设20世纪30年代最大的铁路公司和纽约证券交易所

最有实力的蓝筹公司——纽约中央铁路公司发起设立了纽约中央航空公司。

这家公司同时提供铁路与航空服务，最终结果是什么？选择可能对客户有好处，但对公司没好处。同时提供铁路与航空服务的最终结果，就是使公司失去了聚焦。

但优势不会马上消失。潜在顾客认为："纽约中央是一家好公司，因此它的服务一定不错。"但这种不错只能短期维持。

长远来看，潜在顾客会转向专业服务提供商。潜在顾客会认为："美国航空一定比一家铁路公司更了解航空服务。"于是客户开始从铁路公司转移到航空公司，即从纽约中央公司转移到美国航空公司。

还有一种心理方面的变化。当客户发现一种技术转变出现了，他们会觉得换一家公司或换一个品牌更放心。

如果家庭收入显著上升，客户想换一所更大的房子，他们很少会在同一个社区买房或建房，而是倾向于搬到一个"更贵的"社区。

如果他们有一辆雪佛兰轿车，他们很少会换一辆更贵的雪佛兰轿车，而是倾向于另外买一辆奥兹莫比轿车、一辆别克轿车或选择一个更贵的品牌。

如果客户从精神上追求这种转变，那么换一家公司买东西就强化了这种追求。在发生技术或经济转变时，更是如此。

客户不想从复印机公司买计算机，不想从摄影公司买数码照相机，也不想从廉价手表公司买高价手表。

可悲的是，很多公司试图在过去和未来之间持观望态度，它们往往两头落空。这不是产品问题，而是认识问题，这是一个重要的区别。很多公司相信关键在于开发一种优良的产品或服务，在于质量定理。事实上，它们可能赢得质量战却输掉心智战。

当施乐看见计算机快速发展时，它是复印机行业的巨头，因此它试图进入计算机市场，但用的是复印机的品牌。

在花费数十亿美元之后，该公司明智地回归复印机业务。对施乐来说这也不错，除非它有勇气给自己的计算机产品一个新的名字。（方法5：分乘两条船，名称也分开。）

事实上，施乐比IBM提前几个月推出个人计算机，本来可以抢占先机。但施乐发布的产品被大规模的IBM个人计算机宣传和施乐的复印机形象淹没。复印机公司懂什么计算机？

伊士曼柯达是摄影行业巨头，但市场慢慢转向电子产品。摄影爱好者和纪录片摄制者曾经是8毫米和16毫米电影胶片的重要市场，现在几乎都是录像带的天下。

电视商业广告仍然用感光胶片拍摄，然后用录像带编辑播放。好莱坞电影用胶片拍摄，卖给电影院，并把电影录像带卖给录像带出租店和商店。有些电视节目仍然用感光胶片拍摄，但用电子录像带编辑和播放。每年都有越来越多的电视节目只用录像带拍摄和播放。

"弥尼，弥尼，提客勒（Mene,Mene,Tekel）……银盐

摄影术。"墙上的笔迹说化学摄影术的日子屈指可数。○

化学摄影术的最后主要阵地是35毫米照相机。佳能、卡西欧（Casio）、美能达（Minolta）、柯达和其他厂家已经推出了数码照相机，这预示着化学摄影术将被淘汰。"数码摄影技术将快速增长，但至少在我的任期内，它不会取代传统摄影术。"来自摩托罗拉的伊士曼柯达新任CEO乔治·费希尔（George Fisher）说。

费希尔在柯达的第一步行动近乎完美。他卖掉了斯特林制药公司、L&F制品公司和柯达临床诊断分部。

费希尔说，公司打算"专门从图像产业链的五个环节分享利润，并在图像采集、处理、存储、输出和传递方面服务于柯达全球市场"。

后来他卖掉了柯达的DIY产品，如明蜡木器染料（Minwax）、汤姆逊水封（Thompson）和红魔油漆（Red Devil），还将伊士曼化工分拆给了股东。短短数年之间，该公司从一个业务高度分散的企业集团转变成为一家紧密聚焦于图像业务的公司。

1992年，柯达收入为200亿美元，其中约一半来自图像业务。三年后，柯达成为一家年收入130亿美元、图像业务占80%的公司。对于一家曾经在《财富》500强排名第18位的公司而言，这一次的转变相当迅速。

○ Mene，Mene，Tekel，Upharsin是《旧约》中预言巴比伦亡国的谶语，大意为："数过，又数过，再称过，然后让你分裂。"——译者注

对于柯达致力于成为"新兴数码摄影领域的行业领导者"这一目标，可能的障碍就是"柯达"这个名字，它的含义是摄影，而不是电子或数码图像。

柯达当然也意识到了这个问题，因此最近为公司的电子业务推出了一个新品牌，即柯达数码科技。

柯达数码科技不是新名称，也不适用于新的产品类别。它是在柯达下面的一个通用名称（数码科技），而柯达的品牌认知正好与数码相反。

如果你想一脚踏两船，最终往往会两头踏空。就像在跳过一条宽沟时，如果你坚持把一只脚放在沟的这一边，就永远跳不到沟对面。

柯达必须放弃那个含义为"化学模拟摄影"的名称，并选择一个含义为"数码电子"的新名称。

当本田想进入豪华车市场时，它没有把自己的豪华车品牌称为超级本田、特级本田或本田汽车科技。它把本田留在沟的这一边，并用"讴歌"品牌跳到了沟对面。丰田的雷克萨斯也一样。

另一方面，王安公司（Wang Laboratories）认为自己可以用现有品牌跳到沟对面的计算机图像领域。该公司曾经用"王安，一家图像公司"作为策略主题。但王安公司是什么？王安公司是一家文字处理公司，在道理上与柯达是一家摄影公司一样。

当 IBM 于 1981 年 8 月推出个人计算机时，桌上就出现了谶语。现在，有一种功能强大、价格低廉的通用个人计算机,能够进行文字处理和其他大量商务工作。弥尼,弥尼,提客勒……文字处理。

事情不会在一夜之间发生。不过,当 IBM 发布个人计算机时,文字处理和文字处理公司的未来就值得怀疑了。当时,王安公司的管理层本来应该一起坐下来讨论,"王安公司下一步做什么?"应该处理什么样的"文字"来代替"文字处理"?

然而,在顺风顺水的时候,很难为将来打算。王安公司在 20 世纪 80 年代初期就是顺风顺水的。在 80 年代前五年,王安公司的收入和净利润的平均增长率都超过了 40%。要是有人鼓起勇气说王安公司需要一个新名称,会怎么样?

弥尼,弥尼,提客勒……省省吧。

到了 80 年代中期,王安公司明显遇到了麻烦。1985 年时收入增长 8%,但销售利润率从 10% 跌至 1%,但王安公司管理层继续坚持他们的文字处理策略。实际上,他们还扩大经营,从而让事情变得更糟。

据《纽约时报》报道,王安公司的策略是"从速记业务进入行政业务,为经理们提供一种最先进的办公自动化系统。它同时拥有计算机、文字编辑、电子邮件和图像设备的功能,全部联入一个网络,经理们只需敲一个键,就可以调用海量信息"。

王安公司董事长约翰·坎宁安(John Cunningham)吹嘘:"我们的办公产品比其他任何公司都多。"但在竞争环境中,往往多就是少,因为"多"意味着你不再聚焦。

在随后的三年中，王安公司勉强维持最低的收入增长和不足 1% 的净利润率。到 1989 年，王安公司撞上了南墙，公司收入零增长并亏损 4.24 亿美元。后来它一直亏损（总计超过 20 亿美元），最后在 1992 年申请破产。

如今王安公司面目全非，硬件业务没有了，它现在是一家软件和服务公司，年收入不到 10 亿美元。

像王安公司这样的大公司在崩溃之前都会有预警信号。就像人到中年得了心脏病，IBM 的个人计算机发布就是一个本来可以让王安公司重新聚焦的预警信号。不做"文字处理"，那做什么？

王安公司的做法是将公司从聚焦于过时的文字处理变成完全不再聚焦。为此王安公司抛弃了自己标志性的文字处理业务，变成了"办公自动化计算机人"。

这当然不是说说而已。为了生产出许多不同的综合产品，包括个人计算机、语言邮件系统以及 WangNet（一种在办公设备之间传送数据、文本、图像和声音信号的专用网络），需要在设计和制造生产方面投入巨资。

一切都是徒劳。正如 IBM 后来学到的那样，如果你打算一劳永逸，最后的结果就是没有结果。脚踏两条船从来都没用。王安公司需要的是聚焦新业务。

柯达也需要新的聚焦。预警信号已经发出，而柯达的第一反应与王安公司的完全一样——"我们将把旧的焦点与新的结合起来"。这一类想法促使柯达影像光盘，一种将传统摄影图像进行电子化存储的方法产生。柯达影像光盘在商业和工业上有一定用途，却是一种失败的消费产品。

DEC也发现自己面临与王安公司相同的处境。但发出预警信号的不是IBM个人计算机，而是20世纪70年代后期崛起的苹果Ⅱ型计算机和家用个人计算机。

DEC忽视个人计算机，因为它有小型计算机。这个发明在1965年随着PDP-8的发布而面世。概念性发明的麻烦之一是你常常会爱上自己的神奇发明，肯定不想放弃它。

DEC创始人和董事长肯·奥尔森说："世界上没有个人计算机。"在好多年里，DEC公司的人都不能使用"个人计算机"这个词。这太糟糕了，有一些词会刺痛他们。

据DEC内部人士透露，在IBM发布个人计算机以前，肯·奥尔森曾经11次拒绝了首家发布一系列商用个人计算机的机会。（有一次我正好在那儿，奥尔森先生说："我不想做第一。只要IBM先发布，我们就可以在性能上战胜它。"）

当DEC终于开始考虑发布个人计算机的时候（1982年5月），它发布的不是一种，而是三种互不兼容的机器（Rainbow, Professional, DECmate），注定会遭到失败。它明显缺乏聚焦。

事业与生活都总会给你预警信号，编剧称之为"伏笔"。从1975年1月DEC推出MITS Altari 8800，到1981年8月IBM推出个人计算机并引发市场繁荣，DEC有六年半的时间。

不过，从犯错误到自食其果有一段时间。凭借热销的VAX系列小型计算机，DEC在20世纪80年代继续生意兴隆。到了 1990 年，DEC 收入达 130 亿美元，刚好不赚不赔。但是，在随后四年里，公司总收入达 550 亿美元，却亏损近 50 亿美元。DEC 的根本错误不是失去了利润，而是失去了聚焦。

另一个脚踏两条船的案例是雅达利（Atari）。雅达利是视频游戏的先驱，公司计划将品牌延伸到计算机领域。詹姆斯·摩根（James Morgan）曾经是菲利普·莫里斯公司的杰出营销主管，1983 年成为雅达利 CEO。他说："雅达利这个名字的优点往往也是它的弱点，它是视频游戏的代名词。"所以在买计算机的时候，"消费者看见这个名称就会想到游戏"。

那是一个问题。怎么解决？摩根说雅达利必须重新定义自己的形象并将业务范围扩大到"电子消费产品"。换句话说，脚踏两条船。根本行不通。

20 世纪 80 年代对于雅达利来说是一场灾难。到 1992 年，雅达利收入 1.27 亿美元，亏损 7 400 万美元。1993 年，雅达利收入仅 2 900 万美元，亏损竟达 4 900 万美元，经营难以为继。

一家公司怎么可能既在计算机方面与康柏、苹果和 IBM 竞争，又同时在视频游戏方面与世嘉和任天堂竞争？应该重新聚焦了。

雅达利在 1994 年的年报中宣布："由于来自更强大的竞争对手的激烈竞争和计算机产品利润缩水，公司决定退出计算机行业并重新聚焦，成为一家交互式媒体娱乐公司。为了努力确保竞争力，公司开发了一套 64 位的系统，取名为'美洲虎'。'美洲虎'在1993年第四季度推出，是目前市场上唯一一款64位的交互式媒体娱乐系统。"（媒体把"美洲虎"称为32位系统，给雅达利带来了信誉问题。）

雅达利最后回到了聚焦单一业务。但是面对世嘉和任天堂的发展势头，可能为时已晚。人们只能推测，要是雅达利坚持聚焦于视频游戏而没有"扩展"到计算机领域，事情可能会如何。

保时捷是证明聚焦威力的又一个案例。保时捷911十分独特，它是市场上唯一一款装有六缸空冷后置发动机的跑车。因此，保时捷很自然地决定用它四缸的保时捷924、保时捷944和保时捷968以及八缸的保时捷928在前置水冷发动机的这条船上踏上一脚。

起初，这些水冷车型获得了巨大成功，特别是相对便宜的保时捷924和保时捷944。

如果托马斯·格雷欣爵士（Sir Thomas Gresham）是一名管理咨询顾问，他可能就会说廉价产品驱赶高价产品，而那正是保时捷遇到的事情。到1986年，保时捷在美国的销量达到最高水平，64%的销量来自便宜的保时捷924和保时捷944。如果花23 910美元就可以买一辆保时捷924，为什么要花63 295美元买保时捷911 Turbo coupe呢？

但格雷欣定律只是在短时间内有效。长期而言，就有人说了：廉价保时捷并非真材实料。

保时捷是什么？后置发动机、空冷、"地狱蝙蝠"运动跑车，其最佳范例是20世纪50年代上市的保时捷356超速者，它是保时捷911的前身。[詹姆斯·迪恩（James Dean）会开保时捷944吗？]

这一类问题的答案永远都一样：我们不能放弃另一条船上23%的销量。

这种想法得出的结论很明显。没有一家公司能够放弃任何一部分业务，于是每家公司迟早什么都会生产。我们在失去焦点的状态中达到极限。

为了让一种汽车或一家公司重新聚焦，你必须甘愿放弃。再来看一看保时捷。早在1986年，保时捷在美国卖掉了8 000多辆核心车型——保时捷911。即使这只占保时捷总销量的27%，聚焦于保时捷911仍然可能是明智选择。

如果保时捷当时这样做了，它在1986年会卖掉多少辆保时捷911呢？买了保时捷其他车型的22 387位顾客中，肯定有一部分人会买保时捷911。也许有2 000人、3 000人或4 000人？如果保时捷当时只卖保时捷911，它在美国可能会卖掉12 000辆。

回到今天，因为马克升值美元贬值，保时捷价格上涨（保时捷911 Turbo coupe现价99 000美元）。如果保时捷坚持聚焦于核心车型保时捷911，它可能卖掉多少辆车？我坚信保时捷911销量将比4 471辆的实际销量多一倍。而且，肯定远远超过5 819辆的保时捷总销量。

没人确切知道。但是有足够证据说明，如果你精准聚焦，短期销量下降，长期销量增长。

当你失去聚焦，短期销量增长，长期销量下降。

这是聚焦争论的关键,也是聚焦为什么这么难的原因。即使有积极有力的长期效应,也没人愿意降低短期销量。

对许多公司来说,当技术出现重大突破时,就需要做出决策。当电池从锌碳电池向更耐用的碱性电池转变时,永备电池公司试图脚踏两条船,即经营永备锌碳手电筒电池和永备碱性电池。

另一方面,马洛里公司(PR Mallory)只推出了一系列碱性电池。新产品聚焦更精准,拥有更强大的名称,被称为"金霸王"。

(两个因素是相关的。聚焦越精准,就有更多机会选择一个强大的品牌名称。一般而言,必须覆盖许多不同产品的品牌名称就会软弱很多。)

事实证明,想用永备品牌脚踏两条船是不可能的。因此永备推出了劲量(Energizer)作为它的碱性电池品牌。但这个名称太渺小,行动也太迟。现在,金霸王碱性电池的销量超过永备锌碳电池和劲量碱性电池的合计销量。

如今,快速的技术转变正在侵蚀许多公司。它们的本能反应就是脚踏两条船,变得过度扩张并失去聚焦。这样做非常简单、非常自然,也非常错误。

比方说,在计算机软件领域,多数大型计算机软件公司用相同的名称和相同的软件进入客户-服务器领域。如果有专业化的竞争对手出现,就会出现问题。

协同效应经常被用来作为进入两个不同行业的理由。"可能今天是两条船,但明天就会成为一条船了。"

基于协同效应的想法，任何一家从事计算机、通信、电话、电缆、娱乐或媒体行业的公司都可以证明，任何电子类的收购都有道理。尽管说得很多，但这些说法极少付诸实施。说出两个行业合二为一的例子？

我没听说过。你听说过吗？

两脚踏新船

这是应对转变的第二种方法。为什么不呢？如果你确信新技术的发展一定会在不远的将来代替旧的技术，为什么不双脚并用跳上去呢？

采用这种策略的一个原因是让你的人集中注意力。如果你保留旧产品，新产品就很难有感染力。员工会不停地左顾右盼，"以防万一"，看看是不是应该撤回去。

1519年，当埃尔南·科尔特斯（Hernan Cortés）在墨西哥尤卡坦海岸登陆准备进军内陆攻击蒙特祖玛的阿兹特克人首都时，他先把船烧掉了。没有了退路，他确信他的人将背水一战。当你双脚踏上新船，也就向你的人传达了一个类似的信息。

1937年，菲利普·莫里斯推出万宝路女士香烟。广告上说"乳白色的过滤嘴，保护你的嘴唇"和"像五月一样温和"。17年过去了，这个品牌的市场占有率不到千分之一。于是在1954年菲利普·莫里斯把万宝路送到了李奥·贝纳广告公司（Leo Burnett）进行重新包装。万宝路不再是女士香烟,从此这个品牌仅供男性。

万宝路的第一个广告中出现了牛仔形象,尽管菲利普·莫里斯聘请的研究机构警告他美国只有3 000个全职牛仔。牛仔不多,但广告达到了目的。

重新打造的具有男性气质的万宝路夺取了2%的市场份额。第二年达到4%。从此,万宝路的香烟市场份额逐渐攀升,到1976年击败云斯顿(Winston)成为美国销量最大的香烟品牌。

贝尔运动(Bell Sport)曾经是美国最大的摩托车头盔制造商,但现在不是了。1991年,贝尔不再生产摩托车头盔,转而专门生产自行车头盔。

贝尔运动的董事长特里·李(Terry Lee)说:"我们必须像激光聚焦那样最有效地使用我们有限的资源。"公司收入和利润均显著增长。1994年,贝尔拥有50%的市场份额,收入1.16亿美元,利润1 050万美元。

GAP是一家销售年轻人服装的零售商,它从销售廉价的、堆起来便宜卖的牛仔相关产品发展成为一家时髦的和物有所值的时尚元素商店。

但有一件事情没有变,那就是目标人群。GAP仍然聚焦于年轻人,但也销售大量商品给较为年长但希望穿得年轻一些的顾客。GAP的收入已经连续十年增长,如今达33亿美元。在过去十年中,平均销售利润率为7.3%,对于零售商而言,这是惊人的业绩。

关键是在机会出现的时候要问问自己:"我们是继续做老

本行还是另起炉灶？"但有太多公司拖着没做出这个决定。它们在尝试新业务的同时不愿放弃原有业务，这样经常导致最坏的结果——在新业务方面没有取得明显进展，而在原有业务方面也失去了信誉。

有一家公司做出了两脚踏新船的大胆决定，那就是英特尔。早在1985年，英特尔决定从存储芯片到微处理器进行战略转移。现在英特尔是微处理器行业领导者。像英特尔这样两脚踏新船的案例，能够找到的不多。

这也不足为奇。做出任何大胆决定的公司都不多。从某种意义上说，这是件好事，不然法律诉讼案件将大为增加。公司的任何战略转移都可能被律师借机告上法庭。

留在旧船

这是应对转变的第三种方法。快速转变对公司有利，这只是一个管理传说。谁说公司必须不停地转变？

培育独特市场地位、让自己鹤立鸡群的一个办法，就是抵制转变。你可能一直生产一种过时的产品，但有时这可能成为一种优势：如杰克·丹尼（Jack Daniel's）的波旁威士忌酒（Bourbon），李维斯的501牛仔裤，Zippo的打火机。

看看棉花、羊毛和丝绸等传统面料在时尚领域相对尼龙、人造丝和涤纶等新型面料所表现出来的强大生命力。如今在商业上颇具吸引力的一种宣传，就是"我们还像从前那样生产"。

Zippo是什么？它是最早的防风打火机，1932年由来自宾夕法尼亚州布拉德福德的乔治·布莱斯德尔（George Blaisdell）发明。Zippo打火机总共卖掉了三亿个，现在仍由布莱斯德尔家族在布拉德福德制造，仍然提供产品终身承诺，"任何Zippo打火机，只要损坏，我们都将免费维修"。

没有塑料的、银的、纯金的和设计师款的Zippo打火机。Zippo也不去追赶丁烷打火机热潮。"在一个不断变化的世界里，"最近的一条Zippo打火机广告这样说，"我们不变。为什么要改变史上最耐用的打火机呢？"

这种保持不变似乎没有影响Zippo的销量。例如在过去八年中，Zippo制造公司的平均年销量增加了20%。

汉堡中的"Zippo"就是白色城堡（White Castle）。由沃尔特·安德森（Walter Anderson）和比利·英格拉姆（Billy Ingram）在1921年创办的这家公司，现在仍然由联合创办人英格拉姆的孙子E.W.英格拉姆三世经营。白色城堡汉堡包仍然采用沃尔特·安德森的方法，放在一层洋葱上蒸制。

白色城堡的牛肉饼被亲切地称为"滑雪者"，它是方形的（便于放在烤盘上），有五个孔（便于一次蒸两面，不用翻面）。

白色城堡的聚焦延伸到特许经营领域。该公司没有特许经营商，所有餐厅都由公司全资拥有。最近一年，白色城堡在美国12个州的290家餐厅收入为3.07亿美元，单店收入达100多万美元，高于哈迪汉堡（Hardee's）、温蒂汉堡

(Wendy's)和塔可钟。(在三明治连锁店中,只有麦当劳和汉堡王的单店收入更高。)

人们在经营上倾向于求新求变,而不是(像 Zippo 和白色城堡那样)聚焦于经过验证的策略并加以完善。公司常常将大量的资源作为投资未来的疯狂赌注,而不去培育已经拥有的金牛产品。它们为了改变而崇尚改变。它们赞同咨询顾问竭力主张的观点,追求创新、创新、创新和改变。正是这种想法导致了可口可乐的新可乐、苹果的牛顿个人数码助理和其他的人为灾难。

酷尔斯犯了同样的错误。在其发展历史中,酷尔斯多数时候是一家经营单一品牌的啤酒公司,那就是酷尔斯宴会啤酒,在科罗拉多州葛尔登酿造,仅在美国西部 11 个州销售。

这个品牌具有产品差异性(生啤)和独特的成分(落基山矿泉水)。它甚至还有一个潜在的优势,每一罐啤酒上都骄傲地印着"美国上等淡啤"。

到 1975 年,酷尔斯宴会啤酒在美国西部 11 个州当中的 10 个州成为销量冠军。(得克萨斯州除外,因为这里销售点比较少。)尽管只在美国西部销售,但酷尔斯是全美第四大啤酒生产商。(仅次于百威啤酒、喜立滋啤酒和蓝带啤酒。)

《纽约时报》热情地将酷尔斯啤酒评为"美国最时髦的啤酒"。克林特·伊斯特伍德和保罗·纽曼(Paul Newman)等名人也喝这种啤酒。

后来,酷尔斯大肆扩张,很快失去了聚焦。首先是地域扩张,酷尔斯进入全美 50 个州销售。然后是品牌扩张,出现了诸如 Killian、Keystone 和 Shulers 等品牌。

然后是品牌延伸。酷尔斯炮制出各种不同口味的啤酒,有低度啤酒、冰啤酒、干啤酒、红啤酒、超级黄金啤酒和无酒精啤酒。每一种啤酒时尚,都有一种相应的酷尔斯啤酒。

此外,酷尔斯还将啤酒生产扩张到科罗拉多州葛尔登以外的地区。1987 年,酷尔斯在弗吉尼亚州艾克顿(Elkton)开了一家包装工厂。这是一个不幸的转变,为聚焦科罗拉多的矿泉水增加了水分,因为它意味着必须用弗吉尼亚的水代替真正的科罗拉多的矿泉水。1990 年,酷尔斯收购了施特罗啤酒公司孟菲斯工厂。

现在,酷尔斯不再是上述 10 个州的销量冠军,也不是任何一个州的领导品牌。在地域、品牌、产品和生产方面的扩张削弱了酷尔斯品牌。换句话说,失去聚焦毁掉了酷尔斯。

酷尔斯本来应该有竞争力。当米勒酿酒公司在 20 年前发动清爽啤酒革命时,酷尔斯已经是清爽啤酒(酷尔斯宴会啤酒的热量低于米狮龙清爽啤酒)。当地人在酒吧里点酷尔斯啤酒的时候,习惯于向服务员要一杯"科罗拉多酷爱"。

酷尔斯有过秘诀,也有过优势。酷尔斯还有亨利·基辛格(Henry Kissinger),他曾经从丹佛将酷尔斯啤酒带到飞机上喝。它唯一没有的就是专心利用这些有利因素。

酷尔斯本来应该挑战销量冠军。米勒酿酒公司的巨额投入为它送上了"淡啤"聚焦优势。酷尔斯是最早的清爽啤酒,本来应该调整市场计划以便利用这一优势。

酷尔斯本来应该是美国啤酒销量冠军。如果酷尔斯专注于最早的"淡啤"品牌,它的销量现在应该是全美第一。这是聚焦理念可能产生的结果。

多数公司必须寻找自己的字眼。其他公司则必须努力让潜在顾客记住它们的字眼。做到这一点时难时易。

有的公司就像酷尔斯公司那样,似乎因为现成的字眼来得太容易而不愿接受。结果那可能是一个代价很高的失误。

踏上新船并改名

这是应对转变的第四种方法。

这种转变的经典案例是哈洛德公司,一家位于纽约州罗切斯特的小型照相纸生产商,它购买了切斯特·卡尔逊的静电摄影术专利权。1958年,该公司改名为哈洛德-施乐公司,准备推出第一台普通纸复印机914。1961年,公司再次改名为施乐公司。

上述从哈洛德公司到哈洛德-施乐公司再到施乐公司的三步改名过程,本来可以简化为两步,花费也更少。但很多公司不愿意给安全的老字号换一个前程未卜的新招牌。(哈洛德创办于1906年。)

聚焦原则强烈建议,过渡性名称不但没有必要还可能有损公司声誉。最好是或者保留原来名称,或者换成新名称。"悬在半空"对所有人都没有好处,只会让人迷惑。

今天的Powersoft公司与施乐公司类似。1974年,米切尔·克茨曼(Mitchell Kertzman)创办该公司时,它叫作计算机方案公司（Computer Solution）。它曾经是一家咨询公司，也为惠普HP 3000开发记账软件。

在惠普1987年淘汰了HP 3000后，计算机方案公司着手寻找新的业务聚焦。CEO克茨曼与戴维·利特瓦克（David Litwack）一起决定专门从事客户－服务器软件工具开发。

1990年，计算机方案公司改名为Powersoft，准备推出其第一个客户－服务器应用软件工具PowerBuilder。对公司产品的需求强劲让公司于1993年上市。

1994年，赛贝斯公司（Sybase Inc.）用价值9.04亿美元的股票收购了Powersoft。该公司的战略转移获得了不错的回报。

管理层对于公司换名在认识上存在误区。多数经理认为换名很难成功，然而，如果措施得当，成功换名并不难，并可能带来惊人的效果。

1971年10月，沃纳·埃哈尔（Werner Erhard）在旧金山的马克·霍普金斯酒店开始他称之为"EST"（埃哈尔研讨培训）的系列研讨课程。从那以后，"EST"很快成为敏感性领域最热门的活动。

五年以后，有83 000名"EST"课程培训生每人花60小时（和250美元）体验了按照埃哈尔的方式"改变你的生活"。

20世纪90年代初期，在旧金山湾区开始出现批评性的报道，"EST"走到了尽头。这些报纸详细报道了埃哈尔的坏脾气，包括殴打妻子和骚扰他的孩子。最糟糕的是在1991年

3月3日,哥伦比亚广播公司在《时事60分》节目的部分时段访问了他的三个女儿,她们声称受到虐待。(埃哈尔否认。)

《时事60分》播出一个小时之后,埃哈尔就完蛋了。你也许认为沃纳·埃哈尔公司也无可救药了。事情并非如此。被毁掉的是人名,而不是公司。在哥伦比亚广播公司的节目播出前,埃哈尔意识到可能的节目内容,于是将他在沃纳·埃哈尔及合伙人公司的资产卖给了公司前员工,并移居哥斯达黎加。

公司的新名称是地标教育公司(Landmark Education Corporation)。现在地标教育公司生意兴隆,在世界各地有40个分支机构,年收入约4 000万美元,每年有6万人参加它的课程。它比过去的埃哈尔公司更大。因此,成功改名是有可能的。事实上,改名可能是应对严重公关事件的唯一可靠方案。

但是,如果一家公司试图改变其核心业务却不改变公司名称,它常常会遇到麻烦。

在这方面,国家收银机公司(National Cash Register Company)是一个好例子。该公司一度拥有90%的收银机业务。但收银机走上了打字机的老路,越来越多的微型计算机代替了收银机。于是国家收银机公司进入计算机业务,并于1974年改名为NCR公司。

将名字改为首字母缩写就像没改名一样。人们说着"NCR"但想着"国家收银机公司"。NCR需要一个有"计算机"含义的名字(国家计算机公司或NCC可能是一个简单选择)。和王安公司一样,NCR 处于一个虚幻的世界,它对产品的认识和它的名字都过时了。

由于找到自动柜员机这样的利基市场以及庞大的海外市场(占 NCR 一半收入),NCR 保持赢利。公司明智地避开了大型计算机业务。NCR 没有聚焦也没有明确的公司名称,前程渺茫。在 1990 年被 AT&T 贸然收购之前,NCR 的绰号是"国家崩溃"(National Crash)。

分乘两条船,名称也分开

这是应对转变的第五种方法。如果一家公司不能或不想放弃现有业务,却仍想涉足新业务,最好的办法就是用一个新的公司名称。

李维·斯特劳斯(Levi Strauss)是世界上最大的品牌服装生产商,年收入超过 50 亿美元。它的宗旨表明了公司对李维斯名称的依赖,"李维·斯特劳斯公司的使命是在李维斯品牌下销售牛仔裤和精选休闲服装,保持赢利与尽责的成功商业形象"。

李维斯近年来最大的成功是 1986 年推出的码头工人(Dockers)系列休闲服装。现在,仅码头工人品牌在美国的收入就超过 10 亿美元(批发)。

李维·斯特劳斯的成功机会来自在办公场所休闲着装的潮流。零售咨询公司 NPD 集团报道,几乎 90% 的消费者时常穿休闲服装上班。74% 的雇主允许员工着装休闲,星期五休闲着装政策在办公室最受欢迎。

公司有大量证据表明李维斯这个名称属于牛仔裤,在休闲服装领域肯定不会成功。1979年,李维·斯特劳斯吹嘘说公司将成为主要的运动服生产商,将有一系列新的李维斯运动服产品,包括滑雪服和保暖套装上市。推出之后三年,新的系列产品只创造了900万美元收入。

然后在20世纪80年代中期,公司推出了李维斯品牌男士西装。"李维斯工作服"没有产生多大影响并很快退出市场。还曾经有过李维斯鞋、帽和行李箱。《商业周刊》评论说:"公司高层严重高估了李维斯品牌的影响力。"

品牌只有在其资质背景下才具有影响力。如果离开了各自的背景,如果失去了聚焦,它们也就失去了影响力。在一个品牌上挂靠的产品和服务越多,它的聚焦优势就会越少,其影响力就会变得越小。

当劳力士打算卖一种比较便宜的手表,它没有将其称为小劳力士,而是把新产品命名为帝舵(Tudor)。

IBM是世界上最具影响力的计算机品牌,但"蓝色巨人"在家用计算机市场没有影响力。尽管IBM花费了数十亿美元推广其家用个人计算机,但产品销路仍然不畅。商用计算机是一条船,家用计算机是另一条船。

苹果的苹果Ⅱ型系列产品在家用市场的地位举足轻重,但市场转向商用计算机。于是苹果推出了麦金塔(Macintosh)。苹果是家用计算机,麦金塔是商用计算机。

两条船就要有两个不同的名称。

FOCUS

第 11 章

分而治之

数十年的合并、兼并、敌意收购与联盟创造了许多错综复杂的企业怪物。如何让这些庞然大物聚焦？

就概念而言，这并不复杂。你只需分拆其中的一些业务，分而治之，但说易行难。

问题是公司高层想的是什么？对于多数企业管理人员来说，规模就等于地位、权力和精神满足。

即使在 IBM 亏损数十亿美元的时候，约翰·艾克斯仍然是一家收入 600 亿美元大公司的 CEO，而不是收入 80 亿美元小公司的 CEO。通用汽车亏损 230 亿美元那一年，它仍然是排在美国工业企业《财富》500 强榜单首位的公司。

理论上说，分拆只是另一种管理工具，在某些情况下有用，在另一些情况下没有用。但事实上，分拆受到强烈的抵制。有多少 CEO 会自愿放弃他们一半的工作、一半的权力和一半的精神满足呢？没有多少。虽然都在谈论利润，但多数财务考量和报表都是以收入为中心的。

实际上，多数公司是由内部的经理而不是外部的董事会经营的。管理层看重的是规模而不是利润，除非CEO真正成为由独立董事会指挥的职业经理人，他们知道黄油在面包的哪一面。

分拆正成为趋势

不过，抵制分拆的情况正在发生变化。《华尔街日报》1995年6月15日报道："企业分拆势头加快，其动力来自投资者要求体现公司的隐藏价值，来自税收优惠，也因为有证据表明，分拆后母公司和新公司的股票跑赢大盘。"

引出《华尔街日报》这篇分拆报道的是两天前的一则公告。这是一个企业历史上的转折性事件。在这一天，ITT董事长兰德·阿拉斯科格（Rand Araskog）宣布，公司计划分成三家独立公司。研究员把这一举动称为自1984年AT&T公司解体以来一次最大的公司资产分拆。

在ITT分拆案发生的1995年，企业分拆交易金额达到创纪录的300亿美元。事实上，过去三年中，每一年的企业分拆交易金额都创造了纪录。（1993年交易额为170亿美元，1994年交易额为270亿美元。）

在哈罗德·杰宁一味贪多务得的领导下，ITT成为一家典型的综合公司，一度以一周一家的速度收购公司。在收购巅峰时，ITT有250多家公司。

扩张的理论依据是总体价值超过个体价值之和，而多样化将提供更为可靠的收入来源。这种理论站不住脚。例如从1979~1991年，ITT的股价落后于标准普尔500指数36%。

分拆代表了一种重要的战略转移。兰德·阿拉斯科格在他1989年出版的《ITT的战争》(*The ITT War*) 一书中抨击那些可能导致综合企业衰退的人，他们的做法是通过"拆除或毁坏已经建成的一切"来谋求利润。他说，"他们没有积极的方案，缺乏更好的和更富有成效的经济眼光"。

新的ITT将由三家独立公司组成：ITT哈特福德集团 (ITT Hartford Group)，一家保险公司；ITT工业 (ITT Industries)，一家经营汽车工业、军事工业和电子工业的公司；ITT终点 (ITT Destinations)，一家酒店、赌博、娱乐和信息服务公司。（听上去像是一个积极方案，有希望创造出更好和更富有成效的经济效益。）

三个月以后，AT&T宣布将分成三家独立公司：一家聚焦于通信，一家聚焦于通信硬件，一家聚焦于计算机。"AT&T的重组与规模无关，"公司宣布，"而是缘于聚焦、速度和巨大的商机。"

迈克尔·波特在评论AT&T的公告时指出，"我们不断反复地学到一点，就是聚焦胜过多样化和复杂化"。

又过了四个月，发生了邓白氏公司 (Dun & Bradstreet) 交易案。这家收入达50亿美元的信息服务巨头将分成三家上市公司。"在走向新世纪的时候，我们相信成功的模式就是聚焦与速度。"公司 CEO 罗伯特·威斯曼说。

分拆的市场表现常常不错。J. P. 摩根（J. P. Morgan）研究了从 1985～1995 年的 77 件分拆案例，结果表明在交易之后的 18 个月内，这些公司股票平均跑赢大盘 20% 以上。

通用汽车与多佛的故事

另一个引人注目的分拆公告是通用汽车将电子数据系统公司（Electronic Data Systems，EDS）分拆为一家独立公司。

当通用汽车 1984 年从罗斯·佩罗特手里买下 EDS 的时候，这是一笔很棒的交易。首先，EDS 几乎没有竞争者而且市场快速发展。今天就不同了。出现了一大群竞争对手，包括 IBM、DEC、优利公司和计算机科学公司（Computer Sciences）。

此外，计算机服务行业正面对从大型计算机向客户－服务器转变的技术挑战。成为一家独立公司以后，EDS 将能够更好地应对这一转变。

随着综合企业一窝蜂地分拆关联性不大的业务分部，自然就会出现一个问题：综合企业有可能发挥作用吗？

当然有可能，只要配合杰出的执行并花费巨大的精力，甚至是有缺陷的策略也会发挥作用。ITT 在早期也是成功的。然而，随着综合企业的发展，它就成了飞轮效应的牺牲品。轮子越大，边缘的速度就越快，出现问题的概率也就越大。

比较一下ITT公司(《财富》500强排第23位,1994年收入240亿美元)和多佛公司(Dover Corp.,《财富》500强排第361位,1994年收入30亿美元)。多佛公司有45家经营公司从事70种不同的业务,从电梯和垃圾车到阀门和焊枪。

多佛公司是一家典型的综合企业。但在过去十年中,公司一直保持近20%的股本回报率,平均年度股东总回报率接近14%。

综合企业在过去有用,在将来还会有用吗?可能性不大。在多佛公司发展壮大的同时,飞轮上开始掉落东西了。

过去标准的经营方式就是多样化经营并形成综合企业,已有的综合企业因为专注于过去的业务而从中受益。适用于电梯和垃圾车行业的经营方式,未必适用于计算机和软件行业。

如果你观察多佛公司这样的企业,你会发现它们的竞争对手多数也是综合企业。如果一个行业中竞争者都是综合企业,赢家当然也是综合企业。

只有当专业化公司有机会与综合企业竞争时,你才会看到专业化公司的价值。如果没有专业化公司,那么所有赢家都将是综合企业。

通用电气面临分拆

成功的综合企业可能也强调成本控制和高效的员工管理。尽管多佛公司有22 000名员工,公司总部却只有22个人。

换句话说，成功的综合企业强调执行，这是它们唯一区别于其他综合企业的地方。

这就产生了一种错误看法，认为成功全都来自执行，而与战略无关。如果真是那样的话，你也可以采取规章制度、团队意识、全面质量管理和努力工作等办法让任何公司好转起来。

"只有那些最富有成效的公司才会成功，"通用电气公司的杰克·韦尔奇说，"只要你不能以全世界最低的价格出售最高质量的产品，你就会出局。"

通用电气是世界上最成功的综合企业，居《财富》500强第5位，年收入647亿美元，利润47亿美元。通用电气也是在世界上被模仿得最多的一家公司，咨询顾问和企业领导者如饥似渴地学习它的管理经验。

但通用电气有两点难以复制：第一，公司创立于1878年；第二，通用电气是美国最著名和最受尊敬的品牌。（这两点互相关联，品牌需要很长时间才能被人们熟悉。）

因此，对于一家不知名的新公司，通用电气可供模仿的地方只有标杆分析、能力测验和公司提倡的其他管理技巧，而这些远远不足以给新公司带来成功。

此外，与通用电气竞争的公司大多是综合企业。在飞机喷气发动机方面，通用电气与联合科技公司（United Technologies）竞争，这是一家拥有普惠发动机（Pratt & Whitney）、奥的斯电梯（Otis elevators）、开利空调（Carrier air-conditioning）等业务分部的综合企业。在内燃电力机车方面,通用电气与通用汽车竞争。在电力设备方面,通用电气与西屋公司竞争。

虽然通用电气在过去是成功的,但它的未来并不确定。公司在《财富》500强名单上的排位能继续上升吗?我的感觉是通用电气已经到头了,它只有一条路,就是向下。

虽然通用电气很可能是最后一家采取分拆措施来提高聚焦程度的公司,但分拆可能来得比你想的要早。一个最好的分拆对象就是通用金融公司,其年收入达200亿美元,但与公司的传统制造业务毫不相干。

酒店业的分拆

作为一种聚焦工具,分拆正在加速。对于投资界而言,那些业务分部容易分拆的公司是诱人的"橘瓣公司"。最近就有许多橘瓣公司被分拆。

万豪集团(Marriott Corp.)被分成两家公司:持有与交易酒店房产的万豪服务公司(Host Marriott Corp.)和管理酒店的万豪国际公司。

万豪集团的分拆获得了巨大成功。在1992年宣布分拆时,万豪集团的普通股市值约20亿美元。现在,两家公司共值约60亿美元。

聚焦过程还在继续。分拆以后,万豪服务公司卖掉了大部分的廉价酒店和14个养老院,据报道收回现金3.2亿美元。它还卖掉了114家万豪仙境客栈(Fairfield Inn),以及54家万怡酒店(Courtyard of Marriott)中的21家,这些酒店大部分继续由万豪国际公司管理。最近万豪服务公司宣布将分拆机场和收费公路的特许经营业务。

万豪服务公司的所有举措都是为了聚焦于收购豪华酒店的策略。这应该是一个成功的策略，唯一缺少的就是一个有助于区别两家万豪公司的新名称。

也是在酒店业，普罗姆斯公司（Promus Companies）一分为二，将酒店业务分拆为独立的普罗姆斯酒店公司。赌场业务继续由哈拉斯娱乐公司（Harrah's Entertainment Inc.）负责。（市场欢迎这一举措，不到三个月时间，普罗姆斯股价上涨了50%。）

这一分拆非常有意义。普罗姆斯酒店公司变成四家连锁酒店的母公司：大使套房酒店（Embassy Suites）、汉普顿旅馆（Hampton Inn）、霍姆伍德套房酒店（Homewood Suites）和汉普顿套房旅馆（Hampton Inn and Suites）。哈拉斯娱乐公司变成美国最大的连锁游乐设施的母公司。

哈拉斯娱乐让人兴奋。在其他游乐公司建造房地产时，哈拉斯娱乐打造了自己的品牌。当美国各州慢慢意识到人们喜爱赌博这一事实的时候，赌博业已经成为美国的全国性产业。

哈拉斯娱乐在美国的经营范围令人吃惊。公司在内华达州、新泽西州和科罗拉多州有八家赌场酒店。还有四家游轮赌场在伊利诺伊州、路易斯安那州和密西西比州。此外，公司还与明尼苏达州、亚拉巴马州、缅因州和亚利桑那州的印第安人签署了开发协议。

如今有 500 多万人持有哈拉斯娱乐的金卡，同时公司每年新增 50 万顾客。由于赌场酒店经营集中在一家公司，哈拉斯品牌的未来无限光明。

作为该业务领域的主导品牌，哈拉斯娱乐拥有强大的金融和政治实力，足以在这一逐步扩大的市场上占据最大份额。

获得成功的最佳方法就是抢占先机并成为该行业的领导者，然后在行业起飞时坐上火箭直冲云霄。赫兹的租车业务，嘉信理财的折扣经纪业务，布洛克税务的所得税业务，以及哈拉斯娱乐的赌场业务，都如出一辙，前途无量。

年收入 15 亿美元的希尔顿酒店公司跟随普罗姆斯的脚步。1995 年 5 月，希尔顿宣布将酒店和赌场业务分成两家独立公司。这非常明智。酒店为希尔顿提供 41% 的收入，赌场酒店提供 59%。聚焦在哪里？

此外，酒店与赌场酒店看上去可能一样，但经营方面并不相同。酒店希望在食品和其他服务方面盈亏平衡，并在客房服务方面赚钱。赌场酒店希望在客房服务和食品方面盈亏平衡，并在老虎机和赌桌上赚钱。

这两者之间的巨大差异可能导致在经营管理和员工调配方面的努力遭遇失败。

贝里娱乐公司（Bally Entertainment）是另一家经营赌场酒店并宣布分拆主要业务的公司。贝里是美国主要的健身俱乐部经营商，拥有约 340 家健身中心，同时也是主要的赌场酒店经营商，拥有三家赌场酒店和一家河畔赌场。

健身中心和赌场酒店的收入几乎相等，这种收入结构肯定会导致问题出现。(贝里想做什么?既锻炼身体又锻炼钱包?)

贝里的问题很多。大贝里公司(Bally's Grand, Inc.)是它在拉斯维加斯的酒店管理公司,该公司处于破产边缘。近年来,贝里收购了主题乐园业务和游戏机生产业务,然后又卖掉了。

一家神经兮兮的公司很少拥有健康的财务状况。在过去十年间,贝里娱乐公司的总收入为158亿美元。很不错,但没有利润。事实上,贝里在这十年中亏损2.65亿美元。

很快,该公司将分为贝里健身与网球公司和贝里娱乐公司。

对比一下马戏团赌场酒店(Circus Circus Entertprises)和贝里娱乐公司。1974年,威廉·班尼特(William Bennett)和威廉·彭宁顿(William Pennington)买下了拉斯维加斯的马戏团赌场酒店。当时这家赌场酒店缺乏聚焦。酒店一半以上的房间租给很少赌钱的旅行团,赌场大厅举行嘉年华,还有一头大象在玩老虎机,而赌场就在这种气氛中努力吸引真正的赌徒。

班尼特和彭宁顿将公司的经营方向转为吸引价值型家庭。(这是拉斯维加斯第一家将经营范围缩小到低端市场的赌场酒店。)它提供合理价格的房间和食品,取消赌场免费筹码,并减少对旅行团顾客的依赖。它还减少了免费服务,包括提供给豪赌者的免费房间和免费食品。

这种方法非常成功,于是公司又在里诺开了第二家马戏团赌场酒店。目前,公司经营着六家马戏团赌场酒店,全都在内华达州,还有两家在拉斯维加斯的较小赌场。这种严格聚焦应该在财务状况方面带来回报,也确实带来了回报。

与贝里在十年间收入158亿美元却亏损2.65亿美元相反,马戏团赌场酒店收入仅57亿美元却盈利7.3亿美元。马戏团赌场酒店与贝里区别在哪里?两个字——聚焦。

化学品业的分拆

除了赌场行业,化学品行业也有许多分拆案例。化学品常常是石油的副产品,广泛用于生产其他产品。将化学品与石油、天然气或制成品进行垂直整合,对很多公司而言是一种无法抗拒的诱惑。

杜邦公司(Dupont)在1981年以78亿美元收购康诺克石油公司(Conoco Oil Company)就是一个考虑欠周的例子(在杜邦内部称为"杜邦诺克")。有许多金融研究员致电杜邦这家美国最大的化工公司,希望它分拆康诺克,但迄今都未能成功。但逻辑是必然的,在战略上,石油和化学品不兼容。

感光胶片与化学品也不兼容。1993年最后一天,伊士曼柯达公司将其年收入40亿美元的化学品业务分拆成立伊士曼化学公司。成立于1920年的伊士曼化学本来是柯达附属的化学品供应商,近年来,对于债务沉重的柯达而言,作为金牛的伊士曼化学显得更重要了。

伊士曼化学作为独立公司"对于柯达股东而言,显然可以增加更多的价值",伊士曼化学现任CEO小欧内斯特·迪文波特（Earnest Deavenport Jr.）说，分拆应该不会影响伊士曼化学的经营。柯达收入仅占该公司的 7%。

迪文波特是对的。分拆以后，伊士曼化学连续两年的年度利润增长率都超过 60%。

合乎逻辑的下一步就是改名。既然伊士曼现在的含义是"化学品"，那么伊士曼柯达公司就应该改名为柯达公司。

陶氏化学公司是美国第二大化学公司，它也对自己进行分拆。1992 年，陶氏化学将其在一家油田服务公司的股份卖给了合作方斯伦贝谢公司（Schlumberger）。1993 年，陶氏化学以 2 亿美元将其位于得克萨斯弗里波特的炼油厂卖给了菲普诺能源公司（Phibro Energy）。但陶氏化学最大的分拆行动是转让其处方药和非处方药卫生保健业务。[马里昂－梅瑞尔陶氏公司（Marion Merrell Dow），陶氏化学拥有 72% 的股权。]

马里昂－梅瑞尔陶氏公司于 1989 年被陶氏化学以 77 亿美元收购，然后被卖给世界上最大的化学公司赫斯特公司（Hoechst AG）。赫斯特随即将公司改名为赫斯特－马里昂－罗塞尔公司（Hoechst Marion Roussel）。化学公司为什么要买制药公司？如果它对陶氏化学没有用，对赫斯特又有什么用？

另一家做过同样事情的化学公司是格雷斯公司（W. R. Grace），它是美国最大的特种化学品公司。格雷斯公司也通过子公司，美国最大的肾脏透析服务供应商国民卫生保健公司（National Medical Care）在医疗业务领域插了一脚（实际是一个肾)。1995年6月,格雷斯公司宣布,计划分拆这家年收入19亿美元的子公司。该公司收入和利润分别占格雷斯公司收入和利润的37%和43%。

在分拆国民卫生保健公司以后,格雷斯公司表示,公司在"战略上、经营上和财务上"将更加强大。

非常正确,但这需要很长时间。为了租船从事鸟粪生意,威廉·R.格雷斯(William R. Grace)于1854年在秘鲁创办这家公司。格雷斯公司的业务从航空到银行、煤炭、可可、石油和天然气、体育用品和墨西哥食品无所不包。141年以后,格雷斯公司终于有了聚焦。

分拆可以免税。格雷斯曾经考虑卖掉国民卫生保健公司,但这样将使公司负担巨额资本增值税,估计高达10亿美元。(在免税分拆中,母公司向股东分配至少80%股权作为分红。股东和公司都不需要缴税。)

税法鼓励公司分拆盈利公司和卖掉亏损公司。分拆盈利公司可以免税,而出售亏损公司可能产生的资本损失,可以用于将来抵消资本增值。从股东的角度来看,这种安排也是合理的,因为它反映了投资最基本的原则:留下赚钱的,卖掉赔钱的。

与此同时,英国的一家化学公司决定将自己一分为二。帝国化学工业公司(Imperial Chemical Industries, ICI)将其制药和特殊化学品部门分拆为一家新的公司,名叫捷利康(Zeneca)。

捷利康分拆案是ICI历史上的里程碑。ICI作为一家传统的综合企业发展了60年,直到(在某种程度上)成为英国最大的公司和世界第四大化学公司。

但公司利润微薄,股价表现不佳。例如,从1980~1991年,ICI股价上涨230%,而同期伦敦股票综合指数上涨了420%。

市场对捷利康分拆案报以欢呼。扣除股票发行因素的两家公司的总市值在18个月内上涨了57%,同期富时100指数上涨25%。

在化学公司分拆制药和医疗业务时,制药公司也在分拆其化学业务。瑞士三大制药集团之一的桑多斯公司(Sandoz AG)[另两家是汽巴-嘉基(Ciba-Geigy)和罗氏(Roche)]最近宣布,计划分拆其年收入20亿美元的化学部门。

桑多斯公司表示它将变成一家年收入约120亿美元的以制药为主的公司。不幸的是,它的言行并不一致。桑多斯最近以37亿美元收购了嘉宝产品公司,婴儿食品业务降低了它在制药业务方面的聚焦程度。

导致分拆的原因

寻找容易实现的销量

在当今市场环境下,对于许多尾大不掉、效率低下和管理不善的公司而言,分拆是一种合理的对策。但导致这种状况最早的原因是什么？原因之一是寻找容易实现的销量。

兼并一家居附属地位的客户公司被称为协作、垂直整合或多样化发展，对于很多公司而言，这是一种无法拒绝的诱惑。

这就是为什么福特投资赫兹，通用汽车投资安飞士并获取全美汽车租赁公司（National Car Rental）多数控制权，克莱斯勒收购大家汽车出租公司（Thrifty Rent-A-Car）和道乐汽车租赁公司（Dollar Systems）。这些的确都是规模巨大、利润丰厚的汽车公司附属客户。

例如，通用汽车的代理商每年平均只采购345辆汽车，一家大的汽车租赁公司每年买车数以十万计。（赫兹有21.5万辆汽车，每6～7个月就要换新车。）

又如，1991年，通用汽车向汽车租赁公司销售汽车超过80万辆，大约是其总销量的1/4。如果加上大幅折扣和二手转卖亏损，通用汽车往往在其销售的每辆租赁汽车上最终亏损1 000美元。

还有管理问题。造车与租车是两种不同的业务，很难找到能够轻松应对这种差异的经理人。

通用汽车在1987年收购的全美汽车租赁公司就是一个很好的例子。1992年，通用汽车提取了一笔7.44亿美元的费用，涉及亏损和商誉冲销。1993年，全美汽车租赁公司出现巨额亏损，因此通用汽车打算卖掉它。1995年，通用汽车将全美汽车租赁公司卖给了以大家汽车出租公司的前股东威廉·罗贝克（William Lobeck）为首的投资集团。

面对公司大杂烩,唯一的解决办法就是卖掉或分拆不合适的业务。1995年,通用磨坊公司(General Mills)CEO布鲁斯·阿特沃特(Bruce Atwater)在退休时完成了一项持续14年的工作,使公司只做两种定义明确、聚焦清晰的业务。

1981年,通用磨坊背负着许多零七八碎的业务,如莫奈人造珠宝(Monet),船岸女装(Ship'n Shore),肯纳玩具(Kenner),帕克兄弟棋盘游戏(Parker Brothers),伊索艾迪堡服装(Izod and Eddie Bauer),一家鞋类公司,一家化学公司,去买墙纸公司(Wallpapers to GO)。现在,这些都没有了。

布鲁斯·阿特沃特说:"每次收缩业务,我们的增长都会加速。"

阿特沃特先生最后一次重要的聚焦举动,是把红龙虾餐厅和橄榄园餐厅剥离,成立达登餐厅公司(Darden Restaurants Inc.)。这家公司以红龙虾餐厅创始人威廉·达登(William Darden)命名,年收入达32亿美元,很快成为世界上最大的休闲餐饮公司。通用磨坊则变成一家专业生产切里奥斯麦片(Cheerios)等早餐包装食品的公司,年收入达55亿美元。

现在通用磨坊可以集中精力解决真正的战略问题:如何在中部市场赶上家乐氏公司。通用磨坊在美国的市场份额为27%,与家乐氏36%的市场份额差距明显。如果经理们知道他们只需要打一仗的话,他们的精神就会高度集中。

凯马特公司之所以放弃书籍、体育用品、办公用品和其他特种物品,就是为了集中精力对付它真正的对手——沃尔玛。

保存财务资源

另一个原因是为了保存财务资源。(在凯马特大肆收购的时候,它经常被称为"特洛伊银行",说的就是这家总部位于密歇根州特洛伊的公司愿意为其子公司的扩张计划提供慷慨的资金支持。)

很多分拆和出售发生在金融领域,原因就是数量众多的机构成了那些遍布媒体的金融服务骗局的牺牲品。1981年,《华尔街日报》在一篇社论中夸张地写道:"最后,一家企业巨头就可以满足消费者在银行、保险、投资和信用卡等业务方面的需求。"

但消费者喜欢这样吗?肯定不喜欢。因此,美国最大的人寿保险公司——大都会人寿保险公司卖掉了其子公司、世界最大的地产代理公司21世纪物业公司。就算别人跟你买房子,不见得他们会跟你买人寿保险和意外保险。人们喜欢与专业公司而不是与综合企业打交道。

就算他们跟你买袜子,不见得他们会跟你买股票。1993年6月,西尔斯公司将持股80%的添惠公司分拆给股东。

就算他们跟你买汽车电池,不见得他们会跟你买汽车保险。1995年6月,西尔斯公司向股东分拆其持股80%的好事达保险公司。

作为一家独立保险公司,好事达保险的业务相当不错。

它有聚焦（汽车保险）也有名气，这两点构成了强大的组合。

美国运通对一系列金融业务的沉迷超过任何公司。除了信用卡和签账卡，公司还销售人寿、财产和意外保险，并开展年金、投资基金和金融咨询服务。它还有一家银行，即美国运通银行，在37个国家有81个分支机构。"交叉销售"在美国运通变成了咒语。

美国运通金融超市战略的核心是希尔森－雷曼兄弟公司（Shearson Lehman Brothers），它由两家经纪公司[希尔森－洛布罗兹证券（Shearson Loeb Rhoades）、赫顿证券（E. F. Hutton）]和一家投资银行（雷曼兄弟）合并而成。

但这种战略无效。希尔森－雷曼兄弟公司在1994年被卖掉之前耗光了40亿美元资本。零售经纪业务卖给了泛美公司（Primerica Corporation），也就是现在的旅行者公司（Travelers），雷曼兄弟被分拆为一家独立的投资银行。

不难预料，美国运通的金融危机使管理层无暇顾及签账卡业务。作为第三大信用卡和签账卡经营商[仅次于维萨（Visa）和万事达卡（MasterCard）]，美国运通处境艰难，其市场份额从1990年的25%下降到如今的16%。重振签账卡业务将是一个漫长而乏味的过程。

金融服务闹剧的另一个牺牲品是美国保德信保险公司。保德信几乎是一家终身金融服务提供商，它是美国最大的人寿保险公司、第二大抵押贷款公司、第三大医疗保险公司、第四大证券公司以及第六大家居保险公司。这是一堆没有协同效应的金融服务。

这些服务甚至可能产生负的协同效应。保德信证券1993年的一件丑闻可能使公司花费10亿美元用于客户和解。有研究员认为,这件丑闻导致1994年保德信的核心保险业务下滑了20%。

保德信就像直布罗陀巨岩(Rock of Gibraltar),它是美国最大和最著名的人寿保险公司。要是这块"岩石"仅仅聚焦于人寿保险业务,保德信及其投保人(保德信是一家相互保险公司)的状况是不是会更好呢?

我认为会。任何领域的领导者企业都应该可以创造稳定、长期的巨额利润,而保德信显然不是这样。标准普尔公司的戴维·哈弗斯(David Havens)指出:"该公司的任何业务都没有赚到能够赚到的利润。"

保德信的案例很典型。一家公司为了涉足各种相关业务、寻找子虚乌有的协同效应而忽视了获利良机。回过头来,它发现自己的核心业务出了问题。号角响了,应该"返璞归真"了。

如果一开始就保持聚焦于核心业务,因此随后也不需要修正,这样是否更有意义?

聚焦核心业务

经常会这样。每当管理层将视线离开核心业务并开始追逐协同效应和次要机会时,公司就开始走下坡路了。这种变化可能不会马上显现。问题在变得明显以前,常常会潜伏一段时间。

CEO经常性急地责备负责核心业务的经理:"我受够了,让你的业务见鬼去吧。"于是这位经理被撤换,业务交给了下一位高管。

业务聚焦问题经常貌似人的问题。你无法通过撤换经理来解决聚焦问题。你需要重新聚焦公司的核心观念。你需要把企业的力量集中在主要的战线上。

如果经营只是寻找适当的人来管理公司的各项业务,那么你就会看到由综合企业主导的经济。这种看法大错特错。除了通用电气,《财富》500强榜单上最大的综合企业就是排在23位的ITT,而该公司正在分拆。

你在日本、韩国、马来西亚、印尼和其他国家可以看到由综合企业主导的经济体。这些国家的政府以效率或国家目标的名义干预自由企业制度。随着国与国之间贸易壁垒的消失,你也就可能看见很多这样的综合企业走向灭亡。一家聚焦经营的公司是如此强大,没有一家综合企业可以在公平的竞争环境下与之抗衡。

从利米特公司到美国西部公司(US West),许多公司都已公布了主要业务的分拆计划。

美国西部公司计划分成两部分:美国西部通信集团和美国西部传媒集团。前者将是一家受到政府管制的电话公司;后者将经营有线电视、手机、娱乐和其他非管制业务。

分拆的设计是为了提升股价,但这个理由并不充分,应该是为了加强个别业务聚焦而设计分拆。只要这样做了,股价上涨就会水到渠成。

此外,为了设计一次成功的分拆,你需要为每个公司设计不同的特征。美国西部通信集团和美国西部传媒集团容易混淆。哪一家是电话公司?传媒难道不是一种通信吗?两家美国西部不见得比一家好。

另一家计划进行重大分拆的公司是莱斯利·维克斯纳(Leslie Wexner)的利米特女装公司。目前的计划是分拆为三家公司。

将出现一家女装集团,下属利米特女装、快车休闲女装(Express)、纽约勒纳女装店(Lerner)、亨利·班德尔百货(Henri Bendel)和布莱恩特女装店(Lane Bryant)。母公司将保留分拆后该集团85%的股份。

还有一家内衣集团,下属维多利亚的秘密、酋长(Cacique)、巴斯巴涤天然沐浴(Bath & Body Works)和潘海利根香水(Penhaligon's)。母公司也将保留分拆后该集团85%的股份。

其余所有业务留在母公司,包括阿贝克隆比与费奇休闲装(Abercrombie & Fitch),结构男装(Structure)和利米特少女装。维克斯纳不会撒手不管,他将继续担任三家公司的董事长职位。但这明显是为了给利米特公司无序发展的零售业务带来某种的聚焦。(一度有24个主管直接向莱斯利·维克斯纳汇报工作,这种情况当然不靠谱。)

梅尔维尔公司(Melville)最近也宣布了分拆为三家公司的计划。作为一家拥有11.7万名员工、年收入达110亿美元的零售公司,梅尔维尔实在是又大又复杂,到了再也无法管理的地步。

公司打算将凯比(Kay-Bee)分拆成立玩具公司,将托姆·麦克安(Thom McAn)分拆成立鞋业公司,并保留超值连锁药店(Consumer Value Stores,CVS)作为其核心业务。其余资产和连锁零售店将在厂家公司之间分配。

银行业的分拆

甚至情况良好的公司也通过分拆来改善公司的财务状况。弗吉尼亚最大的印章银行(Signet Banking Corp.)将其信用卡业务分拆成立第一资本金融公司(Capital One Financial Corp.)。印章银行是美国排名第38的银行控制公司,年收入14亿美元,财务状况非常健康。自1963年以来,该公司一直派发普通股股息。

这是一个分拆两项非常相似业务(银行和信用卡)的案例,目的是建立两家聚焦更强的公司。(美国运通请注意。)在这一案例中,信用卡业务为母公司创造了2/3的利润,但它也消耗了银行发展壮大的资源。

"信用卡业务发展太快了,"公司董事长罗伯特·弗里曼(Robert Freeman)说,"我们投入了所有的人力和财力。"用所罗门王的办法将银行一分为二,结果双方受益。⊖

⊖ 出自《所罗门的审判》。面对两个都自称孩子母亲的女人,所罗门王提出将孩子一分为二,结果孩子的亲生母亲为了保全孩子的生命而选择放弃。比喻使用计谋来智慧地判断真相。——译者注

作为美国最大的信用卡发卡公司,第一资本金融可以利用其高速增长和可能的高股价通过金融市场获得更多资本。印章银行可以在没有信用卡公司分散财力和人力的情况下,专心发展核心银行业务。

印章银行的成功分拆让精明的投资者有信心敦促其他银行采取类似行动。比方说,共同基金经理迈克尔·普莱斯(Michael Price)买进了大通曼哈顿银行(Chase Manhattan Bank)6%的股票后马上提出,大通曼哈顿银行的各项业务加起来可能比整个公司更有价值。

作为一家货币中心银行,大通曼哈顿银行已经落后于它的大城市竞争对手。十年前,大通曼哈顿银行曾经是美国第三大银行,现在它掉到了第六位。

大通曼哈顿银行的资产在过去十年增长了40%,这说明大通曼哈顿银行甚至没有跑赢同期上涨42%的消费者物价指数。迈克尔·普莱斯的提议很有道理。要是大通曼哈顿银行分拆部分业务,它可能增长得更快。

大通曼哈顿银行首席财务官阿尔琼·曼斯拉尼(Arjun Mathrani)的本能反应是:"整个公司的价值大于各项业务之和。"那可能不对,只是可能。也许这么多年以来,银行的经营哲学一直是不合理的。

也许像大通曼哈顿银行这样的金融中心银行应该不用再去吸引从小额存款人到最大机构的所有客户,也不用再去从事各种其他业务,包括货币交易和证券保管。

经历了十年业绩不佳之后,大通曼哈顿银行最近被化学银行（Chemical Bank）收购，两者合起来（在资产上）超过了以前排第一的花旗公司。但那只是暂时的。

花旗公司是一家聚焦程度很高的银行，因此它应该能够重新回到第一位。花旗公司聚焦于零售银行业务。20年前，花旗公司（和它的花旗银行子公司）的业务八成来自批发银行，两成来自零售银行。现在，花旗公司的业务三成来自批发银行，七成来自零售银行。

花旗公司也正迅速在世界范围扩张其零售银行业务。迄今为止，花旗公司在90个国家设有分支机构，包括强力渗透到发展中国家。事实上，花旗公司是唯一一家打算建立全球品牌的美国银行。

培养一种精准聚焦然后将其全球化，这是当前在商业世界中最有效的一种战略。

有迹象表明，银行变得更加专业化，而国会最终设法废除了将投资银行与商业银行分离的《格拉斯－斯蒂格尔法案》。或许国会当初制定这个法案的时候是对的，如果银行聚焦于一种而不是两种业务，或许可以更成功。

[花旗公司董事长约翰·里德（John Reed）说，花旗公司不会收购投资银行，即使法律允许这样做。这是一个英明决策。]

在制造商与零售商之间骑墙

使制造业公司失去聚焦的典型做法，是把公司变成其产品的零售商。反之亦然。"谁也不如我们了解自己的产品，"

这是多数制造业公司的心态,"因此,我们也应该零售我们的产品。"

IBM、DEC、施乐和其他试图设立产品零售店的计算机制造商都失败了,也有很多零售商试图变成制造商。坦迪拥有无线电小屋,曾经是主要的计算机零售商。因此,坦迪自然转向了计算机生产。这是一个重大失误。

(1986年初,在坦迪的股票还很强劲的时候,100美元的坦迪股票在八年后值105美元。同样买100美元康柏或坦迪的零售竞争对手百思买的股票,八年后分别值1 600美元和1 200美元。)

让坦迪一败涂地的不是缺乏成功,而是缺乏聚焦。坦迪在制造业方面取得了大量成功,它造出了第一款流行的家用个人计算机TRS-80以及有史以来第一款膝上型计算机。

20世纪80年代初期,坦迪既是美国最大的个人计算机生产商,又是最大的个人计算机零售商。一直到1986年,坦迪在个人计算机市场的份额仅次于IBM。

一心不能二用,这点很难改变。《华尔街日报》1994年10月报道:"坦迪一度同时称雄于计算机零售业和制造业。有观察员认为公司浪费了从两个方面主导个人计算机市场的难得机遇。"

本观察员不这样看。本观察员认为,坦迪浪费的是成为计算机零售业或制造业领导者的机会。要是坦迪无法取舍,它也许应该抛硬币决定。

1993年,坦迪为了转移聚焦而卖掉了制造业务。坦迪、维克多公司（Victor）和网格公司（GRiD）将个人计算机制造业务作价2亿美元卖给了虹志公司（AST Rearch）。存储技术产品公司（Memtek Products）作价1.28亿美元卖给了一家日本公司。奥沙利文实业公司（O'Sullivan Industries Holdings）则通过首次公开发行募集资金3.5亿美元。

甲板清空了。坦迪现在是一家纯粹的"零售"运营商。甚至，作为核心业务的无线电小屋，也退出了计算机领域，回归原来的业务聚焦，即销售廉价电子小玩意儿，如售价19.99美元的"轻量型钛合金数字立体声耳机"。

坦迪最终发现，出售小玩意儿的无线电小屋不是真正的计算机商店。为了在庞大的个人计算机市场占有一席之地，坦迪建立了计算机城购物中心与计算机美国竞争，还建立了神奇宇宙（Incredible Universe）商店，销售种类繁多的计算机、电子产品和家庭娱乐产品。

神奇宇宙商店的确很神奇。一家神奇宇宙商店的面积达18.5万平方英尺（约1.72万平方米），相当于无线电小屋商店平均面积的75倍，建设和进货成本达2 100万美元。到1995年年底，坦迪将有17家这种巨型商店开业，计划要求在1999年底以前有50家开业。

坦迪还宣布将关闭233家视频概念商店和93家麦克达夫电子商店中的60家，以便强化其业务聚焦。如今，坦迪的未来聚焦于无线电小屋、计算机城和奇异宇宙，可能太多了。

从战略角度看，6 700家无线电小屋商店的作用是维持现状，产生的现金流可以为将来的发展提供资金。但将来是什么？

更合理的做法可能是把将来聚焦于计算机城或神奇宇宙商店，但不要两者兼顾。要是坦迪无法决定哪一家连锁店的潜力更大，为什么不抛硬币呢？

哈雷如何伟大复兴

你会看到，坦迪的问题也出现在伍尔沃斯公司（Woolworth Corporation）。伍尔沃斯是一个年收入100亿美元、由8 000多家形形色色的商店组成的大杂烩，一个不可思议的组合。

伍尔沃斯一方面是以美国最大的鞋业零售商富乐客为主的专卖店，年收入约15亿美元，另一方面是以伍尔沃斯和各种延伸品牌为主的大型综合超市。有研究员说："伍尔沃斯实际上没多少好东西。"

1994年，伍尔沃斯亏损4.95亿美元，并发生了一起财务丑闻，经历了非常困难的一年。随后公司迎来了新任CEO罗杰·法拉赫和新任董事长德尔·希尔伯特。法拉赫先生说他会"逐项"评估伍尔沃斯的业务经营情况。

这是一种典型的财务方法。评价每一项零售业务，然后留下成功的，调整或卖掉不成功的。这并不是一种好的策略。

你无法通过分析财务状况来发展强有力的经营策略。如果这样做行得通，多数美国企业的经营状况都会很好。伍尔沃斯需要聚焦，可能还需要一个新的名称。

如果聚焦于专卖店，那么需要做的就是分拆或卖掉那些综合商店，不管它们是否有利可图。如果聚焦于综合商店，那么伍尔沃斯就应该分拆福乐客和其他专卖店。

先做要紧事。首先，寻找业务聚焦，无论该项业务现在有没有利润，然后再设法让它赚钱。只要你培育出一家强大的、精准聚焦的企业，让它赚钱就简单多了。

如果你想把一堆彼此无关的赚钱业务组合成一家公司，你就是在自找麻烦，迟早会出事。

1981年，哈雷－戴维森（Harley-Davidson）是美国机器铸造公司（AMF Corporation）的子公司。当时哈雷仅占美国摩托车市场不到3%，而且不赚钱。因此AMF打算卖掉哈雷，但找不到买家。

最后，AMF接受了13名哈雷管理层提出的8 150万美元杠杆收购提议。（现在哈雷占美国摩托车市场的20%，股票市值超过20亿美元。）

哈雷经常被称为"美国历史上最伟大的复辟"，它的故事也被一再传诵。这个故事常常包括日本的管理原则、现代化的制造方法、经过改进的质量控制体系和一系列的最新型号。这一切无疑都是真的，但为什么AMF没有这样做？

先做要紧事。哈雷的成功在于聚焦。首先聚焦摩托车，然后采取成功策略。

1992年，德莱赛工业公司（Dresser Industries）将工业产品和设备业务分拆为英德莱斯科公司（Indresco）。工业产品和设备业务？太过时了吧。但英德莱斯科却变成热门股，自分拆以来年回报率达28%。

酷尔斯失败的分拆

在管理层杠杆收购中,典型的部门分拆常常有利可图,有时获利丰厚。原因有三:①管理层懂得业务;②他们有巨大的成功激励;③他们有聚焦。知识加上激励再加上聚焦,构成一个强有力的组合。

现在很难在大公司找到这种组合。公司高层的一两个人有成功激励,但往往缺乏业务知识,有业务知识的中层经理往往又缺少激励。

部门经理当然有激励,经常表现为他们基本工资的百分之多少。但公司高层的收入往往是他们的基本工资的若干倍。你永远不会听说中层经理因为工作出色而收到一张大额支票。"干得好,年轻人。这是1 000万美元",这种事情在华尔街也许会发生,但在现实生活中永远不会。

另一方面,很多CEO因为他们的成就而获得了丰厚的回报。

- 莲花发展公司CEO吉姆·曼齐(Jim Manzi)1987年的工资和股票期权收入达2 600万美元。
- 麦考移动电话公司(McCaw Cellular)CEO克雷格·麦考(Craig McCaw)1989年的工资和股票期权收入达5 400万美元。
- 可口可乐公司CEO郭思达1992年获得100万股股票,价值8 100万美元。
- 迪士尼公司CEO迈克尔·艾斯纳1993年从工资和股票期权中获得2.03亿美元。

分拆制造了更多公司高层,这意味着更多的业绩激励,这也是公司基本都受益于分拆的一个原因。以阿道夫·酷尔斯公司(Adolph Coors Company)为例。公司在禁酒令实行期间的生存之道是进入水泥和陶瓷行业。这有利于生存,但不利于聚焦。

多年来酷尔斯公司集中了一大堆业务,其中很多与它核心的啤酒业务根本无关。虽然酷尔斯公司生产许多产品,但并没有创造多少利润。例如,公司1991年利润销售收入达20多亿美元,但净利润只有1 800万美元,销售利润率仅1%。

因此,在1992年,所有非啤酒业务,包括高科技陶瓷、铝业和包装,都分拆给酷尔斯公司的股东,成为ACX技术公司(ACX Technologies)。酷尔斯公司现在是一家啤酒公司。

酷尔斯公司不仅产品太多,人也太多。分拆以后,彼得·酷尔斯(Peter Coors)经营啤酒业务,乔尔·酷尔斯和杰弗里·酷尔斯成为ACX技术公司的联合董事长。

"酷尔斯家族下决心分家,"《福布斯》杂志在提到阿道夫的曾孙们时指出,"以前怨声载道的一家大公司,现在变成快乐的两家公司。"

到1994年,两家公司合计收入达24亿美元,利润达7 000万美元,销售利润率为3%。进步很大。

股东们也更高兴。分拆以来,ACX技术公司股票从16美元上涨到最近的42美元。股票价格对经理们有很强的激励作用。陶瓷公司董事长吉姆·韦德（Jim Wade）说："当我们从属于啤酒公司时，我从不关心股票价格。现在我每天看四次。"

另一方面，酷尔斯公司的股票表现平平。分拆之后，酷尔斯公司的股价是16美元。现在它还是16美元。原因很简单，就是缺乏聚焦。

酷尔斯公司生产所有啤酒，包括酷尔斯经典、酷尔斯低度、酷尔斯超级黄金、酷尔斯超级黄金低度、酷尔斯干啤、酷尔斯红啤低度、无酒精啤酒和冰啤酒，甚至还有酷尔斯落基山苏打水。

多数观察员并不认同这家啤酒公司的问题在于品牌延伸这一事实。事实上，大量酷尔斯产品在推出时都赢得了喝彩。

一位著名的行业研究员说："安海斯－布希公司如此成功的原因就是：你想要的一切，从便宜的到贵的，它都有。要谋生存，你必须有全套产品才能与它竞争。"

要谋生存，有可能。但为了在与啤酒之王的竞争中谋发展，你必须聚焦。

酷尔斯公司决定推出第一种清爽麦芽饮料——基玛，大概是最令它失去聚焦的一项举措。

如何与行业领导者竞争

如果你是行业领导者，推出次要品牌可以保护你的核心品牌并为将来提供更多保障。但如果你像酷尔斯那样排在啤酒行业第三，那么你需要集中资源去赶超行业龙头，这个时候去寻找其他业务投资就是浪费。

如果你是安海斯-布希公司,你可以试着用部分资源投资新产品,有可能培养出新的金牛。但如果你不是行业老大,你就需要在核心业务上集中资源。酷尔斯需要紧紧盯住百威啤酒并找机会赶上去。

凯马特也一样。公司最近炒掉了CEO约瑟夫·安东尼尼。实际上,在1987年安东尼尼接掌公司时,凯马特销售收入达260亿美元,超过沃尔玛的160亿美元收入。但警示信号就在那里,沃尔玛很快在净利润方面赶了上来,第二年沃尔玛利润超过了凯马特。到1990年,沃尔玛的销售收入也领先了。

与此同时,凯马特的经营范围扩大到书籍、体育用品、办公用品、药店和仓储会员店。1991年配售股票募集的10亿美元资金被白白浪费在专卖店业务方面,没有用于核心的折扣店业务。很多凯马特商店破旧而压抑,貌似一家专做深夜特价商品和劣质商品的商店。

沃尔玛在折扣业务方面迅速超过了凯马特。如今沃尔玛的市场份额几乎比凯马特高出一倍。有人估计,沃尔玛和凯马特的市场份额分别为42%和23%。在八年时间里,沃尔玛的股价翻了两番,而凯马特的股价却原地不动。

那些专卖店也没有带来惊喜。到1993年,专卖店给凯马特贡献了30%的收入,却只贡献了15%的利润。

就像拿破仑·波拿巴和阿道夫·希特勒等已经得到的教训,双线战争几乎不可能打赢。

无论你是企业的董事长还是国家的总统，对你的主要敌人保持单点聚焦会有好处。因此，凯马特放弃了专卖店业务。

凯马特希望筹集30亿美元资金来与沃尔玛竞争。1994年，公司将运动权威（Sports Authority）和麦克斯办公用品（OfficeMax）连锁店分拆上市募集资金8.96亿美元。它还以9.28亿美元卖掉了澳大利亚科尔斯·迈尔连锁零售店（Coles Myer）22%的股权，以将近9亿美元卖掉了速度仓储会员店（Pace Warehouse Clubs）和佩里斯廉价药店（PayLess Drugs）。

1995年，凯马特将博德斯集团（Borders Group）分拆上市，集资5亿美元。博德斯集团经营图书和音乐连锁店业务，拥有华尔登图书公司（Walden Book Company）。将要出售的还有家居装饰超市建设者广场（Builders Square）。

沃尔玛是一个顽强的对手。即使瘦身以后，凯马特在与折扣之王竞争时也会手忙脚乱。但至少单点聚焦的零售战略会让凯马特集中力量，类似的战略似乎正在西尔斯取得成效。在新的CEO弗洛伊德·豪尔（Floyd Hall）领导下，这个战略应该也能在凯马特取得成效。

分拆在各个行业发生

凯马特多年来一直扩大经营范围，而灰狗公司（Greyhound Corporation）则完全相反。当约翰·提茨（John Teets）1982年接任公司董事长的时候，灰狗是一家典型的综合企业。

灰狗的业务包罗万象：公交客运、客车制造、肉类加工、养火鸡和养鸡、裁缝、金融服务以及黛尔肥皂等消费产品。这让人想起鲍伯·纽哈特表演的喜剧小品"格雷丝·弗格森夫人航空公司和防风门公司"，或者盖瑞·拉尔森那张"弗雷德土方和牛角包商店"的漫画。

到 1995 年，灰狗变成一家聚焦于消费产品和旅行相关服务的公司。公交客运、客车制造、比萨饼连锁和总理游轮（Premier Cruise Lines）80% 股权都没有了。另外，还分拆了 GFC 财务公司（GFC Financial），并卖掉了阿尔默肉类加工业务。

公司经历了一系列改名以反映其新的业务聚焦，从灰狗到灰狗黛尔再到黛尔。

在这一过程中，黛尔收购了一些不错的品牌以加强其消费产品业务，包括 1985 年收购普雷克斯洗涤产品、1990 年收购布雷克美发护理产品和 1993 年收购蕊风（Renuzit）空气清新剂。今天，黛尔是一家健康护理公司。利润上升，股价上升，期望值也上升。

不过，无论从哪个角度理解，黛尔仍然不是一家完全聚焦的公司。它仍然一脚在消费产品，而另一脚在服务业。

让公司一分为二可能是个好办法。将 300 种不同的消费产品留在黛尔公司，而服务公司（用新的名称）可能包括美国最大的汇票经营公司 Travelers Express［后改名为 MoneyGram（速汇金）］和美国最大的航空食品供应商多布斯国际（Dobbs International）。

天纳克公司（Tenneco Inc.）是另一家受益于分拆的公司。该公司最著名的产品是高利润的输油管道，公司一直受到经营农用建筑机械的分公司凯斯公司（J. I. Case）的拖累。在1982～1992年的十年中，凯斯公司有八年出现亏损。1991年凯斯公司税前计提的重组费用达4.61亿美元，第二年又计提了9.2亿美元。

重组收到了效果。凯斯1993年盈利3 900万美元，1994年盈利1.31亿美元。但重组就像吸食毒品，效果会逐渐消失。天纳克抓住了这个绝佳的机会，于1994年分拆了凯斯公司56%的股权，并保留了公司其他业务。目前为止一切顺利，分拆第一年，股价上涨了1/3。

天纳克也一直在调整其他业务。20世纪90年代公司将液化天然气业务卖给了安然公司，将化学纸浆业务卖给了斯特林化工（Sterling Chemicals），将碱厂卖给了索尔维公司（Solvay）。交易总价值13亿美元。

天纳克还将位于英国的奥威化学公司（Albright & Wilson）上市集资6.7亿美元。接下来要出售的，可能是美国最大的私人造船厂——纽波特纽斯造船及船坞公司（Newport News Shipbuilding and Drydock Co.）。

聚焦为公司积聚了力量。因为尝到了甜头，每项举措都会鼓励公司加快这一过程。它让公司摆脱亏损业务，并让公司受益于改进现有业务。

彼得·德鲁克说，成功的经营需要关注机会而不是关注问题。当公司分拆或卖掉一家亏损企业，它就会发现在问题上浪费了多少管理时间。如果把这些时间用于现有的机会，通常会产生理想的结果。企业不能放任自流，企业永远需要经营。

分拆和出售业务正变得非常流行。最近的一些案例如下：

- IBM在一次杠杆收购中将年收入20亿美元的打印机和打字机业务卖给了克莱顿投资公司（Clayton, Dubilier & Rice）。分拆后的业务改名为利盟国际（Lexmark International）。该公司的利润超出预期，并因为创业管理模式而赢得赞扬。利盟国际公司CEO马文·曼恩（Marvin Mann）说："我们的发展的确比从属于IBM时候快多了。"
- 金佰利公司宣布将分拆子公司中西部快运航空和年收入4亿美元的香烟和雪茄业务。一位研究员说："就算公司董事长韦恩·桑德斯（Wayne Sanders）只在雪茄业务上花了5%的时间，这些本来也应该花在收益更高的消费产品业务上。"
- 普里纳公司（Ralston Purina）将麦片、婴儿食品和滑雪场业务分拆为拉尔科普控股公司（Ralcorp Holdings）。它还将年收入20亿美元的子公司大陆面包公司设为独立公司，并将55%的股份分配给股东。然后它用大陆面包公司控股权交换了州际面包公司1/3的股权。

有些研究员认为罗尔斯顿将剥离州际面包公司股权并完

全退出面包业务。果真如此,那么罗尔斯顿将成为一家双聚焦公司:宠物食品和永备电池。下一个合理步骤就是将公司一分为二。

- 安海斯-布希计划分拆年收入14亿美元的子公司坎贝尔·塔格特(Campbell Taggart)和年收入4亿美元的鹰牌休闲食品公司(Eagle Snacks)。鹰牌是仅次于菲多利的休闲食品公司,但在其15年历史中从未赚过钱。安海斯-布希还计划出售圣路易斯红雀队(St. Louis Cardinals)和布希体育场(Busch Stadium)。奥古斯特·布希三世说:"我们正聚焦于我们最了解的业务。"
- 都乐食品公司(Dole Food Company)计划从生产业务中分拆处于增长中的房地产业务。
- 雷诺兹-纳贝斯克公司(RJR Nabisco)1995年通过首次公开发行股票出售了纳贝斯克控股公司19%股权。其余的股权大概最后将平均分配给雷诺兹-纳贝斯克的股东,从而将公司分成一家烟草公司和一家食品公司。
- 哈门纳医疗保健公司(Humana)将它的医院分拆为一家独立公司,名为盖伦医疗保健公司(Galen Health Care),后来成为哥伦比亚/美国医院公司的一部分。现在,哈门纳是一家政府管制的医疗保健公司,聚焦于健康维护组织、首选医疗服务供应商组织和补充医疗保险。

- 礼来(Eli Lilly)分拆了医疗和诊断设备公司佳滕公司(Guidant Corporation),以便聚焦于制药业务。(在技术上,这是一桩12.6亿美元的公司分立交易,因为向股东提供了用礼来股票交换佳滕股票的选择权。)
- 斯普林公司和太平洋电信公司(Pacific Telesis)都将手机业务分拆为独立公司。
- 美国热电公司(Thermo Electron,现为赛默飞世尔)实施分拆策略以后已经成为一家快速发展的、年收入达数十亿美元的公司。从1983年分拆热电医疗公司(Thermedics Inc.)起,公司分拆了九家上市子公司。在已分拆的公司中,美国热电公司保留了52%~81%的多数股权。公司连续十年保持收入和利润增长。一个金融研究员说:"美国热电公司是一棵摇钱树。"

多数分拆案例都发生在美国,因为美国公司已经开始重视聚焦概念。在远东和南美,过时的综合企业仍然很普遍。在日本和韩国,经连会和财阀体系是分拆综合企业的障碍。但分拆在欧洲也很活跃。

除了前面提到的帝国化学、桑多斯和沃尔沃的分拆以外,最近英国培生集团(Pearson PLC)为了聚焦于传媒业务而分拆皇家道尔顿(Royal Doulton)中国业务。

荷兰皇家壳牌公司(Royal Dutch/Shell)和英国石油公司(British Petroleum)都卖掉了它们的非石油业务。而索恩百代公司(Thorn EMI PLC)宣布,计划将年收入43亿美元的音乐公司百代唱片从年收入 25 亿美元的家具租赁业务中分拆出去。

由于欧盟内部日益激烈的竞争，可能出现更多分拆案例。

法国可能是一个例外。法国的连锁企业股权产生的问题与远东的经连会和财阀相似。从 20 世纪 80 年代开始私有化以来，法国企业貌似友好的股东成为难以对付的"硬骨头"。在大量交叉持股的情况下，没有人会积极分拆公司业务并创造价值。

分拆提升公司业绩

分拆除了具有精准聚焦的一般好处以外，还通过三种重要方式提升公司业绩：①分拆缩小了管理控制范围；②分拆产生了新的董事长；③分拆减少了"客户利益冲突"。

分拆缩小了管理控制范围

如果你是 CEO，你的公司有两种主要产品，你的竞争对手只有一种产品，那么你就会在竞争中处于劣势。竞争对手的 CEO 可以集中全部精力解决出现的问题，而你的精力则被一分为二。

很多产品多元化的公司经营得不错，但往往不一定是因为它们效率更高，而是因为它们一开始就有优势，一般是产品处于行业领导者地位。把永备电池培养成家用电器电池龙头品牌的并不是罗尔斯顿·普里纳公司。当 1986 年罗尔斯顿从联合碳化物公司手里买下永备电池品牌时，它已经拥有52%的市场份额。

有一位研究员在罗尔斯顿收购永备电池以后很快警告说："不可能像卖狗粮那样卖电池。"他们试过那样做，但失败了。如今永备电池的美国市场份额为43%，再也不是行业领导者了。

金霸王现在是电池老大。其中一个原因就是金霸王国际公司只做一种产品。金霸王1988年通过杠杆收购从凯马特分拆出来，1991年以每股15美元上市。（现在金霸王股价每股超过50美元。）

分拆产生了新的董事长

光是这一点就足以解释已经发生的分拆案例为什么成功。

哈里·杜鲁门总统桌上有一块牌子，上面写着"责无旁贷"（The buck stops here）。如果你是CEO，你就是最后的责任人。对于那些渴望CEO职位的自我激励者而言，这是一种强大的动力。它不仅是钱，也是权力。如果你负责，你就有成功的动力。如果你是领袖，你就是公司内外关注的焦点。

过去几年哪家公司获得的媒体关注最多？不是微软就是IBM。我打赌你知道比尔·盖茨是微软CEO，也知道郭士纳是IBM CEO。但谁是微软的二把手？谁是IBM的二把手？除非你在其中一家公司工作，否则你大概不知道。

如果你是二把手或更低的职位，那就跟做CEO不一样了。出错不会是你的责任，但成功也与你无关，报酬也不一样。

对300家大公司的调查显示，平均来说，CEO的工资和奖金比副手多54%，还不包括分给CEO的比例更高的股票期权。

如果你是CEO，你也责无旁贷。

分拆减少了"客户利益冲突"

当通用汽车拥有全美汽车租赁公司的时候，就很难把通用生产的汽车卖给赫兹租车、安飞士和阿拉莫租车（Alamo）。

客户利益冲突是多元化发展的公司面临的最大问题。几乎没有客户愿意谈论这个问题，因为他们知道自己在做出采购决定时有多么小气。

除非你处于行业垄断地位，否则"客户利益冲突"常常是一个严重的战略失误。似乎可能产生协同效应的安排经常转变为互相拆台。这就是百事可乐与可口可乐在超市并驾齐驱，却在餐厅卖得这么差的原因。

如果你拥有必胜客、塔可钟和KFC，就很难把百事可乐卖给小凯撒比萨、德尔塔可（Del Taco）和大力水手炸鸡（Popeyes Famous Fried Chicken）。

你的销售团队知道，每当他们的潜在客户与公司的其他业务有竞争关系时，他们就会遇到巨大障碍。假如你是百事可乐的推销员，打算向达美乐推销软饮料。达美乐的老板汤姆·莫纳汉（Tom Monaghan）可能不会明说，但是他肯定不会跟死对头必胜客的东家买可乐。

当AT&T于1995年宣布进军电脑服务业时，它的最大客户之一电子数据系统公司威胁说要使用其他公司的电话服务。电子数据系统的一位资深副总裁说："AT&T总是让我们很难再继续做他们的大客户。"

由于迪士尼拥有美国广播公司，它发现要把节目卖给美国全国广播公司（NBC）和哥伦比亚广播公司就很难。但如果把差劲的迪士尼节目都推给美国广播公司，大家都没好处。

最近索尼、万宝龙（Montblanc）、里兹·克莱本、耐克、李维斯和速比涛（Speedo）等制造商纷纷开设了自己的零售店，这些投资可能存在风险。尽管结果可能不会马上出现，但常常事与愿违。刚开始，工厂零售店都以全价销售，没有季末促销，也不降价。

它们的代理商很高兴，因为它们可以打折销售这些名牌产品。代理商可能会说："在索尼公司位于麦迪逊大街的大型商店挑选你喜爱的商品，然后来我这里享受折扣。"

等到工厂零售店开始打折，情况就变了。在你赔钱的时候，你的代理商客户不介意跟你竞争。但如果你通过打折争夺他们的客户，他们就会很不高兴。工厂零售店商品成本方面占优势，而代理商认为这不公平。

但"零售的诱惑"总是存在。这只是让公司失去聚焦的多种诱惑之一。"只要我们在零售业务方面不赚不赔，我们就将获得大量免费的广告和展示机会，肯定会给顾客和代理商留下深刻的印象。"

这种逻辑几乎总是赞成扩大公司经营，从来不会赞成公司精准聚焦。

在我参加过的数百次公司会议中，我听到过许多对于扩张的争论，内容涉及品牌、销售类型与分销渠道、产品风格与尺寸。但对于收缩却几乎没有争论，无一例外。

只有在公司的扩张计划开始亏损时，它们才愿意收缩业务。但常常为时已晚，核心业务也已经开始下滑。

分拆是一种最简单快捷的收缩公司业务的方法。意外的是，执行分拆策略的公司并不多。很多公司像连体婴儿一样急需分离。我个人认为需要分拆的公司有：

- 电脑服务公司（CompuServe）。1980年，当布洛克税务收购电脑服务公司的时候，它是美国最大的互联网接入服务公司。现在，它已经落后于新的行业领导者美国在线（American Online）。美国在线与电脑服务的签约客户数分别为230万和180万。

即便如此，布洛克税务当年以2 300万美元收购电脑服务公司仍然是一桩划算的买卖。根据一些研究员的观点，该公司现在值1亿美元。不过，要是它能从美国在线手上夺回行业领导者的位置，它的价值还会高得多。只要电脑服务成为一家独立公司，它就有办法也有动力做到这一点。

- 奇迹通信公司。这家电脑服务公司的竞争对手已经消耗了西尔斯和IBM两家股东提供的10亿美元资本。面对竞争激烈的互联网市场，奇迹通信公司的生存需要奇迹。它不需要两个格格不入的股东对公司的发展方向争论不休。

- 永备电池。和电脑服务公司的情况一样。在永备电池由联合碳化物公司转让给罗尔斯顿·普里纳公司的时候,它是美国销量第一的电池品牌。如今它已落后于从凯马特分拆出来的金霸王。在电池行业从锌碳电池向碱性电池转变时,永备电池失去了领导者的地位。技术转变总是难于应付。

- 克拉丽斯软件公司(Claris),这是一家苹果电脑的应用软件开发商。随着市场份额缩小,苹果陷入与"视窗 + 英特尔"(Wintel)联盟的生死之战。苹果管理层不必分散精力同时经营硬件和软件公司。(几年前,约翰·斯卡利曾计划分拆克拉丽斯,后来改变了主意。)

- 假日漫步者房车公司(Holiday Rambler)。这是一家豪华休闲汽车制造商,于1986年被业务截然不同的哈雷-戴维森收购。摩托车是小型大马力运动车辆,为青年群体设计。休闲汽车是大型低功率实用车辆,为老年群体设计。哈雷的主管们应该记得他们当初是如何脱离AMF并获得成功的,他们也应该对假日漫步者采取同样的行动。

- 休斯电子公司(Hughes Electronics Corporation)和通用汽车机车集团。既然通用汽车已经宣布计划分拆EDS,它也应该让另一只靴子落地。进一步分拆休斯电子公司和机车集团以后,通用汽车将重新成为一家"纯粹的"汽车公司。
- 汉堡王。这是一家由传统食品公司(贝氏堡)控股的快餐公司。而贝氏堡则为一家英国综合企业(大都会公司)拥有。汉堡王的主人需要解除对它的约束,让它集中精力去对付麦当劳这个死对头。

历史经验表明,作为一家综合企业成员的领导者常常能够维持行业地位,因为它们拥有主导市场的力量。但像汉堡王这样的行业老二则不可能在同样环境下蒙混过关。

行业老二需要有独立性。为了与一家像麦当劳这样地位稳固的行业领导者竞争,你必须拥有快速果断、敏捷进取这些非综合企业特征。

- 美国运通财务顾问公司,美国运通银行和美国运通金融服务公司。分拆这三种业务可以让美国运通聚焦于自己的信用卡业务。
- 慧俪轻体公司(Weight Watchers)。该公司是年收入70亿美元的亨氏食品公司的子公司。美国是世界上胖子最多的国家,但这家减肥公司的会员却不断减少。公司预计1994年来自减肥课程和食品销售的收入将达33亿美元,但实际只有16亿美元。

更糟糕的是,慧俪轻体从1992年赢利4 500万美元变成1994年亏损5 000万美元。慧俪轻体需要面对很多严重问题,包括如何避免与自己在超市促销的冷冻食品竞争。

- 希尔思宠物营养公司（Hill's Pet Nutrition）。该公司的科学食谱品牌产品在兽医和宠物店热销，年销售收入达 8 亿美元。公司面临很多新品牌的竞争。如果脱离了母公司高露洁棕榄的控制成为独立公司，公司将可以更好地应对竞争并巩固自己在优质宠物食品市场的领导地位。
- 博朗电动剃须刀（Braun），欧乐 – B 口腔护理产品（Oral-B），以及文具和洗浴用品。吉列 39% 的收入（和 69% 的利润）来自剃须刀和刀片。它应该聚焦于湿刮市场相关业务并分拆其他四种业务。
- 莎莉集团（Sara Lee）。公司年收入达 180 亿美元，其中一半来自个人消费产品，另一半来自食品。莎莉集团应该一分为二。
- 米勒啤酒和卡夫食品。迈克尔·迈尔斯（Michael Miles）作为菲利普·莫里斯第一位不吸烟的 CEO，1994 年因建议公司分拆独立的烟草和食品公司而悄然离职。（雷诺兹 – 纳贝斯克公司已经开始类似的分拆计划。）

我会进一步建议将米勒啤酒分拆为独立公司。与汉堡王和百事可乐相似，米勒啤酒也是行业老二，由一家综合企业控股，被迫与稳居行业领导者地位的独立啤酒公司安海斯 – 布希竞争。

新任菲利普·莫里斯 CEO 杰弗里·拜布尔（Geoffrey Bible）强烈反对分拆："我们的管理层和董事会相信并一直

相信，分拆公司将长期削减而不是提升股东价值。"他说，公司通过合并食品及烟草业务获得"惊人强大的协同效应"。

也许吧。不过当你已经65岁，并且在菲利普·莫里斯工作了很长时间且刚刚升任CEO，你很难客观判断将公司一分为三是否明智。

- 博雅公关（Burson-Marsteller）和伟达公关（Hill and Knowlton），两家美国最大的公关公司分属于扬·罗必凯广告公司（Young & Rubicam）和WPP集团（WPP Group）。两家公司都应该连同其母公司收购的其他公关业务分拆为独立公司。

公司承诺的公关业务与广告公司之间的协同效应从未出现。公关业务独立运作并有独立的客户群体。它们独立出来会经营得更好。

此外，公关与广告天生就是竞争对手。当一家公司同时经营这两种业务，它们有时会自行解决分歧而让客户得不到客观建议。

一个经常忽略的分拆问题与名字有关。分拆的目的是建立一个有不同特征的独立公司。如果两家公司有相似的名字，它们的特征就变得模糊起来。举例如下：

- 万豪服务与万豪国际。哪家管理酒店？哪家拥有并买卖酒店？总是混淆不清。
- 美国西部通信与美国西部传媒。帮帮忙，哪家是电话公司？

- ITT哈特福德集团公司、ITT工业公司与ITT终点公司。三家收入达数十亿美元的公司名字一样。完全是一团糟。
- 英德莱斯科与德莱赛。英德莱斯科听起来像德莱赛的国际业务,而不像一家独立公司。不要在名字上耍小聪明,给公司取一个新名字吧。
- 贝里健康网球与贝里娱乐。贝里是什么,是赌场还是健身中心?

已经发生的分拆并不是没有问题,例如名称问题。但分拆是美国企业重新聚焦的最明确信号。

分拆案例的大量出现是多元化发展和综合企业时代终结的铁证。

我们进入了聚焦时代。

FOCUS

第 12 章

建立多梯级聚焦

有时公司应该考虑，是建立多梯级聚焦还是单一聚焦。

通用汽车就是最好的例子。

当阿尔弗雷德·斯隆（Alfred Sloan）在1921年接管通用汽车时，公司情况很糟糕。产品线杂乱无章。

- 雪佛兰：795～2 075美元。
- 奥克兰（Oakland）：1 395～2 065美元。
- 奥兹莫比：1 445～3 300美元。
- 斯克利普斯（Scripps-Booth）：1 545～2 295美元。
- 谢里顿（Sheridan）：1 685美元。
- 别克：1 795～3 295美元。
- 凯迪拉克：3 790～5 690美元。

当时美国经济已经进入衰退，低价竞争盛行。福特T型车基本款降至360美元，T型单座敞篷款车降至395美元，T型顶级轿车降至795美元。难怪福特靠一个品牌占据美国市场半壁江山，而通用汽车七个品牌却只有12%的市场份额。

斯隆应该怎么办？

一般管理层的反应是裁员、对零部件和维修服务进行合理化改革，当然还有降价。换句话说，从经营上解决问题。但在多数情况下，包括现在，通用汽车存在的不是经营问题，而在聚焦问题。

如果公司失去聚焦，采用以上方法只能有所改善，无法取得显著效果。就像一张对焦不准的照片，你可以放大、增加对比度和着色，并用好的纸张打印，但你只有对准焦距才可能显著改善照片的效果。

冷静而超然的阿尔弗雷德·斯隆开发了一种多梯级单一聚焦战略。为了与福特竞争，通用汽车将有一批从低端到高端的品牌，以适应客户不同的购买力。（"每种车型对应一种收入和用途。"）

斯隆选择那些有助于主导汽车行业的品牌和价位，并舍弃其余品牌。以下就是他在1921年所做的总体规划，位于密歇根州庞蒂亚克（Pontiac）的奥克兰汽车公司更名为"庞蒂亚克"。

- 雪佛兰：450~600美元。
- 庞蒂亚克：600~900美元。
- 奥兹莫比：900~1 200美元。
- 别克：1 200~1 700美元。

- 凯迪拉克：1 700～2 500 美元。

斯隆的设计不存在价格重叠。不同品牌之间没有直接竞争，而只会成为客户在产品梯级上的更高一级选择，直到顶级的凯迪拉克。在通用汽车有一种说法："老百姓开雪佛兰，人穷志不穷的人开庞蒂亚克，节俭的小康之家开奥兹莫比，努力向上爬的人开别克，阔佬开凯迪拉克。"

在制定规划的同时，还设立了协调与监督不同品牌的总裁办公室和一套准确协调的数据体系。结果，通用汽车从一盘大杂烩变成为协调一致、业务单一的一家企业，也就是说，成为一家多梯级聚焦的企业。

但成功并非一蹴而就。福特继续增长。在1923年，当时亨利·福特60岁，福特销量达200多万辆，占美国市场57%和全球市场50%。但福特的增长到头了，它再也不是汽车行业的领导者，即使它在1928年推出六缸A型车，也无济于事。

聚焦战略需要一段时间才能生效。客户需要一段时间才会了解新的品牌及其含义。从口口相传到众所周知也需要一段时间。在真正理解之前，消费者需要从多个不同渠道收到这些信息。

直到1931年，通用汽车终于以31%的市场份额超过了福特28%的市场份额。从此以后，斯隆战车势不可挡。通用汽车占据美国汽车市场半壁江山长达50年。（20世纪50年代和60年代的市场份额甚至超过一半。）

糟糕的品牌四战

但如果没有来自高层的铁腕控制,公司很快就会失去聚焦。通用汽车各品牌逐渐偏离斯隆的规划。雪佛兰和庞蒂亚克开始推出高价车型;奥兹莫比、别克和凯迪拉克开始推出廉价车型。各品牌公司都不再坚持精准聚焦,大家都盯住市场上销量最大的中档车型。

公司高层不但没有协调与监督不同品牌,而且完全脱离了汽车业务。通用汽车当时的董事长托马斯·墨菲(Thomas Murphy)说:"通用汽车的业务不是制造汽车,而是赚钱。"

如今,不同品牌之间没有明确的区分。实际上,品牌之间的重叠非常严重。以下是通用汽车现有六个品牌的轿车基本价格:

- 土星:9 995~12 995 美元。
- 雪佛兰:8 085~68 043 美元。
- 庞蒂亚克:11 075~27 139 美元。
- 奥兹莫比:13 500~31 370 美元。
- 别克:13 700~33 084 美元。
- 凯迪拉克:34 990~45 935 美元。

发现了吗?通用汽车完全回到了 1921 年那样的重叠价格模式。

还发现了什么?价格范围最窄的是土星和凯迪拉克这两个品牌,它们也是通用汽车最成功的两个品牌。

比较一下价格范围。土星的最高价比最低价高30%。凯迪拉克的比例是31%。

另外,奥兹莫比的最高价比最低价高132%,别克的比例是141%,庞蒂亚克的比例是145%,而雪佛兰的比例达到惊人的742%。

雪佛兰是什么车?是一系列有大有小、价格齐全、有国产也有进口的汽车。也就是说,雪佛兰是一个失去聚焦的品牌。

在过去十年,雪佛兰在美国市场的年销量减少了30%,从近160万辆减少到刚好100万辆。通用汽车在美国市场的份额也降低了,从44%降低到如今的33%。

产品不多,销量却不见得会少。土星代理商每年平均销量接近1 000辆。虽然雪佛兰产品更多,但雪佛兰代理商最近一年的平均销量仅226辆。(即使加上轻型卡车,雪佛兰代理商的销量也只有553辆。)

土星的成功对于通用汽车而言不见得是好事。对土星好的对通用汽车不一定好。

雪佛兰曾经是通用汽车的入门车型,是很多人第一次买车的首选。现在土星进入了入门级市场,土星的销售对象同时也是雪佛兰的目标客户。坟墓里的阿尔弗雷德·斯隆肯定也很纠结。(通用汽车一直打算将奥兹莫比作为土星客户的升级车型。)

凯迪拉克的成功也一样。凯迪拉克过去曾经是……唉,"顶级品牌",是你(在合理范围内)可能买到的最好的汽车。

现在不是了。昨天的凯迪拉克车主今天开的是梅赛德斯-奔驰或宝马,因为凯迪拉克太便宜了,它们没有像斯隆原来规划的那样占领豪华车市场。

为了增加销量,凯迪拉克放弃了传统的高端形象,进入低端市场。对凯迪拉克有利的策略不见得对通用汽车有利。低端的凯迪拉克挤占了奥兹莫比和别克的市场空间,加上高端雪佛兰和庞蒂亚克的挤压,导致奥兹莫比和别克业绩大幅下滑。

毫无疑问,凯迪拉克不能只是通过提高现有车型的价格来提升档次。它应该生产更多性能更好、功能更丰富的高档汽车。实际上,它可以将现有车型让给别克,这样也可以给奥兹莫比打开市场空间。以此类推。

克莱斯勒和福特的问题

与此同时,克莱斯勒公司和福特公司都陷入混乱。两家公司都将公司名称作为品牌使用,消费者接受通用凯迪拉克,但福特林肯是什么?如果你告诉朋友自己买了一辆福特林肯,他们会怀疑你脑子进水了。

新的公司名称有助于福特聚焦。克莱斯勒公司的问题就麻烦多了。该公司的品牌名称乱得像一盘意大利面。

对代理商而言,低价品牌(普利茅斯,Plymouth)与高价品牌(克莱斯勒)并行。理论上道奇应该是中档品牌,但它却同时销售小型的普利茅斯彩虹(Neon,同时也是道奇彩虹）和大型的克莱斯勒协和［(Concorde)，同时也是道奇无畏（Intrepid）］。更乱的是，道奇品牌 1/3 是轿车，2/3 是轻卡和厢式旅行车。

道奇是什么？是一系列有大有小、价格齐全的轿车加上轻卡和厢式旅行车。道奇的销售人员常常吹嘘，道奇的车覆盖了美国市场上 85% 的汽车种类。"不管你想买什么，我们都有。"

长期而言，那是一条死路。短期来看，厢式旅行车和轻卡市场的繁荣挽救了道奇品牌。

再看看自 1994 年推出以来非常成功的彩虹车型。1994 年彩虹车型的销量达 178 960 辆。如果彩虹是一个品牌，它会排在林肯的 17.9 万辆和克莱斯勒的 19.7 万辆之后，成为美国排名 17 的畅销汽车品牌。

比起来，土星第一年只卖了 74 493 辆，它当然没有彩虹那样庞大的销售网络。但不同于彩虹的是，土星的消费者知名度高得多，因为土星是一个强大的品牌，而不是一个型号。

真是浪费。投入彩虹车型的大量精力本来应该投入彩虹品牌，或投入公司的其他品牌。不过，首先需要理顺克莱斯勒公司的品牌名称。

在做出选择以前，购车者平均会看三种不同品牌的汽车。通过提供大量信息向顾客推销太多车型没有意义，只会使他更糊涂。实际上，给多数购车者留下更深印象的不是在电视或报纸广告上看到的汽车，而是朋友的车。

汽车需求是在街上创造的。当你坐进一辆漂亮的新车，你就会问:"这是什么车?"

"彩虹。"

你的第二个问题是:"彩虹是哪家公司生产的?"

市场上有632种轿车和轻卡型号,这还只是美国生产的。进口车还有277种车型。车型大量增加让人们感到迷惑,也严重削弱了汽车制造商打造强大品牌的能力。

汽车制造商对此感到担心吗?似乎没有。通用汽车的一位高管最近说过:"如果购车者想买你的产品,他们就会找到你!"

但他们会找吗?谁会记得住909种车型中的哪怕一小部分?更不用说由车型联想到制造商了。要记住市场上的35个主要品牌就已经很难了。

本田如何做

对比一下彩虹与讴歌。当本田决定进入豪华车市场时,它并没有通过现成的本田经销网络销售豪华轿车,即使这样可能降低新车型的销售成本。相反,本田建立了独立的讴歌经销网络。这样做有两个好处。

第一,它保持了本田在廉价日本轿车方面的聚焦。(只是相对便宜。)第二,它让讴歌成为高档或豪华日本轿车品牌。

现在本田有两个梯级的单一聚焦。由于讴歌最早在美国推出豪华日本轿车,它成为销量最大的日本豪华轿车品牌。最近一年,讴歌在美国的销量为9.7万辆,排名第二的雷克萨斯销量为7.9万辆,排名第三的英菲尼迪销量为5.9万辆。

但本田缺乏坚定信念的勇气,它犯了一个错误,最后失去了领导者地位。由于认为讴歌代理商只靠销售六缸的里程(Legend)赚不到钱,本田允许他们销售四缸的英特格拉。这种做法有两点不利。

首先,这种做法削弱了讴歌的聚焦程度。讴歌到底是里程那种售价为36 000～44 000美元的豪华车,还是英特格拉那样售价为16 000～21 000美元的中档车?如你所料,英特格拉的销量超过里程近一倍。讴歌的销量不错,但聚焦程度降低了。

其次,这种做法最终肯定会让雷克萨斯成为领导者。雷克萨斯只卖六缸和八缸车型,售价为32 000～51 000美元。只算豪华车的话,雷克萨斯的销量超过讴歌一倍多。高度聚焦的雷克萨斯迟早会超过聚焦程度降低的讴歌。

讴歌推出的NSX运动轿车很不错,但在财务上一败涂地,并加剧了讴歌的问题。讴歌每年在美国卖出约900辆NSX轿车。这个销量不足以创造利润,但足以削弱公司的聚焦。本田为什么要推出NSX?

"主要是为了创造一种形象。"本田北美销售部总经理香山健一说。这是一种错误观点。多年以来,美国汽车行业一致认为,每个品牌都要有三种车型:①便宜的"入门级"车型;②"形象"车型;③全系列的主流车型。用一种型号在价格上吸引顾客,用一种型号给他们留下深刻印象,然后卖一种型号给他们。

雪佛兰有雪维特和克尔维特。庞蒂亚克有莱曼(LeMans)

和菲罗（Fiero）。别克有云雀（Skylark）和雷塔（Reatta）。甚至连车身坚硬的凯迪拉克也推出了入门级的西马龙（Cimarron）和形象车型阿兰特（Allante），但这两个型号都已停产。

汽车制造商的根本错误在于将每个品牌视为一个实体，而不是整个公司的一个聚焦梯级。

集中一个焦点

奇怪的是，虽然入门级和形象车型对雪佛兰、庞蒂亚克、奥兹莫比、别克和凯迪拉克没有好处，却可能对通用汽车有好处。通用汽车确实需要一个入门级品牌。

问题在于，它只需要一个入门级品牌，现在却有两个：雪佛兰和土星。为了让公司聚焦，它需要决定用哪个作为入门级品牌，如何重新聚焦另一个品牌。

也许通用汽车也需要一个"形象"品牌。果真如此的话，这个品牌应该有独立的经销网络，以便成为通用汽车的一个独立梯级。

为了保持单一聚焦，公司应该考虑在产品系列上增加新的梯级，而不是在一个梯级上增加产品类型。

多梯级聚焦可能出现梯级过多的问题吗？当然会，但多数公司还没到那个阶段。

以美国斯巴鲁为例。20世纪80年代，这家公司发展成美国第五大进口车品牌（排在本田、丰田、日产和马自达后面）。斯巴鲁在80年代平均每年的销量为16万辆。

更重要的是,斯巴鲁有聚焦。它的车很便宜。就像广告上说的:"廉价汽车的制造目标就是保持廉价。"

实际上,斯巴鲁还有另一个聚焦,即四驱车。20世纪80年代中期,斯巴鲁四驱乘用车的零售量占美国市场一半。即便如此,也只占斯巴鲁在美汽车销量的1/3。怎么办?

拥有双重有效聚焦的公司很常见。公司经常会在两个重点业务之间摇摆,使客户和员工都感到困惑。公司需要选择并强化一个业务的聚焦程度,削弱另一个业务的聚焦程度。

斯巴鲁这两个聚焦特别令人困惑,因为它们不协调。便宜汽车怎么会有四轮驱动?四驱应该比两驱贵。

斯巴鲁没有处理真正的聚焦问题(便宜车还是四驱车),而是提升汽车档次。斯巴鲁要求其供应商富士重工(Fuji Heavy Industries)制造一辆运动轿车,命名为XT。

XT的V形外观和动感的色彩使它完全不像一辆斯巴鲁品牌的汽车。在有史以来最著名的一段电视广告中,一个农夫让儿子去买一辆斯巴鲁。当儿子开着XT疾驰回到农场时,父亲皱着眉头说:"我记得让你买辆斯巴鲁。"

"老爸,我买的就是。"

美国斯巴鲁公司董事长汤姆·吉布森(Tom Gibson)说,这是有史以来他最喜欢的汽车广告。"这是从便宜而难看的汽车向高档汽车的转变。"代理商喜欢这段广告,广告业也喜欢,将"老爸,我买的就是"评为当年最佳汽车广告并授予克里奥奖(Clio Award)。

消费者也喜欢……只在一开始的时候。尽管XT售价几乎比普通斯巴鲁贵了一倍，公司在第一年仍卖出了2.7万辆，然后销量急剧下滑并最终停产。

这种现象很常见。每当公司推出一种与其一般产品系列完全不同的产品，最初有"冲击"效应会引起兴趣。随着冲击效应逐渐消失，销量也会跟着消失。

从斯巴鲁XT到讴歌NSX再到水晶百事，你看到的现象都一样。水晶百事上市第一个月的销量占软饮料市场4%。一年以后，它就消失了。

讴歌NSX上市第一年的销量是2 600辆，现在一年的销量不到1 000辆，并且还在下滑。

1985～1986年推出的XT轿跑车正好碰上斯巴鲁在美国市场处于顶峰，从此以后就开始走下坡路了。由于XT让产品失去聚焦，导致斯巴鲁销量从1986年的18.3万辆下滑到现在一年不到10万辆。

1991年，斯巴鲁又尝试了一次。这次的跑车被称为SVX，和XT一样，它的价格也几乎比普通斯巴鲁贵一倍。汽车出版界欣喜若狂。

《名车志》(*Car & Driver*)杂志写道，"即使这种车型对竞争激烈的豪华双门跑车市场的自杀式攻击只是成功的一半，它也将不仅改变斯巴鲁的含义，还将全面提升类似的后续车型的性能"。在一开始的爆发之后，销量下滑一半，重演了XT的悲剧。

你无法改变斯巴鲁的含义。你无法改变在顾客或潜在顾客心中任何一个词的含义。你唯一能改变的是"斯巴鲁"这个词。实际上这倒可能是个好主意。

因为最后一个字母是u，斯巴鲁并不动听。而一个难听的词很难与跑车这样的高档概念联系起来。对多数人来说，斯巴鲁跑车是一个矛盾的说法。

对于斯巴鲁这种名字来说，聚焦低价是不错的选择。如果价钱便宜，潜在顾客会问自己，"为了买到便宜车，我必须放弃什么？"大众汽车以低价销售甲壳虫（Beetle）这种便宜小车就大获成功。

大众的聚焦与失焦

"1970款大众难看得更久"曾是一段特别有效的广告。难看也有好处，难看的汽车耐用。

当时大众拥有强大的聚焦：可靠、便宜和难看的小车。例如，1968年大众在美国的销量为56.4万辆，在美国进口车市场的份额达到令人难以置信的57%。但大众后来偏离了它的聚焦。

1971年，该公司推出412车型。广告上说："大众推出新款大型轿车。"先是小型，然后大型？

1976年，该公司推出达西尔（Dasher）。广告上说："大众十分荣幸地进入豪华车市场。达西尔，优雅的大众。"先是难看，然后大型，再来优雅？

失去聚焦的同时也失去了市场，大众继续走下坡路。在20世纪七八十年代，大众的市场份额连年下滑。今天，该公司在美国进口汽车市场的份额下滑至7%，或每年大约11.4

万辆，与斯巴鲁差不多。

许多公司的经历与大众相似。传奇开始于一种像原先的甲壳虫那样的热销产品，让公司在市场上占有了一席之地。但产品不可能一直热销，销量迟早都会下滑。大众应该怎么做？

在这个时候，大众有三个选择：①跟随市场推出大型豪华车型；②坚持原来的聚焦；③开发新品牌适应市场变化。

跟随市场推出大型豪华车型

这是大众正在采取并导致了悲剧性结果的策略。总的主题是："不同的大众给不同的群众。"

计划推出的车型与消费者对大众品牌的印象不符，这种做法使公司失去聚焦，从而对品牌造成损害。这就是问题的关键。

很多商人认为，产品质量决定成败。在大众这样的公司，到处都是质量格言。

正确聚焦的品牌带来高质量的认知，与真实情况无关。失去聚焦的品牌让人感觉有什么地方不对，也与产品质量无关。潜在顾客面对大型和相对高价的大众车会认为"这不是大众"。展示厅里的汽车与顾客心智里的认知不一致。

坚持原来的聚焦

这是一种不错的策略。坚持，或者说什么都不做，让白色城堡、Zippo 和其他公司一直都有利可图。另外，产品变化谁也说不清。就大众汽车而言,如今有一种强烈的趋势回到早期以甲壳虫为代表的车型,小型、实用、便宜和驾驶乐趣。

在美国,彩虹汽车就是一个很好的案例。彩虹的销量几乎等于大众现有的七个品牌——卡布里奥内(Cabriolet)、科拉多(Corrado)、捷达、高尔夫、帕萨特(Passat)、卡布里奥(Cabrio)和福克斯(Fox)——销量的两倍。雪佛兰的吉奥麦多(Geo Metro)是另一个案例,年销量约80 000辆。

在欧洲,雷诺丽人行(Twingo)和菲亚特500(Cinquecento)也是这种趋势的案例,这两种车型年销量约35万辆。福特也计划推出类似车型,名字暂定为Ka。

真正令人兴奋的,是获得交口称赞的大众概念车(Concept One)。这款车在世界各地的汽车展上引起轰动,被视为甲壳虫再生。

既然可口可乐在新可乐失败之后可以恢复原来的配方,大众为什么不可以呢?经典大众可能会和经典可乐一样受欢迎。

开发新品牌适应市场变化

大众应该使用一个或多个新品牌,而不是以大众的名义推出大型豪华车。这显然就是本田讴歌和丰田雷克萨斯所采取的成功策略。

大众应该尝试变成德国的"通用汽车",在每个价格区间都有一个品牌。大众可能认为自己的三个主要产品高尔夫、捷达和帕萨特就是不同类型的品牌。

然而,在大众品牌和高尔夫、捷达以及帕萨特之间存在巨大差异。差异不是在字面上,而是在顾客心智里。如果潜在顾客看见一种没见过的汽车,首先会问:"这是什么车?"

如果回答是"帕萨特",下一个问题是"帕萨特是谁生产的?"

"大众公司。"品牌就是生产厂家的公司名称。型号则用于区分一家公司生产的同类产品。潜在顾客往往将一家公司的不同型号视为同类产品,而把不同的品牌视为不同的产品,因为它们是由不同公司生产的。

通用汽车是怎么回事?凯迪拉克是谁生产的?看起来可能有点奇怪。通用汽车造成了一种感觉,大家认为凯迪拉克是由凯迪拉克汽车公司生产的,这是一家由通用汽车拥有的独立公司。

如果通用汽车在同一条生产线上生产雪佛兰和凯迪拉克,一旦被潜在顾客发现,将导致严重后果!(你可能记得那桩丑闻,通用汽车把雪佛兰发动机装在奥兹莫比和别克上。有别克车主说:"既然我买的是别克,我要的就是别克,包括发动机和所有一切。")

奥迪是谁生产的?事实上,大众生产了奥迪,但是通过一家独立的子公司。这样一来,奥迪就成为拥有独立生产设施和经销网络的独立品牌。但与斯巴鲁一样,奥迪这个名称也不好,因此它对于大众的多梯级聚焦战略并没有什么帮助。

1986年,奥迪品牌差点被哥伦比亚广播公司的《时事

60分》节目毁掉,节目标题为"失控"。这个节目大概对奥迪5000的"突然加速"进行了纪实报道。(经过多年调查,有证据表明事故由驾驶失误造成。)

认知比事实更重要。奥迪销量大幅下滑,从节目播出前的每年7.4万辆,下降到如今每年1.8万辆。

要是"奥迪"是一个"更好的"名字,例如梅赛德斯-奔驰,那样损失就会小很多。我说更好的意思并不是更有名或更受人尊敬,而是更好听。好听的名字会像鸭子抖落水珠一样为你避免麻烦,难听的名字则会让你麻烦缠身。

如何应对变化

时光飞逝。所有公司都迟早会遇到大众这样的问题。我们是:①跟随市场推出新产品;②坚持原来的聚焦;③开发新品牌适应市场变化?

第一种是失败的策略,因为它导致公司失去聚焦。多数公司采取这种策略,因为它们认为跟随市场变化比保持聚焦更重要。

第二种有可能成功,因为它保持了公司原来的聚焦。第三种也可能成功,因为它建立了一种多梯级聚焦。

话虽如此,但不要低估开发新品牌的难度和成本。产品总是在变,但新品牌只能偶尔推出。公司应该知道,成功之路是由品牌而不是型号铺就的。新品牌的投入的确很大,但谁说可以用很少的投入获得成功?

公司是否应该把名字作为品牌,这是一个反复出现的问题。例如，通用汽车是否应该把它的名字放在雪佛兰前面？从顾客角度考虑，也许不应该这样做。因为你想保持这种错觉，是雪佛兰公司生产了雪佛兰。

基于同样考虑，土星品牌作为"不一样的公司，不一样的车"推出。通用汽车希望制造一种错觉，让消费者认为土星是一家汽车公司，而不是和雪佛兰一样的通用汽车子公司。

消费者会买账吗？是的，部分消费者会买账。尽管他们知道土星属于通用汽车，但他们觉得土星"像一家独立公司那样运作"。

但是，从许多其他感兴趣的人的角度来看，包括股东、金融研究员、银行和记者，在品牌中加上公司名可能有用。品牌名称用大号字体，公司名称用小得多的字体，就是不错的折中方案。

购买汰渍（Tide）洗衣粉的普通消费者可能很难找到宝洁公司的名称，但它就在盒子上的某个地方。汰渍是一个品牌，需要一种独立特征。

为了配合多梯级聚焦而收购品牌没错。但很多有强烈收购意识的公司找的是"搭配"而不是"聚焦梯级"。只要收购对象不同于收购公司，这种搭配就被视为正确。

1989年，福特公司以26亿美元收购捷豹的交易被认为是完美交易。捷豹汽车是小型豪华跑车，与福特汽车公司生产的产品完全不同。但捷豹怎样配合福特的产品呢？福特、水星、林肯、捷豹？形成这种产品序列的可能性不大。

林肯车主更有可能换一辆梅赛德斯－奔驰，而不是一辆捷豹那样的小车。

这一并购交易在财务上也是失败的。在福特拥有捷豹的五年中,捷豹亏损约 13 亿美元。此外,福特还不得不向捷豹投入成百上千万美元资金,用于设备更新改造。

到 1996 年底,福特在捷豹的新产品开发、生产线更新改造和裁员方面的总投资将达 16 亿美元。如此巨大的投资,回报却几乎为零。如果时光倒流,福特还会收购捷豹吗?

"这个问题很难回答。"福特 CEO 亚历山大·托特曼(Alexander Trotman)说。他的意思是:不,但我不会认错。

收购破坏聚焦

如果你希望公司保持聚焦,就不要收购品牌。要配合单一聚焦策略收购"聚焦梯级"。

宝马以 12 亿美元向英国宇航公司(British Aerospace)收购罗孚集团控股公司(Rover Group Holdings),也犯了同样的错误。

宝马给自己带来两个问题。首先,罗孚是一家失去聚焦的公司,罗孚既有乘用轿车也有休闲越野车。其次,它的豪华休闲越野车路虎揽胜(Land Rover/Range Rover)与普通休闲越野车路虎发现(Land Rover/Discovery)很难区分。预测:另一个捷豹。

宝马董事长毕睿德(Bernd Pischetsrieder)将罗孚的乘用车视为宝马进入拉美、印尼、印度、中国和菲律宾市场的入门级低价车型。

这种可能性非常小。罗孚不是以"经济型轿车"著称，与菲亚特、雷诺和大众不同。用低价的基本型轿车作为宝马单一聚焦的入门级也不合适。

宝马是什么？是一部驾驶机器。车型小、马力大、售价高、德国造。宝马是否应该进入更高端或低端的市场？如果向低端发展，它就会直接与大众、菲亚特和雷诺竞争。考虑到宝马的传统，这种前景并不诱人。如果向高端发展，就会与梅赛德斯－奔驰竞争。

但任何市场都能够容纳两个品牌。可口可乐与百事可乐，麦当劳与汉堡王，雪佛兰与福特，凯迪拉克与林肯。在高档汽车市场，梅赛德斯－奔驰是独此一家，没有第二种选择。

实际上，宝马七系列已经取得了一定成功，在美国市场售价至少为5.8万美元，每年销量达1.5万辆。宝马应该用一个可以跟梅赛德斯－奔驰平起平坐的高档品牌。

让七系列使用第二品牌可以达到两个目的。它可以让宝马重新聚焦于纯粹的小型驾驶机器，并为公司创造一个可以跟梅赛德斯－奔驰竞争的豪华品牌。

杂志的多梯级聚焦

杂志业务是建立多梯级聚焦的典范。作为当代世界上最成功的杂志出版商，美国时代集团（Time Inc.）的第二份杂志不是取名为《时代商业》，而是取名为《财富》。

同样，是《生活》（*Life*）而不是《时代图画》；是《体育画报》而不是《时代体育》；是《金钱》（*Money*）而不是《时代财经》;是《人物》而不是《时代名人》;是《娱乐周刊》(*Entertainment Weekly*)而不是《时代娱乐》。

《时代》《财富》《生活》《体育画报》《金钱》《人物》《娱乐周刊》。在单一聚焦新闻的企业战略中,这些都是不同的聚焦梯级。

世界新闻、商业新闻、图片新闻、体育新闻、个人财经新闻、名人新闻和娱乐新闻。《生活》杂志受到电视节目冲击,但其他六份杂志的出版仍然有影响、有利润。

和时代集团一样,一家公司也可以在单一聚焦的同时拥有多个品牌,这些品牌都有自己的独立特征。

如果为了强调企业联系而放弃这些独立特征,那就是自找麻烦。在20世纪70年代初,《星期六评论》(*Saturday Review*)决定再发行四种不同杂志体现企业联系,以便提高这些杂志的声誉。

- 《星期六评论:艺术》
- 《星期六评论:教育》
- 《星期六评论:社会》
- 《星期六评论:科学》

完全是一场灾难。刚过了一年,《星期六评论》对自己的处境进行了一番评估,决定到此为止,亏损达1 700万美元。那时候,1 700万美元是一大笔钱。

当帕特·麦戈文(Pat McGovern)1967年创建美国国际数据集团(International Data Group,IDG)时,他采取

了另一种做法。在出版第一份杂志《计算机世界》(*Computerworld*)以后,IDG已经有235种其他(名字不同的)出版物,以24种语言在全世界67个国家出版,年收入共计1亿多美元,并一直以每年15%的速度增长。

IDG的出版物都与计算机有关。"我们一直聚焦于信息科技,并随着IT行业一起增长。"麦戈文先生说。该公司成功的关键在于它的国际视野。IDG于1971年进入日本,1975年进入德国,并于1976年进入巴西。

箭牌成为品类高手

急于增长的公司常常在应该全球化扩张的时候,将资源用于国内扩张。

与国内全面覆盖的品牌比起来,在国际范围精准聚焦的品牌要成功得多。国际战略可以让公司在增长的同时不会失去聚焦。

从通用磨坊分拆出来的达登餐厅是一家采用多梯级策略的高度聚焦的公司。作为世界上最大的休闲餐饮公司,达登有两个梯级,分别聚焦于不同的菜肴,即红龙虾餐厅和橄榄园餐厅。

这样,达登餐厅就可以向两个方向发展而又不会失去聚焦。它还可以通过不同类型的菜肴增加其他梯级,也可以进行国际扩张。

多梯级聚焦的经典案例可能是美国箭牌糖果有限公司(Wm. Wrigley, Jr. Co.)。100多年以来,箭牌一直聚焦于口香糖。

在公司历史上,大部分时间只卖三个品牌的口香糖:黄箭(Juicy Fruit)、白箭(Spearmint)和绿箭(Doublemint)。在市场出现变化的时候,这家口香糖巨头增加了顺应肉桂时尚的红箭(Big Red)品牌、顺应无糖时尚的益达(Extra)品牌和顺应"不粘"时尚的益齿(Freedent)品牌。最新品牌是清新口气的蓝箭(Winterfresh)。

箭牌在过去十年的业绩令人惊讶,销售收入连年增长,从1984年的5.9亿美元增长到1994年的16亿美元。更惊人的是销售利润率稳步上升,从1984年的7%到现在的14%。(各位,我们说的是口香糖,不是计算机芯片。)

一半美国人嚼口香糖,箭牌则拥有口香糖市场的半壁江山。箭牌有一半收入来自北美以外地区,这一比例在不远的将来应该还有很大增长。高度聚焦于单一产品的好处非常多。

箭牌不断降低生产成本,使它能够保持低价并将竞争对手拒之门外(贴牌生产口香糖几乎没有利润空间)。低廉的生产成本让箭牌可以承担巨额广告预算。箭牌每年的广告费占收入的7%,也就是每年1.2亿美元,却不会对公司利润造成影响。

将来,像箭牌这样精准聚焦的公司会使用"高/低"战略来主导市场。销量高、广告费用高,生产成本低、售价低。

这种战略组合在零售行业被称为"品类杀手",在制造行业没有专门的称呼。英特尔、康柏、可口可乐和箭牌是实施这种战略的典范。

当你像箭牌那样成为领导者,你就可以投资于增加市场规模和品牌以外的领域。市场一致认为，箭牌推出的宣传计划"不能吸烟的时候"，在很大程度上提升了口香糖的销量。

箭牌的多梯级聚焦体现为长期保持公司战略协调一致。例如，绿箭的"双胞胎"广告开始于20世纪60年代。现在，不管是绿箭最大的代理商，还是那对双胞胎，好像都准备嚼一辈子绿箭口香糖。

正如一位金融研究员所说的那样："两个来自纽约的家伙，穿着3 000美元的西服，打着瓜分世界的如意算盘。箭牌与他们恰恰相反。"

贺曼公司为何失败

表面上，贺曼公司（Hallmark）在贺卡业务上的做法与箭牌公司在口香糖业务上的做法有很多相似之处。但只是在表面上。

与箭牌一样，贺曼的战略也有多个梯级：经典的贺曼系列贺卡，折扣店销售的大使系列贺卡，给宠物主人的宠爱系列贺卡和幽默的鞋盒系列贺卡。战略很有效。贺曼也几乎占有贺卡市场一半份额，跟箭牌差不多。

但与箭牌不同的是，贺曼没有单一聚焦策略。多年以来，贺曼先后收购并卖掉了一家珠宝公司——翠法丽（Trifari）、一家画框公司——波士顿-伯恩斯（Burnes of Boston）、一个西班牙语电视台——环球电视（Univision）和一家价值10亿美元的有线电视公司。

但贺曼还是保留了一些无可救药的多元化业务，有绘儿乐蜡笔（Binney & Smith），还有最近以3.65亿美元收购的电视制作公司和持有的大量房地产。

"贺曼可能很快好起来吗？"这是《商业周刊》最近一篇文章的标题。文章补充说："贺卡巨头泥足深陷于它的专卖店业务，并继续下沉。"私人控股的贺曼公司的净资产回报率估计为8%。（箭牌为37%。）

很难说清贺曼的情况有多糟糕。但《商业周刊》报道说，公司2.1万名员工持有1/3的股权，他们每年的分红从1990年占工资的10%下降到1994年只占工资的6.5%。

贺曼管理层似乎忘了要让公司重新聚焦于贺卡业务，他们仍然醉心于贺曼的品牌魅力和许多可能的品牌延伸。贺曼的CEO吹嘘说："我们可以发行一系列共同基金，人们应该会买，这就是品牌的力量。"

胡说八道。只有在聚焦于单一产品或概念时，品牌才有力量。汽车、计算机杂志、休闲餐厅、口香糖，已经有公司针对这些产品建立了聚焦。

聚焦没有局限

但是，聚焦不一定要针对某种产品。有些公司针对不同产品所共有的某种属性也成功建立了多梯级聚焦。

以奢侈品为例。范登奢侈品集团（Vendome Luxury Group）专门培养和收购满足其定义的奢侈品牌："质量、特色、真材实料。"

该公司下属品牌包括卡地亚珠宝（Cartier）、登喜路男性产品（Alfred Dunhill）、万宝龙笔、伯爵表（Piaget）和名士表（Baume & Mercier）、苏尔卡领带（Sulka）和卡尔·拉格斐（Karl Lagerfeld），等等。这是一系列声誉卓著的品牌。

仅仅万宝龙的出色表现就值得一说。万宝龙的雪茄形钢笔从香烟形钢笔品牌，如克罗斯文具（A. T. Cross）、吉列威迪文（Gillette's Waterman）和派克（Parker）手中夺走了高端市场，这些竞争对手正在努力追赶。

范登集团的利润也令人羡慕。公司销售收入约20亿美元，销售利润率达13%。（范登奢侈品集团实际是两家公司，一家成立于卢森堡，另一家成立于英国，通过一种交叉持股安排成为一体。股东持有的每份范登股权，包括这两家公司的各一份股权。）

像"奢侈品"这样的简单概念是未来的趋势。只要公司能够定义并在潜在顾客心智里拥有一个关键词，如口香糖或驾驶、安全性、奢侈品等，它就能够建立一个强有力的世界性组织，并可以成为一个行业、一个品类或一个细分市场的领导者。

精准聚焦变成一种动力，它可以消除竞争并树立公司的行业领导者形象。聚焦不是奢侈品，它是未来商业组织的必需元素。也就是说，想赚钱就必须聚焦。

服装业的多梯级聚焦

多梯级聚焦策略已经有一些令人惊喜的成功案例。以李维斯牛仔裤为例。这是一个享誉世界的品牌，其行业地位几乎与可口可乐、麦当劳和万宝路在各自行业的地位相当。

你大概认为李维·斯特劳斯（李维斯的业主）是美国最大的牛仔裤销售商，但它不是。

美国最大的牛仔裤销售商是位于宾夕法尼亚州怀俄米新的威福公司（VF Corp.）。威福的主要牛仔裤品牌——李牌（Lee）和威格（Wrangler）总销量超过李维斯。两个品牌让威福可以针对两个不同的市场。另外，两个品牌也让威福能够灵活处理代理商的排他性要求。

还有，威福的两个品牌都有各自的独立总部，从而保持了每个品牌的独立特征。李牌服装公司（Lee Apparel Co.）位于堪萨斯州梅里安姆。威格公司（Wrangler Co.）位于北卡罗来纳州格林斯博罗。

威福可以合并两个总部以节省费用吗？当然可以。这个主意好吗？当然不好。

但李维也在学习。一年后李维·斯特劳斯推出了码头工人系列休闲服，并收购了布列塔尼亚运动服公司（Brittania），将其变成在折扣店内销售的高性价比产品。

现在，李维·斯特劳斯的服装系列有三个梯级：布列塔尼亚、李维斯和码头工人。这三个颇具影响力的品牌至少可以在短时间内帮助李维·斯特劳斯保住世界最大品牌服装生产商的地位。

长远来看，李维·斯特劳斯在年轻人市场中没有站住脚。随着年龄增长，人们自然会买那些自己在年轻时喜欢的品牌。

根据最近的一项调查，30多岁和40多岁的人把李维斯选为"紧密联系时代"的第一品牌。（第二和第三分别是可口可乐和麦金塔。）对李维·斯特劳斯来说，这个消息喜忧参半。

忧的是，如今年轻人穿着的是宽松多袋的嘻哈风格衣服，他们不穿李维斯501。孩子们不想和父母听同样的歌，穿一样的衣服，他们想要自己的东西和自己的品牌。除了少数另类的城市品牌，没有别的服装品牌进入孩子们的世界。

李维·斯特劳斯应该推出一个新的品牌迎合孩子们的喜好。它应该是一个全新的品牌，而不是李维斯的延伸品牌。孩子们需要他们自己的东西，而不是成人品牌的变种。

例如，卡尔·威廉姆斯（Carl Williams）在1989年推出的街头风格品牌"卡尔卡耐"（Karl Kani）已经开始得到市场认可，年销售收入达到约6 000万美元。

事实上，每家公司都应该更多关注低梯级而不是高梯级市场。年轻群体是新品牌的最佳目标，他们想让自己与众不同，因此非常愿意接受新品牌。年龄越大的人越难改变生活方式，越难接受新品牌。

很多公司不复存在，就是因为它们过于执着，想方设法挽救现有品牌，却不愿为年轻顾客推出新品牌。

多梯级应与时俱进

在理想情况下，每个公司都应该采取单一聚焦战略，拥有多梯级聚焦或多个品牌，然后不断向市场补充新品牌，并从市场淘汰老品牌。

在香水这类日新月异的商品上，不难看出以上策略的效果。例如，CK（Calvin Klein）推出的痴迷（Obsession）品牌获得巨大成功。然后它推出的逃避（Escape）品牌再获成功。现在CK的热销产品是CK1号（CK One）。

另外，香奈尔（Chanel）试图用香奈尔5号、香奈尔19号和Coco香水坚守香奈尔品牌，但它的市场正在慢慢随着它的客户一同老去。

多数公司像香奈尔而不像CK那样经营，它们不投资新品牌，却在老品牌上面耗费钱财。如果行业领导者企业未能推出年轻顾客需要的新品牌，顾客就会从一家公司转向另一家公司，因此市场上才会不断涌现出新的领导者。

- 推出"肥"笔新品牌的不是派克，而是万宝龙。
- 推出新潮饮料的不是可口可乐，而是斯纳普（Snapple）。
- 推出时尚手表的不是精工，而是斯沃琪（Swatch）。

始终保持多梯级聚焦的好例子很少见。尽管通用汽车早期的多梯级聚焦获得了成功，但它并没有坚持这一策略。

常见的都是那些在一个品牌下面有多个产品梯级的公司。不幸的是，由于公司在总体上缺乏聚焦，很多产品或型号被埋没了。（如前面提到的克莱斯勒彩虹。）它们的战术可能是有效的，但它们的战略却是失败的。

以奶酪蛋糕和连裤袜生产商莎莉集团为例。1960年以来，该公司——原名为联合食品公司（Consolidated Foods Corporation）进行了超过150次各种收购。

收购的产品包括伊莱克斯真空吸尘器（Electrolux）、奇伟鞋油（Kiwi）、恒适袜子（Hanes）、吉米·迪恩肉制品（Jimmy Dean）、冠军运动服（Champion）和倍得适服装（Playtex）。虽然其中有很多收购显得很划算，但公司却完全失去了聚焦，为将来的发展埋下了隐患。

莎莉集团有的业务非常出色。公司是世界上最大的袜子生产商，但做到这一点靠的不只是一个品牌。

恒适袜子在百货公司的销量排名第一。由于光顾百货公司的妇女的人数和次数都在减少，恒适需要寻找一个新的销售渠道。妇女们至少每周光顾一次的是什么商店？

显然是超市，但超市不卖连裤袜。正是由于这个原因，这一选择非常明智。商业上80%的成功就是源于率先出现。恒适率先出现在超市。

接下来要决定品牌名称。多数人会选择"恒适2"或其他名称，以便反映恒适是销量最大的袜子品牌。但多梯级聚焦要求每个梯级都有独一无二的名称。最后的选择是：蕾格丝（L'eggs，为了强调品牌名称，产品包装采用四英寸的白色塑料蛋。）

这是一个绝妙的名称。这样一来，新品牌就将销售渠道深深印入了顾客心智里。在哪里买腿上穿的蕾格丝袜子？就在你买鸡蛋的地方。

如今，蕾格丝是美国连裤袜领导品牌，占市场份额达25%。莎莉集团在美国袜子市场的销售收入约10亿美元，蕾格丝占2/3，恒适和几个小品牌占其余1/3。莎莉集团用两个品牌主导了百货公司和超市这两个连裤袜销售的主要渠道。

泰勃兰兹和百得的故事

最近,泰勃兰兹公司(Tambrands Inc.)也决定采取多梯级聚焦策略。在成立至今 60 年的历史中,公司大部分时间都聚焦于行业领导品牌——丹碧丝卫生棉条(Tampax)。

与多数公司一样,泰勃兰兹对丹碧丝进行过品牌延伸,也进行过多元化发展,涉及妊娠检测设备、化妆品和卫生巾等产品。结果都不太理想。

与此同时,丹碧丝的市场份额从接近 60% 下滑到 50%。董事会很恼火,在 1989 年和 1993 年连续解雇了两位 CEO。最后,公司采取了几年前就该实施的多品牌战略。

问题是纸和塑料如何选择。丹碧丝是"真材实料",是最早的纸质棉条。倍得适是最新的塑料棉条。不幸的是,年轻女性认为丹碧丝老套,而认为倍得适时髦。"倍得适一代"就是这个意思。

于是泰勃兰兹推出色丁(Satin Touch)品牌,这个品牌的产品附带一种纸质导管,看起来和感觉起来都像塑料,但它可以生物降解,可以像丹碧丝那样从下水道冲走。现在泰勃兰兹就有了两个梯级的棉条:供应年长女性的丹碧丝棉条用传统蓝色盒子包装,供应年轻女性的色丁棉条用亮粉色盒子包装。

还有一个例子。百得公司(Black & Decker)是世界上最大的电动工具制造商。但和莎莉集团一样，它也因为收购而陷入财务困境。最著名的是在1989年以27亿美元收购埃姆哈特公司（Emhart Corp.）。不过，百得公司在开发辅助品牌方面有良好的判断力。

为了针对专业市场，公司于1992年新推出了得伟品牌（DeWalt），而百得品牌仍然聚焦于业余和DIY市场。

在得伟品牌推出以前，百得公司只有10%的耐用工具市场份额。日本牧田公司（Makita）是专业市场的行业领导者，市场份额达50%。

在公司内部被称为"讴歌概念"的得伟品牌取得了巨大成功，不到三年，得伟品牌的年收入达3.5亿美元，成为专业市场第一品牌和百得之后的第二大电动工具品牌。

如何划分聚焦梯级

如何划分聚焦梯级有许多不同方法，最关键的是要保持一致性。要努力避免梯级之间相互重叠。（重叠就意味着你跟自己竞争。）为了避免这一困境，需要让全部梯级聚焦于一种产品属性。例如：

- 价格。这是最常见的梯级，最佳诠释就是阿尔弗雷德·斯隆为通用汽车开发的汽车梯级。每个品牌都有特定的价格范围，没有相互重叠。其他例子包括吉列公司在湿刮市场的剃须刀梯级——双刃剃须刀TracⅡ、可调节剃须刀Atra和避震剃须刀Sensor；安海斯－布希公司的啤酒梯级——布希啤酒、百威啤酒和米狮龙啤酒。
- 年龄。品牌和产品也跟人一样会变老。当现有品牌开始领退休金时,针对年轻人推出新品牌就是一种有效的策略。当丹碧丝在1936年推出时,只有年轻女性使用。今天,丹碧丝当然成了"妈妈用的牌子"。色丁针对的是年轻女性。
- 菜肴。达登餐厅(红龙虾餐厅和橄榄园餐厅)覆盖了海鲜和意大利菜这两种最受欢迎的菜肴品种。随着公司的发展,应该增加新的菜肴品种以满足顾客对不同口味的需求。而增加"普通"休闲餐饮概念或快餐概念则会打乱现有菜肴连锁组合,对业务造成损害。要跟对手竞争,不要跟自己竞争。
- 销售。销售渠道之间的竞争十分激烈。同一品牌在不同渠道销售可能会出现问题。如果莎莉集团在超市使用恒适品牌销售连裤袜,结果会如何?对百货公司的销售又会有什么影响?为每个渠道设计不同品牌是理想的解决方案。

以上只是列举了一部分可用于建立多梯级聚焦的产品属性。唯一的局限就是你的想象力。过去,成功的公司把握了竞争对手想不到的机会。销售聚焦就是最新出现的机会。将来还会出现其他新的、目前尚未发现的机会。

为何成功无法持续

有些成功的企业家没能把最初的成功转变为多梯级聚焦。

韦恩·惠森格就是一个例子。

韦恩·惠森格先后在废物管理公司和百视达娱乐公司取得了巨大成功,与他同样成功的人屈指可数。他使用同样模式经营这两家公司——概念开发,公司上市,然后通过收购竞争对手快速扩张。

惠森格在音乐业务方面踏错了节拍,他没有继续采取废物管理公司和百视达娱乐公司的成功模式,而是将百视达品牌延伸到唱片业务。

如今,百视达公司的音乐品牌有500多家商店。它们会像录像带连锁店那样成功吗?可能性非常小。

百视达是什么?它是你租录像带的地方还是买唱片的地方?百视达没有建立不同的梯级,而是步人后尘变成一家失去聚焦的公司。

百视达进入音乐市场不仅为时已晚,而且在当时的市场上已经充斥着以低价作为唯一竞争手段的恶性竞争。

大陆航空也犯了同样的错误。为了针对两个不同的市场,大陆航空一分为二,一个针对全方位服务的高价市场,另一个针对无机舱服务的廉价市场。但它忘了给廉价业务取一个不同的名称。

1993年10月,大陆航空满怀信心地推出廉价业务,大陆航空精简版(CALite),并投入6 000万美元大做广告。

但很多乘客把CALite联想成加利福尼亚航空而不是大陆航空。为避免这种混淆,CALite很快改为Continental Lite,两个都行不通。1995年大陆航空终止了这项业务,亏损1.4亿美元。

和大陆航空一样,你不能用一个品牌进行多梯级聚焦。为了使这一策略生效,大陆航空需要一个全新的、跟母公司没有关系的名称。要是土星当时被称为"凯迪拉克精简版",它会成功吗?我想不会。

除了名称之外,还有一个问题。大陆航空是否应该为了提供分梯级的航空服务而一分为二?我不这样认为。大陆航空拥有美国市场不到10%的份额,面对美国航空和美国联合航空这样的竞争对手,不应该分散资源。

还有其他问题。大陆航空本身的业务缺乏聚焦。大陆航空是什么公司?最近一位乘客说过:"我知道大陆航空。这是一家已经破产两次的航空公司。"

大陆航空有一个好名字,但历经坎坷。公司应该聚焦于什么市场?它设想的大陆航空精简版是个好主意,但执行得很糟糕。它应该采取和西南航空相同的策略,将大陆航空变成另一个西南航空。大陆航空本来就是一家低成本航空公司,公司每座位每英里成本仅8美分,处于行业最低。

大陆航空本该成为第一家无机舱服务的航空公司,并拥有"全国性的"名称和知名度。"大航空公司的服务,小航空公司价格。"

多梯级应对竞争

美国运通的例子也说明,在面对更为强大的竞争对手时,分散自己的力量只会徒劳无功。当美国运通卡面对维萨和万事达卡的竞争节节败退时,公司还一直执迷于运通基本卡的多元化发展。

"美国运通最实惠卡"(Optima True Grace)是最新推出的一种噱头十足的信用卡。在你欠款未还时,多数信用卡会对你的每一笔消费计息。而只要消费日期没有超过信用卡月结日 25 天,最实惠卡的持卡人即使欠款未还,信用卡公司也不会开始计算利息。

实际上,美国运通同时有信用卡和借记卡,像大陆航空精简版和大陆航空一样让客户混淆。当需要集中资源挽回基本卡业务面临的不利局面时,美国运通却还在另辟蹊径,在强大的对手面前分散力量。这肯定是一种战略失误。

品牌的力量就是顾客心智里对品牌及其信誉的认知。如果一个品牌有两种产品,品牌的力量就会被一分为二。如果一个品牌只有一种产品,品牌的力量就不会被削弱。

因此,所有积极进取的公司都应该以多梯级聚焦策略为目标。一旦达到了某种限度,进一步发展的唯一办法就是推出新品牌。

你不可能用一个品牌占据一半以上的市场份额。万宝路占美国香烟市场不到 30% 的份额,麦当劳占美国三明治连锁店市场不到 35% 的份额,这么强大的品牌也做不到。

有少数品牌的市场份额很高。数十年前,柯达和佳得乐(Gatorade)各自的美国市场份额都超过 90%。今天,在富士胶卷的竞争压力下,柯达在业余胶卷市场的份额已经下滑到 70%。在爆锐(PowerAde)和全动的竞争压力下，佳得乐的市场份额下滑到 80%。不难预料这种下滑仍将持续。

在一个空白的市场，不难拥有 100% 的份额。吉普曾经拥有全部的休闲越野车市场，后来，竞争对手突然出现并将吉普的市场份额压缩到 50% 甚至更低。

适时推出第二品牌

行业领导者应该考虑适时推出第二品牌，而不只是紧握双拳去夺回失去的市场份额。

适时是什么时候？行业领导者不应该在乎竞争，而应该在乎机遇。就算你正在失去市场，也不该因此而推出第二品牌。如果你模仿竞争对手的做法，第二品牌就很有可能失败。

不管你的市场份额是 90%，还是已经从 90% 下滑到了 50%，都要等到发现新的聚焦才能推出第二品牌。

泰勃兰兹发现了一种基于纤维素的材料，所生产的导管有倍得适塑料导管的优点，但又可以像丹碧丝那样从下水道冲走。

那就是色丁品牌的新聚焦。盲目模仿倍得适产品可能徒劳无功。（事实上，泰勃兰兹曾经用丹碧丝品牌推出过这样的产品，确实徒劳无功。）

吉列是另一个正确使用新品牌并将美国市场份额保持在 50% 以上的好例子。同样，吉列也是等到新产品有了清晰聚焦的时候，才推出新的品牌。

首先是第一款双刃剃须刀 Trac Ⅱ，然后是第一款可调节剃须刀 Atra，最后是第一款避震剃须刀 Sensor。用湿刮市场上的三个梯级品牌，吉列拥有了近 65% 的市场份额。

多梯级聚焦在赌场与在剃须刀市场同样有效。比较一下老唐和老斯（The Stephen）。老唐在大西洋城（Atlantic City）有三家赌场酒店，都以特朗普冠名：特朗普泰姬玛哈（Trump Taj Mahal）、特朗普广场（Trump Plaza）和特朗普城堡（Trump Castle）。

赌徒有两种：喜欢特朗普的和不喜欢的。特朗普所做的，等于是将他的追随者一分为三。这个办法不太好，难怪老唐多年来盈利不佳。

另外，老斯在拉斯维加斯有三家赌场酒店，但斯蒂芬·韦恩（Stephen Wynn）让每家酒店各具特色。有针对市中心职业赌徒的掘金赌场（Golden Nugget），提供火山爆发表演，可以和白虎亲近的海市蜃楼赌场（The Mirage），还有最新的海盗主题的金银岛赌场（Treasure Island）。

现在韦恩正在拉斯维加斯新建两家赌场酒店，名字既不是海市蜃楼 2 也不是掘金赌场 2。这两家是高档的意大利主题的百乐宫赌场（Bellagio），还有高性价比的、维多利亚主题的蒙特卡罗赌场（与马戏团赌场合资）。

韦恩 1980 年在大西洋城开办的掘金赌场也很成功，七年后它被卖给了贝里娱乐公司。在韦恩时代，掘金赌场大概是拉斯维加斯经营得最好和最赚钱的赌场酒店。

从那以后，事情急转直下。贝里公司，也是贝里公园广场酒店（Bally's Park Place）的业主，很快就把掘金赌场改为贝里赌场。

在拉斯维加斯的12家赌场酒店中，贝里赌场业绩一直垫底。它是特朗普问题的再现。你没有办法在同一个城市以相同名字打造两个强大而成功的品牌。（在不同城市可以。）

单一聚焦战略需要用不同的名称配合不同的梯级，否则就会使顾客感到迷惑，并削弱自己的商业潜力。

也许韦恩应该保留掘金赌场的名称，以便最终回到大西洋城。那样的话，贝里可能就不会收购这家赌场。要是没有品牌，很多财产都不值钱。要是没有"可口可乐"品牌，可口可乐公司价值多少？只能占其930亿美元市场估值的一小部分。

HFS与万豪的成与败

多梯级聚焦的另一个成功案例是酒店特许连锁系统（Hospitality Franchise System，HFS）。HFS是世界上最大的酒店特许权人。它既不经营也不拥有任何酒店，只是向拥有42万个房间的4 000多家酒店授权使用以下酒店品牌：天天客栈（Days Inn）、豪生酒店（Howard Johnson）、公园旅馆（Park Inn）、华美达酒店（Ramada）、速8酒店（Super 8）和乡村旅馆（Villager）。公司最近一年的收入为3.13亿美元，净利润为5 300万美元，销售利润率为17%，非常合理。

让研究员感到困惑的是，HFS最近以2.3亿美元向大都会人寿收购21世纪物业公司的地产代理业务。HFS公司CEO在出租物业和房地产市场之间发现了协同效应。（大都会人寿好像没发现在房地产与抵押贷款或房地产与保单之间有什么协同效应。）

太糟糕了。HFS拥有单一聚焦（酒店特许权人）和不同梯级（六个品牌）。21世纪物业公司的加入将使它失去聚焦。要是房地产业务顺风顺水，21世纪物业公司的地产代理业务可能会表现不错。但它核心的酒店业务怎么办？不是担心新的业务失败，真正的问题是公司可能因为管理层忽视核心业务或失去聚焦而付出代价。

另一家酒店特许权人（和经营者）万豪国际则已经认识到独立品牌的价值。万豪品牌多年来被错误地用于许多不同的物业：万豪酒店、万豪公寓酒店、万怡酒店和位于曼哈顿与亚特兰大的万豪侯爵酒店（Marriott Marquis）。公司开发了低端品牌仙境客栈，并收购了另一个低端品牌——居民旅馆（Residence Inns）。

公司不是用万豪侯爵酒店作为高端品牌，而是与一些投资者一起，于近期收购了丽思卡尔顿酒店（Ritz-Carlton）49%股权，并有权于几年内收购其余51%股权。

丽思卡尔顿酒店和四季酒店（Four Seasons）都是世界酒店顶级品牌。有了高端品牌丽思卡尔顿酒店，中端品牌万豪，低端品牌仙境客栈和居民旅馆，万豪的将来就有了强大的多梯级聚焦。

很多公司画蛇添足。它们为了开发新的业务梯级而投资新的品牌，但那以后，它们却把新品牌和现有品牌联系起来。"万怡"就是一个例子，这到底是不是一家万豪酒店？

答案：既是又不是。这就是万豪造成的混乱。

何时需要改名

安达信公司（年收入35亿美元）是美国最大的会计公司，是美国六大会计公司中最大的一家。但税务和审计业务市场不景气，因此公司在20世纪70年代加速发展电脑咨询业务。

今天，安盛咨询公司（Anderson Consulting，年收入32亿美元）是全世界系统集成、硬件配置、软件设计和客户操作培训方面的行业老大。《财富》500强企业有一半都是它的客户。

安盛咨询公司获得了巨大成功，但公司的名称有朝一日会成为公司发展的障碍。"但我们公司规模太大，成就太多，不能改名"，这是成功企业通常的反应。实际上，公司越大、聚焦程度越高，就越容易建立新品牌，因为媒体会来帮忙。

早在1972年，新泽西标准石油公司担心公司的名称与其他"标准"公司混淆，包括加利福尼亚标准石油公司、印第安纳标准石油公司和俄亥俄标准石油公司。因此，新泽西标准石油公司改名为埃克森石油公司（Exxon Corporation）。

由于新闻大量报道，埃克森一夜之间就成了一个家喻户晓的名称。大公司的任何重大转变肯定会引来媒体报道，这些报道有助于实现潜在顾客心智里的转变，而这才是最重要的。

Windows 95、新可乐、苹果的牛顿个人数码助理、福特汽车品牌埃德泽尔（Edsel）、埃克森，任何引发媒体想象的重大的新产品或名称变化（好的、差的或中性的）也会被灌输到潜在顾客的心智里。根据《纽约客》（*New Yorker*）作者约翰·布鲁克斯（John Brooks）的报道，埃克森1972年的果敢行动"颠覆了一个最古老的商业格言"，即"成功商标神圣不可侵犯，改变就等于自杀"。

改变不是问题。名称和产品一样会过时，因此有时需要改变。问题是什么时候改名？一般而言，只有当你可以让改名成为"新闻"的时候，才能改名。

埃克森改名引起轰动的原因，是媒体集中关注公司为所有加油站更换招牌所花费的成百上千万美元。没有加油站换牌的公司改名算不上是新闻。

发展多梯级聚焦六原则

建立多梯级聚焦的时候，选择名称很重要，但也需要考虑其他一些因素。以下六项原则有助于你开发有效的多梯级聚焦战略。

1. 聚焦于普通产品领域。乘用车、计算机、口香糖，在这些领域都可以建立多梯级聚焦。包括许多产品的一堆品牌不是多梯级聚焦。

任何战略的威力都在于它能否精确瞄准单一市场。多梯级聚焦可以让你覆盖整个市场，并从每个细分市场都有所收获。

2.聚焦于单一的市场属性。价格最常用，其他属性包括市场分布、尺寸、年龄、热量和性别。基于单一属性进行市场分割，避免了品牌之间可能出现的混淆。

3.在品牌之间严格区分。价格当然是最容易细分的特征，因为你可以给每个品牌设定明确的数字。严格区分是必要的，因为你要为每个品牌建立不同的特征。如果价格重叠，就很难确认那些特征。多数客户将奥兹莫比和别克搞错，因为它们的价格范围很相似。

4.品牌名称既不相同，也不相似。公司常常喜欢设计一组相似的名称。这是重大失误，因为它会破坏你打算建立的严格区分。看看现在雪佛兰家族的一些车型名称：骑士、科迈罗、科西嘉、卡普里斯。除非你有一辆，否则很难分清。

5.只有当可以创建一个新的品类时，才推出新品牌。不要只是为了在品牌上"填补空缺"就推出新品牌。你可能还记得，福特的埃德泽尔就是为了填补水星和林肯之间的空缺而推出的。对于福特来说，不幸的是市场不存在埃德泽尔能够填补的空缺。

6.对最高端的品牌保持控制。否则，你会发现精心组织的多梯级聚焦会渐渐瓦解。

营销人员喜欢瞎忙。如果你不把营销人员管好,他们就会弄出许多延伸品牌来毁掉你的多梯级聚焦,而你却来不及说"阿尔弗雷德·斯隆,你在哪里?我们需要你"。

FOCUS

第 13 章

化混沌为有序

几乎没有哪家公司经历过毁掉 IBM 公司的那些痛苦转变。

过去几年，IBM 裁员接近一半。不仅如此，公司还变卖资产。仅 1994 年，IBM 就卖掉了近 20 亿美元的不动产。

十年前，IBM 是世界上最受人尊敬和经营最好的企业。今天，IBM 却挣扎着为自己寻找出路。IBM 出了什么问题？

偶像崇拜。无论公司推出什么产品，都习惯用 IBM 命名。"蓝色巨人"忽略了计算机行业的爆炸性增长迅速细分市场这一现实。计算机再也不仅仅是计算机了。

IBM 应该采用斯隆的战略——多梯级单一计算机聚焦。而 IBM，当然是大型计算机的名称。

在新的细分市场形成时，IBM 应该在每个细分市场使用不同的品牌名称，但都处于 IBM 公司的保护伞之下，就像通用汽车作为雪佛兰、庞蒂亚克、奥兹莫比、别克和凯迪拉克的保护伞一样。

IBM推出第二品牌的第一次机会是小型计算机。DEC推出小型计算机之后，IBM发现这种小型计算机成了大型计算机的竞争对手。于是，IBM陷入了两难。抵制还是接纳？IBM选择了抵制，它将为此而感到后悔。

推出第二品牌可以干净利落地回避这一问题。第二品牌支持小型计算机概念，而作为大型计算机品牌的IBM将与之竞争。这是一场由市场决定输赢的赛马。如果采用双品牌战略，IBM的两匹马都有机会。

很多公司纠结于类似情况。它们指定专门小组来研究竞争发展，而这只是浪费时间。新的概念会占领市场还是只会昙花一现？

无所谓。（谁能预测未来？）为了捍卫龙头企业的市场地位，应该推出新产品，使自己的核心品牌免受新品类所带来的激烈竞争的影响。由于用基本品牌推出新产品可能导致"失去聚焦"，因此应该推出第二品牌。

由于没有遇到激烈竞争，DEC迅速发展成为世界第二大计算机公司，年收入达140亿美元。（但DEC很快犯了和IBM同样的错误。）

第二次机会

IBM推出第二品牌的第二次机会，是1981年8月IBM推出个人计算机。这也许是IBM历史上最严重的一次失误。

推出新产品没错,错的是没有给新产品一个新的名称。

当时的情况非常适合推出新品牌。IBM 个人计算机的 16 位结构使其成为第一台商用个人计算机。当时市场上的三种主导产品(无线电小屋的 TRS-80,苹果的 Apple II 和康懋达 PET)都是 8 位结构,市场普遍认为这些产品都是家用个人电脑。

新的品类(商用个人计算机)销量激增。由于该品类由 IBM 首家推出,IBM 收入也出现激增。两年后,IBM 成为个人计算机龙头品牌,市场份额达 21%。

同时,IBM 已成为一种令人敬畏的力量。1983 年 7 月 11 日,IBM 成为《时代》杂志的封面人物,标题是"成功的巨人"。

事实并非如此。正因为 IBM 个人计算机的成功,使得以大型计算机为核心产品的 IBM 公司完全失去了聚焦。如果个人计算机失败了,IBM 仍将被视为一家强大的大型计算机公司。但既然成功了,IBM 这个品牌所承载的就是世界上经营范围最为广泛的一家电脑公司。

不难想象当时 IBM 管理层在想什么。"只要是计算机,我们就会生产和销售,并为之编写软件、提供维护和提供消费贷款。只要是计算机问题,我们就会提供咨询服务。"

有很多公司开发软件、半导体、个人计算机和网络等产品。IBM 公司 CEO 郭士纳最近说:"IBM 独自开发所有这一切,甚至更多。"IBM 独自?这应该让每个 IBM 员工感到恐惧。郭士纳的意思是 IBM 不需要聚焦,IBM 的长处是它生产一切。"你要什么,我们都有。"

基于这种融合的观点,IBM 在公司内部大力推进系统应用架构(systems applications architecture, SAA)。SAA 准备在完全不兼容的计算机系统(大中型计算机和个人计算机)上加上五个软件层(用户界面层、应用层、应用实现层、通信层和系统控制层)。SAA 被视为一种系统,可以提供"无缝和简单的产品互联方案"。

媒体为 IBM 的野心推波助澜。据《纽约时报》报道,IBM 准备"抓住即将到来的行业一体化机会,包括电视、音乐、印刷和计算……预计有线电视和电话网络将与计算机和电视生产商融合,在这方面,IBM 的优势体现在公司所开发的极速网络技术"。

但技术不会融合,只会分化。因此 SAA 悄然消失,成为又一项愚蠢的融合举措。1992 年,IBM 包罗万象的 SAA 计划胎死腹中。很遗憾,SAA 的失败不像它的问世那么引人注目。否则,它就可以避免很多公司重蹈覆辙。

在 1993 年 1 月 11 日出版的一期杂志上,颇具影响的《信息周刊》(*Information Week*)以发人深省的思考如此评价 SAA 的失败:"1985 年决定强行推进 SAA 是 IBM 衰落的直接原因。"(既然无法将各种计算机联成一体,又怎么可能联合整个计算机行业呢?)

IBM 失去焦点

就在 IBM 试图融合一切的时候,市场还在分化。基于分工原则,这一结果不难预期。竞争对手们不断创造新的计算机品类,使IBM的融合工作难于登天。

特别是太阳微系统公司于1982年推出了UNIX工作站。与IBM个人计算机在商用领域的策略一样,太阳工作站在工程领域的策略也是为每个人提供单独使用的低成本计算机。

这是IBM推出第二品牌的第三次机会,但它还是错过了。

由于没有IBM的竞争压力,太阳微系统公司迅速发展并成为UNIX工程工作站的行业领导者,年收入达50亿美元。

不过最大的悲剧还是个人计算机。这是一个由IBM开创的品类,这是一个已经增长到主宰计算机行业的品类。

成功的同义词不是规模,而是聚焦。IBM十倍于微软,但微软有聚焦,而IBM没有。目前,IBM在全球个人计算机市场上的份额下降到10%左右。

更糟糕的是,IBM永远失去了个人计算机行业的领导地位。现在的行业领导者是康柏公司。

IBM也没有从个人计算机中赚大钱。《商业周刊》称其个人计算机部门"完全是一塌糊涂",并估计该部门1994年经营亏损达10亿美元。(同年康柏收入110亿美元,利润达8.67亿美元。)

怎么回事?在潜在客户看来,IBM曾经是也仍然是一家大型计算机公司,但它因推出个人计算机而失去了聚焦,它本来应该使用第二品牌。

苹果就是这样做的。苹果是家用个人计算机,不能转变成办公用途。因此,苹果于1984年推出了让苹果进入商用领域的新品牌（麦金塔）。

不幸的是，IBM个人计算机和IBM兼容机抢占了先机。最后，麦金塔找到桌面出版这一利基市场并抢占先机。但什么都比不上在商用市场抢占先机，即使麦金塔这么好的产品也不例外。

当IBM面对聚焦程度更高的竞争对手时，这个名称就变成了绊脚石，使其无法赢得竞争。不过，IBM内部人士不太可能明白这个道理。

旁观者清。内部人士看到的一定是有关产品和经营上的问题。新任的IBM个人计算机主管瑞克·托曼（Rick Thoman）说："我们的经营一直都有问题。"

那么，IBM应该将其个人计算机公司改名吗？当然不是。在生活中，时机就是一切。你再也回不去了，你也不能回到过去给公司改名。IBM必须用自己发给自己的牌把计算机游戏玩下去，而不能回到过去重新洗牌。

看看当IBM试图回到过去的时候都发生了些什么。除了品牌名称上的失误，IBM还有两项重大的技术失误。首先，它让微软控制了操作系统，这是软件的心脏；其次，它让英特尔控制了微处理器芯片，这是硬件的心脏。

为了纠正这些失误，IBM推出了OS/2操作系统和PowerPC芯片。到目前为止，IBM在新的操作系统（现在称为OS/2 Warp）上已经投入了约20亿美元，以取代MS-DOS（最新版本称为Windows 95）。与苹果和摩托罗拉合作开发的PowerPC芯片，投资也大致相当。

两者都不可能成功。时机就是一切。彼得·德鲁克写道："经理们试图改变过去,为此所花的时间比花在其他任何事情上的都多。"

IBM最近成立了新的用户部门,瞄准佰德主导的家用计算机市场,这一步加重了IBM的聚焦缺乏程度。IBM至少应该聚焦于商业用户,而不是家庭用户。更精准的聚焦是优势而不是劣势。

焦点在哪里

IBM还应该做什么?既然它无法回到过去重新开发现在急需的多梯级聚焦,IBM还能做什么?

首先,它应该认真研究计算机行业。与IBM的融合理念相反,计算机行业已经分成了三个市场:硬件、软件和芯片。

一般而言,硬件公司不擅长软件或芯片,最近的例子就是IBM的OS/2 Warp。软件公司不擅长硬件或芯片,微软涉足硬件也都以失败告终。

另外,芯片公司也只是芯片公司,尽管许多芯片公司试图进入硬件行业。质量定理让英特尔和摩托罗拉这样的公司误入歧途,使它们相信唯一的成功之道就是推出更好的产品。

但问题不是产品,而是用户心智里的认知。人们不认为芯片公司可以生产计算机,即使它们拥有一切必要的工程和制造技术。毕竟,它们制造的是计算机的内部元件。

不要混淆事实与聚焦。聚焦存在于你的顾客心智里,它是你的业务发展的动力。(你可能事实上什么都有,却眼看着经营每况愈下。)

IBM的软件业务规模比微软大一倍。1994年,微软的销售收入不到50亿美元,而IBM的软件收入达113亿美元。IBM的收入约一半是硬件,另一半是软件、服务、维护和消费贷款。即使是这样的收入结构,它还是应该聚焦于硬件。

聚焦什么、卖什么和靠什么赚钱可能不是一回事。美国汽车代理商从新车业务中赚到的利润平均只有20%,其余80%的利润来自服务和二手车业务。代理商应该聚焦于服务或二手车吗?当然不是。代理商应该聚焦于新车业务。

新车同时促进了代理商的服务和二手车业务。(不卖新车就没有服务,而不做以旧换新就没有二手车。)对IBM来说也是一样。硬件销售同时促进了软件和服务业务。

IBM应该聚焦于硬件业务,软件和服务业务将随之而来。这不足为奇,IBM的软件收入有80%来自大型和中型计算机。IBM一旦涉足个人计算机软件,就栽了个大跟头。

《华尔街日报》最近哀叹:"这是计算机行业的一大谜团:为什么这家世界上最大的计算机生产商,事实上开创了个人计算机市场的公司,在个人计算机软件方面一无是处?IBM失败的软件包括:早期的DOS视窗系统Top View;基于字符、从未进行图形升级的文字处理软件DisplayWrite;将个人计算机和个人计算机程序与主机相连的计划OfficeVision;网络操作系统LAN Server。"

IBM大肆宣传的、与苹果合资的泰里金特软件和卡利达软件也没有走上正轨。接下来,当然就是OS/2 Warp。

聚焦：决定你企业的未来

OS/2一直得到行业杂志的好评。1994年，《信息世界》（*Infoworld*）将OS/2 Warp评选为操作系统"年度产品"。1995年，《个人计算机世界》也将OS/2 Warp评选为"年度产品"。也许，只是也许，OS/2 Warp比Windows 95更好。那又有什么用？

最新的设计被称为Workplace OS。这种软件让使用PowerPC芯片的计算机可以运行多种操作系统，包括Windows和MS-DOS。也许，只是也许，Workplace OS是一种很棒的软件。那又有什么用？

IBM还宣布有意成为交互式多媒体市场的"重量级选手"。它已经推出了10种光盘游戏，并计划再推出几十种。它对《超人历险记》寄予厚望，这是一种光盘游戏，也是哥伦比亚广播公司星期六上午的卡通节目。让我们拭目以待。

郭士纳的大扫除

以35亿美元收购莲花软件是IBM在软件方面做的最后一件蠢事。忘掉1-2-3吧㊀，它不可能重新成为主流软件。那么拳头产品Lotus Notes怎么样？

收购莲花软件终将变成IBM不明智的一次收购。它与IBM收购罗尔姆公司和AT&T收购NCR的性质一样。问题就在于聚焦。不管是计算机公司收购了电话公司，还是电话公司收购了计算机公司，结果都会变成失去聚焦的公司。

用户也有类似的担心。拥有2万套Notes的安盛咨询公

㊀ Lotus 1-2-3 是最早的电子表格软件。——译者注

司首席信息官查理·保尔克（Charlie Paulk）说："现在，Notes是吉姆·曼兹和莲花软件关注的绝对焦点。"但如果Notes被IBM吞并，"它还能得到那样的关注吗"？

它再也不是关注的绝对焦点了。吉姆·曼兹最近已经从IBM辞职。

应该收购莲花软件的是微软，尽管我相信美国司法部不会同意。司法部没有反对莲花收购案，IBM本应为此感到担心。除非政府反对，否则它可能不是一桩好买卖。

郭士纳1993年到IBM上任以后，立刻对公司进行了旋风般的考察，包括公司员工、工厂设施和公司用户。然后他着手解决问题，他对业务进行逐项考察并决定必须采取的措施。

这是扭亏专家的传统做法。在放大镜下观察每项业务并决定怎么做。重点当然是收缩规模和削减成本。事实上，IBM在规模和费用两方面都大幅下降。

股票涨了，IBM也重新开始赢利，尽管销售利润率不如从前。

然而，长远来看，IBM需要的不是大扫除而是聚焦。IBM本来是一种象征（大型计算机）。现在，IBM什么都卖，从在无线电小屋销售的便携计算机到与《财富》500强公司签订长期顾问合同，有些甚至与计算机无关。

郭士纳的办法不太可能为IBM找到聚焦。他所能期待的最好结果，就是回到盈亏平衡状态。IBM有可能变成另一个西尔斯，一个笨拙而行动迟缓的巨人，勉强实现盈利，没有前途。

IBM 应如何聚焦

有更好的办法吗?我认为有。下面概述了一种让 IBM 聚焦的方法。

首先,不能聚焦于某一种产品系列或某一类用户。IBM 过于庞大也过于复杂,这种策略没用。另外,不能建立一系列品牌并将 IBM 变成另一个通用汽车,或者说,变成"通用计算机"。这种策略为时已晚,也没用。

还有,不能围绕一种芯片,如 PowerPC,去制造所有产品(有些咨询顾问,甚至是郭士纳本人也这样建议)。这种人为方案长远来看没有前途。如果 PowerPC 芯片过时了怎么办?难道让 IBM 像一匹马拉的马车一样瞬间散架吗?

要是在公司内部找不到聚焦,就向外看。谁是 IBM 的对手?多数商业研究员可能认为这个角色非微软莫属。IBM 在 OS/2 项目上拼命烧钱就是为了狙击微软的 Windows 95 和 Windows NT。

找到聚焦最快的办法就是找到对手。商业就是竞争。当你认清了对手,你也就看清了自己的问题,而准确定义问题,问题就解决了一半。

如果打算在公司内部寻找聚焦,常常会出现贪多求全的情况。这种策略可能在公司内部有吸引力,但对付不了强大的、地位稳固的外部竞争对手。郭士纳说:"我们将成为一家能够提供总体解决方案的公司,有多种产品和多个部门为市场服务。"

哪位顾客会给公司打电话说:"我需要一种多产品、多部门的总体方案来解决我的问题?"顾客不会那么想,也不会那么说。

如果微软控制了操作系统,微软也就控制了应用软件。硬件变成了一件商品,于是IBM处境艰难。微软肯定是对手。

对IBM的一种批评是说它变得不够快。转变可能让一家公司不断生产出最新的热门产品,但转变本身不见得有好处。转变经常是公司出现问题的主要原因。除非你聚焦于时尚,否则追逐最新的时尚肯定会导致失败。

然而,转变与IBM问题的某个方面有关,而有些研究员忽略了这一点。IBM一直是计算机行业传统的领导者。当转变出现时,IBM通常拥有主动权。郭士纳说:"我们仍然将是行业领导者。"在这方面,我认为他说得对。

常识告诉我们:"如果你想做行业领导者,你就必须引领市场。"引导市场的IBM在哪里?

那就是多产品多部门方面的软肋。"你要什么,我们都有"不是一种领导的办法。领导企业应该告诉顾客买什么,因为它们能看到未来,它们是领导者。

"买IBM不会被炒。"为什么?因为IBM告诉你买什么,而它几乎都是对的。IBM曾经是领导者。

IBM目前的策略没有这种方向感。行业向何处去?IBM应该为计算机行业制定方向并推动其发展。那不就是领导力吗?

如果微软是对手，计算机行业的问题是什么？IBM可以在哪个方面为计算机行业制定方向？

不可能是台式计算机。IBM在台式计算机战中已经输给了微软和英特尔。"如果你输了，就易地再战。"

不可能是大型计算机。全球大型计算机销售在1989年到顶以后，迄今已下降了约50%。

剩下的只有泥泞的中间地带，即客户服务器，可能是IBM的一个机会。微软正试图用Windows NT（意思是新技术）操作系统进入这一领域。理论上说，微软迟早会把Windows 95和Windows NT合并起来并从上到下"拥有"整个计算机行业。至少，理论如此。

微软已经取得进展。客户服务器硬件的重要供应商惠普公司已经同时支持对行业"开放的"操作系统Windows NT和UNIX。DEC公司已成为Windows NT的追随者。甚至IBM也将有部分产品支持Windows NT，作为"为所有人提供一切"策略的一部分。唯一拒绝妥协的是太阳微系统公司。

聚焦"开放式"

IBM应该聚焦什么？我的建议是"开放"。IBM应该清楚地表明Windows是很好的操作系统，适用于台式计算机，但客户服务器运用需要一套具有"工业实力"的操作系统。

此外，这套操作系统不应该是"专有"的，受到一家供应商的控制，它应该是"开放"的。换句话说，应该是计算机行业唯一开放的操作系统UNIX。

但这是不是太晚了？微软和各种各样的Windows操作系统是否必然会从上到下控制整个计算机行业？

谁知道呢？（SAA也曾经被视为必然。）

谁都无法预测未来。但基于分工原则，计算机行业有可能分成供台式计算机使用的Windows系统，和供客户服务器或企业使用的像UNIX那样更为强大的操作系统。

这一切也取决于每家公司的做法。如果市场所有参与者都认可并接受微软方案，那么它就会发生。另外，如果出现一家领导企业能够将行业带往另一个方向，就会创造其他的可能。

"开放"是值得计算机行业领导企业采纳的强有力的概念。计算机用户不愿回到过去，那时所有计算机都是"专有"的。无论你买哪家公司的计算机，最后都被锁定在一家供应商，很难在换另一家供应商的同时保住以前的投资。

以麦金塔为例。那么了不起的产品正在慢慢变成一款普通的商用计算机。买IBM不会被炒鱿鱼，但那些为《财富》500强公司买了麦金塔的采购代理晚上就睡不好觉了。迪讯公司（Dataquest）预测，未来五年，苹果公司的市场份额将减少一半。

"开放"是一个值得IBM拥有的关键词，因为IBM可以借此将对手微软形容成"封闭"的，还可以将战场从"什么操作系统最好"转移到"什么系统是开放的、什么系统是专有的"。在理论上，很难证明封闭系统比开放系统更好。

艰难的舍弃

聚焦于"开放"也可能有问题。首先，IBM将不得不放弃自己专有的OS/2操作系统。那倒不见得是坏事，可以让IBM不再花冤枉钱。

其次，它可能意味着IBM必须处理UNIX的多种"风格"。这是一个棘手的问题，但为了真正启动开放的概念，需要聚焦于一个通用的版本。

但是，那正是行业领导者应该做的。制定方向并说服追随者跟进，没有追随者就不可能成为领导者。UNIX存在的问题正好让IBM展现自己的领导能力，IBM应该支持"开放"运动并争取统一UNIX的风格。

行业领导者应该领先。而且它们应该朝着一个有利于行业多数企业而不仅仅是有利于自己的方向先行一步。通过推广开放系统，IBM将得到计算机行业里的企业的多数支持，包括媒体的支持。而用户也愿意再买IBM的产品，因为他们对IBM制定的行业方向有信心。

以上就是让IBM重新聚焦的理论和字眼。强有力的想法常常非常简单：沃尔沃"安全"，联邦快递"次日送达"，IBM"开放"。

但是简单的想法可能很难接受。如果我向郭士纳介绍这个想法，你能想象我可能得到的反应吗？

"郭士纳先生,我有办法解决你的问题。我找到了一个字眼,可以让你这家600亿美元收入的公司经营情况彻底好转。"

"里斯先生,哪个关键词?"

"开放。"

"请下一位顾问。"

FOCUS

第14章

跨越产品代沟

Kaizen 是一个日语单词，意思是持续渐进的改善。虽然 Kaizen 在制造业可能创造奇迹，在董事会却可能导致一场灾难。

持续渐进的改善常常被经理们解释为一种跟随市场的概念。"市场去哪里，我们就去哪里"，就是这种逻辑的通常表述。

这是陷阱。市场从来不会自己去任何地方。当市场上只有锌碳电池的时候，不会有人说想要碱性电池。当市场上没有清爽啤酒、前轮驱动汽车、台式计算机、磁带录音机、大号网球拍、对乙酰氨基酚、布洛芬或萘普生钠等产品时，也不会有人要这些产品。

多数潜在顾客不但不要，在生产商找到某种成功模式之前，他们还会完全忽视这些产品。有产品不一定有市场。

如果你跟随市场,你就是跟随一个或多个市场龙头。到你自己想成为市场龙头的时候,却为时已晚,你已经失去了获得巨大成功的机会。

起决定作用的是时机。太早,你就是旷野里的施洗约翰。太迟,你就成了配角。成功几乎总是一个在正确时间、用正确名称、让正确产品出现在正确地点的问题。

成功就是采取正确战略"跨越产品代沟"。

持续改进并不奏效

多年前,拜耳牌阿司匹林是销量最大的非处方药品。拜耳及其竞争对手进行持续渐进的改善,尽管它们可能没这么说。它们持续改进产品本身、产品包装、产品广告、产品销售和产品外观。

安乃近(Anacin)进行持续渐进的改善。这种产品含有阿司匹林等复方成分,可以"非常快速地缓解"你的病情。

百服宁(Bufferin)进行持续渐进的改善。这种产品在阿司匹林外面加了一层,使其"不会导致肠胃不适"而且"效果比阿司匹林快一倍"。

那么谁是阿司匹林之战的赢家?是发明了阿司匹林类药物的拜耳,是复方成分的安乃近,还是缓释型的百服宁?

都不是。最成功的镇痛药是泰诺,它是第一个对乙酰氨基酚品牌。

生意就是这样。不同时代的产品之间有一道沟。先是阿司匹林时代，由拜耳主导，然后是对乙酰氨基酚时代，由强生（Johnson & Johnson）主导，品牌就是泰诺。如何跨越产品代沟是管理上的最大难题。

经常有一些公司想颠覆泰诺的主导地位。百时美（Bristol-Myers）推出了达特利尔（Datril）品牌，宣称药效和泰诺一样，但价钱便宜一半。后来泰诺降价，达特利尔消失了。

低价本身从来都不值得聚焦。只有当低价是产品其他属性共同作用下的结果时，低价才能成为一种刺激因素。

1956年，大众甲壳虫售价仅为1 280美元，比当时最便宜的美国汽车还要便宜几百美元。但是人们买甲壳虫的原因是它可靠耐用。由于它在风格上既实用又没有变化，价格便宜是自然的结果。

如果一种产品比竞争对手便宜，消费者会自问"为什么？"就大众甲壳虫而言，答案不言而喻。它小，它丑，它可靠，这就是它便宜的原因。没有理由的便宜，会让消费者认为便宜没好货。

新的镇痛药代沟出现在布洛芬和对乙酰氨基酚之间。首先跨越这道沟的是美国家庭用品公司（American Home Products）的艾德维尔品牌。艾德维尔之于泰诺，就像当初泰诺之于拜耳。强生除了绝望地顽强应战之外，别无良策。

更新的镇痛药代沟出现在萘普生钠和布洛芬之间。跨越这道沟的是宝洁公司的阿乐维品牌。产品推出三个月以后，阿乐维的市场份额已经达到艾德维尔的一半。在竞争激烈的非处方药市场，其出色表现令人惊讶。

一代、二代、三代、四代，拜耳、强生、美国家庭用品、宝洁。你看到相同模式反复出现。一家公司"拥有"的市场，被另一家公司的下一代产品替代。这一模式不断重演。

产品代沟现象

为什么新一代产品几乎都不是由生产老一代产品的公司开发的？

这就是代沟现象。领导企业认为它们可以让自己的品牌延伸到下一代。这只是一厢情愿。

雅达利是视频游戏的行业领导者。事实上，雅达利一度占据视频游戏市场。后来该公司打算用雅达利品牌进入，或者说试图进入个人计算机市场，但视频游戏和计算机之间的代沟实在太大了。

与此同时，精准聚焦的任天堂用新一代产品（和新一代的名称）抢占了视频游戏市场。但任天堂从雅达利那里抢到了市场，后来又输给了世嘉。它们使用的策略都是新一代产品。

世嘉策略的实质在于，它的 16 位系统优于任天堂的 8 位系统。很多公司容易忽视像 16 位系统对 8 位系统这种单一战略的重大意义。既然消费者无法看到、触摸到或感到额外的 8 位，生产商很容易仅仅将它视为技术细节。这样做不对。

额外的 8 位有助于世嘉挖掘新的产品代沟。"既然有世嘉 16 位机,为什么还要买任天堂的 8 位机呢?"这个方法很有说服力。

接下来是索尼 PlayStation。有了 32 位技术和只读光盘存储,索尼准备重演上述过程。索尼的名称不够强大,因为索尼是延伸品牌,而 PlayStation 也很普通,但至少 PlayStation 在该品类是一个新名称,尚未受到过去 8 位系统或 16 位系统的影响。PlayStation 的表现应该不错。

等到世嘉和任天堂加入 32 位系统品类时,它们会有两个劣势。一是它们来晚了,二是它们基于 8 位系统或 16 位系统的品牌名称会成为负担。这两个目前的行业领导者很难跨越产品代沟。

为什么采用 32 位系统的 3DO 视频游戏机以失败告终?在 AT&T、时代华纳和松下的支持下,3DO 公司得到大量媒体的有利报道,但产品却卖不动。一个原因是产品名称。3DO 游戏机与世界上第一台个人计算机 MITS Altari 8800 被提名为"史上最糟糕的产品名称"。

另一个原因是价格。3DO 游戏机上市价格达 699 美元,与 200 美元以下的任天堂和世嘉游戏机不属于同类产品。降价到 399 美元以后,3DO 游戏机仍然没有摆脱专业游戏机而不是"主流"产品的形象。第一印象只有一次机会。

质优价廉战略

新一代产品的概念是一个模板,几乎所有公司都可以用。

要变成行业龙头，几乎都不是靠传统的"质优价廉"战略，而是新一代产品。

但是，很多公司还在继续往"质优价廉"这个无底洞里投钱。这种传统方法一般包括外部和内部两个阶段：①外部阶段就是为了提高质量而对照竞争产品进行"基准测试"；②内部阶段就是为了降低成本而"重新设计"生产过程。结果：比竞争产品的质量更好、价格更低。

与此同时，有远见的竞争者在产品代沟的另一边建立了牢固的滩头阵地。永备电池制造出更好的锌碳电池（耐用型和超级耐用型），而金霸王则在碱性电池方面羽翼渐丰。永备不是输给了更好的锌碳电池，而是输给了碱性电池。

在碱性电池的对面，你已经能看到一个发展中的新领域，那就是锂电池，目前为止还没有出现任何品牌。为什么电池公司漏掉了锂电池？机会常常提前几年就明摆在那儿了。

在IBM主导打字机市场时，王安公司在下一代的文字处理业务方面建立了强大优势。不幸的是，这一优势并未持续多久。打败王安公司的不是更好的文字处理机，而是个人计算机。

王安公司不是也生产个人计算机吗？当然，但你不可能用相同的品牌名称跨越产品代沟。无论你是否愿意，顾客心智里还是你的老一代产品。

在顾客心里，王安公司就是文字处理机。因此王安公司不可能变成个人计算机品牌。永备就是锌碳电池或手电筒品牌，因此它不可能变成碱性电池。

大众就是难看而可靠的小型汽车。因此大众不可能跨越产品代沟变成时髦的大型轿车。

难道IBM没有跨越产品代沟进入个人计算机行业吗？刚开始的时候，是的，因为它最早进入商用计算机市场，还因为它是IBM，是800磅的大猩猩㊀，但你也注意到它的龙头地位并没有保持多久。

跨越计算机代沟

如果你用原来的品牌跨越产品代沟，你的担子会很重。起初你可能侥幸成功，但长期而言，缺乏聚焦可能会成为致命伤。再研究一下个人计算机市场。

AT&T、DEC、惠普、IBM、施乐和其他年收入数十亿，甚至上百亿美元的著名公司都推出过个人计算机系列产品。但谁是世界上最大的个人计算机生产商？

是轻装跨越产品代沟的康柏。也就是说，康柏聚焦于个人计算机，而其他公司不是。因此，康柏能够比其他大品牌更好地把握机会成为这个行业的领导者。

传统思维恰恰相反。人们认为IBM规模更大、历史更悠久，IBM品牌优于康柏品牌。因此如果康柏个人计算机销量超过IBM，问题一定出在质量、价格或营销方面，也可能三个方面都有问题。这是问题的实质。

我的意思是，销量差异的原因在于聚焦。康柏是一家精准聚焦的公司，是被大家公认的权威的个人计算机专业厂家。

㊀ 指非常强大、可以为所欲为的个人或机构。——译者注

而 IBM 不是，它是综合厂家。长期而言，商业之争不在于产品，而在于聚焦。精准聚焦的公司一般都是赢家。

这是一个循环推理，总是回到同一个问题：产品怎么样？产品质量当然影响销售成功。如果康柏计算机不能计算，聚焦也不管用。

竞争会平衡不同品牌的产品质量。去计算机商店比较一下各种品牌，你发现有什么明显差异吗？问一问推销员，他会告诉你不同品牌有很大的质量差异吗？

竞争非常激烈，因此生产企业经常复制竞争对手最好的产品特征。例如，麦金塔的操作系统就被微软系统性地复制，最初是 Windows，然后是 Windows 95。任何用户认可的产品改进，最终都会被竞争对手复制。

竞争对手唯一无法复制的就是品牌，因为那是违法的。因此如果产品大致相同，唯一显著的差异就是品牌。用户认为专业厂家制造的产品优于综合厂家。

于是专业厂家成为销量最大的个人计算机品牌，再次强化了优质产品的印象。原因自然就是用户相信销量最大的品牌质量最好。

打败专业厂家的办法就是开发属于自己的品类，然后挖掘产品代沟阻止综合厂家跟进，以便抢在其他专业厂家之前发展成行业领导者。

有时没有专业厂家出现，于是综合厂家就会成为新品类的行业领导者。这时该公司就会夸耀品牌扩张的威力，殊不知山中无老虎，猴子称大王。

跨越啤酒代沟

看一看目前占美国啤酒总销量43%的清爽啤酒。1975年在美国国内推出的米勒淡啤是第一个主要的清爽啤酒品牌。随后出现了大量其他品牌的清爽啤酒，也都是延伸品牌，包括喜立滋淡啤、施特罗淡啤、酷尔斯淡啤和米狮龙淡啤。直到1982年，安海斯－布希才推出了百威淡啤。

米勒淡啤的优势首先是跨越了普通啤酒与清爽啤酒之间的产品代沟，再加上强大的广告营销。其广告被公认为史上最受欢迎的啤酒广告。

退役运动员扮演的主角在广告中争论米勒淡啤的优点，重点在于这句非常精彩的结束语，"好味道，少加料"。唯一的不足就是品牌延伸，米勒想在啤酒代沟的两边都来上一桶。

那么，现在哪个品牌的清爽啤酒在美国销量最大？是第一个清爽品牌吗？不是。是最难忘的广告品牌吗？不是。现在美国销量最大的清爽啤酒是百威淡啤，其市场份额达10%，并且逐年增长。为什么？因为百威是销量最大的普通啤酒品牌。

当顾客从喝普通啤酒变成喝清爽啤酒时，他们首先想买的是专业清爽啤酒品牌。如果没有，他们就会满足于普通啤酒的清爽型产品。

既然百威是销量最大的普通啤酒，在没有专业竞争对手的情况下，百威淡啤肯定就会成为销量最大的清爽啤酒。

（百威淡啤的成功对安海斯－布希而言喜忧参半。百威普通啤酒的销量逐年下滑，不难看出，这恰恰就是百威淡啤品牌延伸的结果。)

IBM是销量最大的大型计算机品牌,并且产品利润丰厚。如果没有康柏,没有苹果,没有佰德,也没有聚焦的竞争对手,那么IBM也会成为销量最大的个人计算机品牌,产品利润同样十分丰厚。

如果你是行业领导者并且信奉品牌延伸,那么接下来就要让所有竞争对手都犯同样的错误。(假如它们蠢到这种地步的话。)

在美国前40名清爽啤酒品牌中,只有两个品牌不是延伸品牌。但这两个品牌都用"淡啤"作为名称,这是一个严重失误,因为这意味着它们也是延伸品牌。尽管美中不足,但这两个品牌的经营情况都不错。

其中一个是美国品牌,名称糟糕透了——"安海斯－布希自然淡啤",现在的名称是"自然淡啤"(Natural Light)。它是销量第四的清爽啤酒,仅次于百威淡啤、米勒淡啤和酷尔斯淡啤。

另一个是进口品牌"阿姆斯特淡啤"。不难预料,该品牌成为销量最大的进口啤酒。

跨越代沟需要新品牌

跨越产品代沟无疑需要第二个名称或品牌,但是很多公司顽固地抵制这一点。有时,它们宁愿使用糟糕的公司名称,也不愿投资一个有潜力的新名称。(当IBM决定在个人计算机上使用公司名称的时候,至少它的公司名称很棒。)

看看20世纪80年代中期的西联公司（Western Union）。它的电报业务名存实亡，与美国邮政联营的邮递电报业务一塌糊涂。电传业务在传真技术的竞争下也持续下滑。

1984年"贝尔大妈"（指被美国司法部分拆以前的AT&T公司）的解体为西联公司提供了一个机会。西联公司有设备、经验和人力资源参与长途电话市场竞争。这是一个高速发展的市场，许多公司将因此而受益。（1980年买1 000美元的MCI股票，十年后值29 000美元。）

但西联公司没有受益。该公司满怀信心地以西联的名义（有别的选择吗？）推出长途电话服务，该项业务以失败告终。1988年，西联公司退出长途电话业务并亏损6亿美元。

"我们不想在大市场上扮演小角色，"公司CEO罗伯特·安曼（Robert Amman）在宣布这笔亏损时说，"我们的成本怎么比得了AT&T？我们不可能与AT&T竞争并实现盈利。"

在公司进入一个市场并遭遇失败时，找到的借口通常是规模、成本和其他看得见的因素。几乎不会有人说"我们的名称不对"。但事实上，你不可能用电报公司名称跨越电话业务代沟。

更糟糕的是，顾客认为西联这个名称非常过时。西联汇款是一项还在经营的业务，在当前无现金的经济背景下，这个概念也过时了。

在母公司破产时，西联汇款业务竟然卖了12亿美元。

管理层的视野存在盲点。"我们绝不会那样做，"这是对西联故事的普遍反应，"我们绝对不会用像西联这样的电报公司名称进入电话行业。"

当然,它们自己的名称是另一回事。"另外,我们公司的名称很棒,可以用于很多不同产品。事实上,我们用得还不够。如果我们延伸品牌,我们会赚很多钱。"

- 唐纳德·特朗普曾经这样认为。他现在还这样认为。
- IBM 曾经这样看。它的看法没变。
- AT&T 曾经这样想,它有了新的想法。

无论称之为忠诚还是自恋,这就是目前在美国参加公司会议时的感觉。每家大公司都认为自己的名称很棒,受到世界各地成百上千万顾客的普遍尊敬。

也许是的。但是巩固名称的办法是精准聚焦。如果扩大聚焦范围,就会削弱公司的名称。

以世界上最大的示波器制造商美国泰克公司(Tektronix)为例。该公司一直渴望进入计算机行业,开始是做工作站,现在又生产彩色打印机,都不成功。泰克公司投资 1.5 亿美元进入快速增长的计算机辅助工程业务,后来退出这项业务时,只收回了 500 万美元。

泰克公司做计算机?要跨越示波器与个人计算机之间的鸿沟,需要两个条件:①一种可以让公司先入为主的主意或概念;②一个新的名称。

然而在一般情况下,以上两个关键因素都不会受到多少关注。企业关注的重点通常是如何开发一种更好和更有吸引力的产品。

新名字与老名字

许多管理顾问指出,新兴行业的后起之秀肯定不同于今天成熟行业的主流企业。这并不是说今天的主流企业没有能力或缺乏设想。《财富》500强公司一般都有很多新产品设想,多到令人目不暇接。

这些设想很少实现,因为管理层拒绝承认今天的业务与明天的机会之间存在代沟。跨越这道沟是对CEO的最大挑战。很多人都应付不了这一挑战。

这个问题很容易引起误解。你也许听说过这样的例子,有些公司用原来的名称进入新的行业并获得了成功。这些公司往往分为两种。

一种公司发现新产品市场尚未被占领。就像军事入侵,攻下一处没有设防的滩头阵地并不难。此外,如果没有很快出现竞争,入侵者就有时间加强防守。

然后,如果竞争对手也使用延伸品牌,赢家肯定就是用原来名称进入新行业的公司。

另一种是默默无闻的公司。这家公司可能已经有几十年历史,但只要人们不知道,在新的行业它就是一家新公司。在计划开发新的产品市场时,不为人知是有好处的,默默无闻总比被误解好。

万宝路凭借牛仔和展现"男性气质"的办法成为全世界销量最大的香烟。但很多战略专家非常高兴地指出,万宝路曾经是一种女士香烟。结论:不难从一种产品变成另一种产品,不难跨越产品代沟。

嗯，万宝路曾经是女士香烟，但又不完全是。它的确曾经是一种女士香烟，不过几乎没有人知道。它有不为人知的优势，因此它可以轻易地变成展现男性气质的香烟并占领市场。

你希望拥有知名品牌还是无名品牌？这完全取决于你打算用它来做什么。

如果品牌所代表的产品或概念已经深入人心（如施乐复印机），就很难用这个知名品牌跨越产品代沟，进入像计算机这样的新产品市场。

公司经常将自己的品牌作为进入新产品市场的唯一武器。CEO会说："如果不把我们的著名品牌用于新的产品，我们就不可能有成功的机会。"他也许说得对。除了利用品牌以外，这家公司大概已经黔驴技穷。

与其用品牌延伸策略推出不可能成功的产品，还不如回到计划阶段，看看能不能想出新的策略，当然，还有与之相应的新名称。

时间创造机遇。有时你的成功可能只是因为你更年轻，而不是因为你更棒。在拉夫·劳伦出现之前，皮尔·卡丹（Pierre Cardin）曾是男性时尚界的著名品牌。现在汤米·希尔费格（Tommy Hilfiger）正在逐步变成时尚界的下一个著名品牌。

汤米·希尔费格的收入在4年内猛增5倍，达3.21亿美元。净利润增长更快，达4 100万美元。

汤米·希尔费格的时机非常好。它出现得不早也不晚。

只要经过足够时间,新的公司总会找到机会进入市场并宣称自己是行业领导者。

技术变革的力量

但是,夺取行业领导地位最简单的办法,还是推出技术变革,让你的公司不同于以前的领导企业。

拥有百年历史的施文公司(Schwinn)曾经占美国自行车市场25%的份额。西联公司的电报员就用施文自行车送电报。(在我小的时候,要是你有一辆施文自行车,你就是全世界最幸福的孩子。)

后来,加里·费希尔(Gary Fisher)造出了第一辆越野自行车,拥有多挡变速、耐用刹车、变速手柄和摩托车式的制动踏板。他将自己的发明命名为"山地车",与施文自行车完全不同。

大量山地车生产商涌入市场。三家领导企业的产品各有侧重。崔克(Trek)首创了碳纤维车架。佳能戴尔(Cannondale)推出了铝合金自行车。而闪电(Specialized)及其创始人迈克·辛亚德(Mike Sinyard)则成为山地自行车比赛的代名词。

到1992年,山地自行车占到自行车销量的2/3。施文公司破产了。

在新的管理层领导下,施文公司想要重振自行车业务,产品当然是山地自行车。研究员说,如果该公司想要进入高端市场,就要改变自行车玩家对施文品牌的印象。施文公司的营销总监说:"我们的形象面临挑战。"

但你无法改变根深蒂固的印象。过去的施文公司需要新的品牌才能跨越山地车代沟。现在已经晚了,因为这道沟太深了。现在施文公司可能需要重新聚焦于低端市场或儿童自行车。

DEC 想跨越 32 位工作站与 64 位工作站之间的产品代沟。它有一种新的阿尔法芯片和一种新的阿尔法工作站。阿尔法 600 工作站被称为"宇宙中最快的工作站"。

不幸的是,阿尔法 600 没被称为 64 位工作站。与目前市场上多数高科技产品一样,宣传的重点仍然是产品性能,自称产品质量更好。DEC 宣称阿尔法 600 的性能超过太阳微系统、硅图和惠普的工作站。

果真如此吗?有可能,但不重要。DEC 最要紧的是要把 64 位工作站定义成为"新一代"产品。DEC 已经输掉了 32 位的战争,它需要开辟 64 位的新战场。

微软在推出 Windows 95 时就做得非常漂亮。他们有没有说 Windows 95 是一种比现在的 Windows 更好的操作系统?

从侧面来说,的确如此,但他们强调 Windows 95 是新一代的软件。这种方法营造出一种在所难免的感觉,用户有时甚至被迫接受。

(曾有帆船老手抱怨那些又丑又脏的蒸汽轮船占领了横跨大西洋的贸易航线。有人反驳说:"它的确又丑又脏,但现在是汽船的时代。而在汽船时代,你当然有气。")

《大英百科全书》是一套精美的 32 卷本的"帆船",售价1 500美元。同时你可以用大约55美元买到微软的CD-ROM版《微软百科全书》(*Encarta*)。现在是CD-ROM时代，很多公司已经开发出只用一张光盘就可以容纳的包括文字、图表和照片的整套参考书籍。

帆船在落日中渐渐沉没。《大英百科全书》1990年的销量达11.7万套，1994年仅销售了5.1万套。过去三年，《大英百科全书》收入为16亿美元，亏损达2 200万美元。

不错，《大英百科全书》也有CD-ROM版本，但它售价高达995美元，而且还不像竞争对手的产品那样有多媒体声音和图表。

每家公司迟早都会遇到《大英百科全书》那样的问题。你的现有产品（《大英百科全书》）受到新一代产品（CD-ROM版本）的威胁。你该如何应对这种状况？

为了跨越产品代沟，你必须做好四项基础工作：①尽早行动；②开发全新的产品；③新产品要有新品牌；④果断行动。

尽早行动

可能的话，你的产品不应该被竞争淘汰，而应该被你自己淘汰。"犹豫者失去机会。"那些喜欢跟自己的客户竞争的公司，却不愿跟自己竞争。

它们应该记得这条古训：如果你跟自己竞争，你就会战无不胜。

实际上，大英百科全书公司是最早发行CD-ROM版百科全书的公司之一,它在1989年推出了《康普顿多媒体百科全书》(*Compton's MultiMedia Encyclopedia*)。但它在挫折面前灰心丧气,于1993年将此项业务卖给了美国论坛公司(Tribune Company)。就在那一年,微软推出了《微软百科全书》。

开发全新的产品

替代拜耳牌阿司匹林的不是改进后的阿司匹林,而是泰诺牌对乙酰氨基酚。

取代施文牌自行车的不是改进后的普通自行车,而是崔克牌山地车。

淘汰雅达利4位游戏机的不是改进后的4位视频游戏机,而是任天堂8位游戏机。

新产品要有新品牌

不能用已经给顾客留下深刻印象的品牌去跨越产品代沟。需要用新品牌才能实现转变。

拜耳曾经推出过拜耳牌对乙酰氨基酚,并宣传这是一种"非阿司匹林"镇痛药。这是最糟糕的品牌延伸,这种产品以失败告终。

除非你"既抢先又幸运",否则你不可能用现有品牌跨越产品代沟。你的品牌不仅意味着质量、服务和其他各种"软"

属性,也代表了一种特定的产品或品类。

拜耳就是阿司匹林,IBM就是大型计算机,好时就是巧克力,保德信就是保险,箭牌就是口香糖。

世界上多数公司都有聚焦,但它们又总想破坏这种聚焦,将现有品牌用于新领域。幸好顾客不接受这些跨界品牌,从而帮助公司保持了聚焦。

果断行动

如果你想占领新的市场高地,你就不能胆小怕事或三心二意。

为了推出阿乐维,宝洁公司第一年就花了1亿美元,其中广告费达6 000万美元。

为了推出讴歌,本田公司建立了全美代理商网络,并完全独立于现有的本田代理商。

为了推出一位既默默无名又几乎没有销量的设计师,汤米·希尔费格花了2 000万美元广告费。

果断行动很少见。很多公司信奉的是渐进式行动。

战争史说明了这方面的问题。如果将军把大量时间用于部署和侦察而不是用于作战,他就会贻误战机。

"很多人想事半功倍,"卡尔·冯·克劳塞维茨(Carl von Clausewitz)写道,"一小步比一大步容易,但在跳过宽沟时,没人会想先过一半。"

无论在哪里,你都看不见大赢家玩渐进式游戏。以高尔夫球具为例。十年前的著名品牌是威尔胜（Wilson）、马基高（MacGregor）和斯伯丁（Spalding）的木杆，以及卡斯顿制造公司（Karsten Manufacturing）的 Ping 牌铁杆。

这些大品牌每年都会发布小的产品改进，很像汽车行业每年的车型变化。

给这些领导企业带来麻烦的是 76 岁的伯林顿工业公司（Burlington Industries）前董事长伊利·卡拉威（Ely Callaway）。卡拉威公司不做小改动，而是推出了第一款超大号的一号木杆——大贝莎（Big Bertha）。

现在，卡拉威是美国最大的高尔夫球具制造商，最近一年收入达 4.49 亿美元，利润达 7 800 万美元。

与卡拉威的一号木杆如出一辙，蛇王高尔夫公司（Cobra Golf）推出了超大号的铁杆。现在蛇王是高档铁杆第一品牌。蛇王和卡拉威都展示了新一代策略相对于渐进方法的威力。

这些新的超大号球杆真的更好吗？很难说。职业高尔夫球运动员在过去 25 年平均每局获胜杆数只提高了一杆。真正得到改善的是对卡拉威和蛇王球杆的印象，它们被普遍视为"新一代"高尔夫球杆。

是威尔胜、马基高和斯伯丁玩忽职守吗？很快就有媒体批评说"它们变得不够快"，但你不可能只是靠改进产品来跨越产品代沟。你还得改名。

"超大号"在体育界并不新鲜。这些领导企业应该学过历史并看到过王子制造公司（Prince Manufacturing Inc.）的成功故事。

早在 1976 年，王子制造公司就推出过一款拍面加大 57% 的网球拍。有人嘲笑它是"骗子"球拍，但它很快占领了 30% 的高档网球拍市场。威尔胜和斯伯丁当时就输在王子制造公司的球拍下。

失败的跨越者

领导企业都很谨慎。渐进式的转变显得更安全。"为什么要赌超大号球杆？它对我们现有的球杆有什么影响？新产品卖不动怎么办？"

这些问题阻碍了领导品牌跨越产品代沟的果断行动，因此你才能看见不断有新品牌进入市场并聚焦于开创新一代产品，包括卡拉威、蛇王、康柏、世嘉和崔克。

在领导企业采取类似战略以前，新品牌还会继续涌现。领导企业应该用新一代品牌推出新一代产品，就像本田用讴歌品牌推出豪华轿车。

这种战略融合了大胆与安全。你可以在推出新品牌时，不用考虑对现有品牌的影响。即使新品牌失败，也不会影响现有品牌的声誉。

领导企业经常行动迟缓。这条真理最近又在滑雪行业得到验证。所罗门（Salomon）、卢西诺（Rossignol）和阿托米克（Atomic）等领导企业提前得到了足够的警示。来自佛蒙特州斯特拉顿的杰克·伯顿（Jake Burton）在 20 世纪 80 年代早期发明了一种滑降装备，他称之为"单板滑雪"。

今天，单板滑雪成为一项快速发展的运动，而伯顿单板公司则作为行业领导者,市场份额达 1/3。(只有 10% 的滑雪者使用单板滑雪,但他们占缆车票销售额的 30%。)

由于 80% 的单板滑雪者还不到 25 岁,单板滑雪很可能继续发展。这是一项新一代的运动。

目前为止,多数知名滑雪板公司还蒙在鼓里。到它们醒悟过来再推出单板品牌(或者很可能从 100 家左右的单板公司中收购一家),也许就太晚了。

伯顿单板和莱德单板(Ride Snowboard,第二大单板公司)这些依靠先入为主建立领先优势的公司,让竞争对手望尘莫及。

轮滑行业也遭到新一代产品的突然袭击。一位前冰球运动员创立的罗拉布雷德公司(Rollerblade)和直排轮滑运动的概念完全征服了这个行业。那些传统旱冰鞋制造商则被远远地抛在了后面。

今天,罗拉布雷德公司在年收入达 7 亿美元的直排轮滑运动中独占鳌头,市场份额接近一半。

麦格劳-希尔公司(McGraw-Hill)是又一家未能跨越产品代沟而名誉扫地的公司。《华尔街日报》写道:"这家拥有《商业周刊》和标准普尔公司等著名品牌的出版巨头,却因为乏善可陈的盈利表现、令人失望的收购和频繁重组而在华尔街声名狼藉。"

20 世纪 80 年代的大部分时间,麦格劳-希尔都在执行一项倒霉的计划,即通过引入电子信息技术来平衡该公司的传统印刷出版业务。结果发现,要跨越传统印刷与电子出版间的业务代沟,其难度远远超出麦格劳－希尔的想象。

麦格劳－希尔本来应该设立一家独立的、不同名称的电子出版公司,实际做的却正好相反。它将自己重组为"市场焦点集团",其中有一个"能源"集团,一个"交通"集团,甚至还有一个"管理"市场焦点的集团。

麦格劳－希尔打算变成一个"信息涡轮机"。资料从一端输入,经过处理,变成各种信息产品从另一端输出。一切协同效应都会成为可能。但事与愿违,公司又变回一家更加传统的机构。

在信息涡轮机耗光动力的同时,麦格劳－希尔又错过了一次重大机遇,涉及它的核心出版业务的方向性变化。出版行业的电子化革命在杂志出版方面为竞争对手创造了一个千载难逢的机会。

麦格劳－希尔曾经是美国最主要的行业杂志出版商,现在已经远远落后。目前该公司杂志年收入为4.2亿美元,落后于国际数据集团的9.1亿美元和齐夫－戴维斯公司(Ziff-Davis)的8.2亿美元。快速发展的CMP出版公司(3.2亿美元)正在缩小与麦格劳－希尔之间的差距。

到目前为止,电子杂志都不太成功。看一看尝试过电视播出的杂志就知道了,特别是《好管家》(*Good Housekeeping*)和《今日美国》(*USA Today*)。

《电视版今日美国》是首播辛迪加有史以来最惨重的一次失败,第一年估计亏损了1 200万至1 500万美元,并于第二季中途停播。

杂志类型的节目并不是不能在电视上获得成功,《时事60分》就是一个多年长盛不衰的电视节目。只是那种杂志类型的节目名称在电视上行不通,电视节目需要不同的电视特征。

柯达的成与败

教训很明显。像麦格劳－希尔那样,用一个通用的名称或概念来代表一切,不可能获得成功。如果你想跨越产品代沟并进入新一代产品领域,你就必须建立一种独立的和新一代的特征。你需要第二梯级的聚焦。

我们再回头看一看感光胶片巨头柯达。十年前,公司年收入为106亿美元,利润9.23亿美元。今天,柯达年收入达159亿美元,利润为5.57亿美元。也就是说,收入上升了60%,利润却下滑了40%。许多人对此不满,在公司总部所在地纽约罗彻斯特露营抗议。

在20世纪80年代,柯达为了提高效率而进行过五次"重组"。公司将管理层"分散"到计算机、制药、家居用品甚至电池行业。无一成功。(今后数十年,柯达将成为企业多元化发展战略遭遇失败的反面教材。)

新任柯达CEO乔治·费希尔找到了聚焦。他说,"图像为柯达的长期成功与发展提供了大量机会。为了最大限度地实现成功,我们决定在图像方面集中所有资源,并剥离非核心业务。"

目前，柯达有80%以上的收入来自传统的银盐摄影产品，包括胶卷和照相机。市场还在。世界上有4.5亿照相机用户，都要买胶卷。另外，世界上还有一半人没照过相。

就在柯达重新聚焦于胶卷时，数码时代露出了曙光。在1995年5月1日出版的《财富》杂志上有这样的标题："在柯达胶卷失败以前，数码图像有过更好的发展。"

过去十年，柯达在数码摄影研究方面投入巨资（估计高达50亿美元），但几乎没有任何产品走出实验室。

柯达管理层可能担心数字产品会降低胶卷产品的销量。

乔治·费希尔再次采取了正确行动。他将所有柯达数字产品集中到一个部门，并聘请DEC和苹果前营销总监卡尔·古斯丁（Carl Gustin）负责这个部门。

两步妙棋之后是一步臭棋。柯达给这个新部门用了什么名称？柯达数码科技。古斯丁说："我们要借用'柯达'这个著名品牌来证明我们新的数码竞争力。"

为什么？用代表胶卷的名称去跨越产品代沟进入数码未来，柯达有什么希望？柯达几乎没有希望，尤其是面临无法避免的竞争。世界上有成百上千家公司正渴望从数码业务中分一杯羹，其中包括卡西欧、佳能、富士、索尼、硅图和惠普。

尽管有些匪夷所思，但的确是柯达的品牌优势让柯达难以跨越数码代沟。

如果你对某类产品有了深刻印象，要将这种印象扩大到另一类产品，几乎是不可能的。根据最近一次品牌资产趋势调查，柯达摄影胶卷是美国质量第一的品牌（迪士尼第二，梅赛德斯－奔驰第三）。

柯达影像光盘是柯达第一款重要的数码产品。它可以将幻灯片或负片存入光盘，问题在于它是一款过渡产品。不伦不类。

过渡产品就像是一辆带有助力的马车。它既吸引不了那些想要最新产品的技术人员，也吸引不了想要保留一切的保守派。

当用户从打字机转向计算机时，电子打字机和文字处理机都没有好结果。难怪史密斯打字机公司（Smith Corona）和王安公司都破产了。

很明显，柯达需要一个新的数码品牌才能跨越代沟。只有新品牌当然不够。柯达要做的，是把这个新品牌与一个革命性的观念或产品紧紧结合起来，然后借助新产品的成功让消费者记住这个新的品牌。

宝丽来公司的处境与柯达相似，只不过宝丽来意味着"即时"成像。宝丽来曾经尝试用它的"即时"品牌去夺取部分"普通"胶卷市场份额，结果一无所获。试图用宝丽来品牌进入数码市场几乎肯定徒劳无功。

还记得柯达曾经试图在即时摄影方面与宝丽来竞争吗？宝丽来销量超过柯达一倍，然后又起诉柯达发明专利侵权并且胜诉。既然柯达无法代表"即时"，它又怎么能代表"数码"呢？

你需要一个不同的身份来跨越代沟。没有人把蝴蝶叫作

"会飞的毛毛虫",因为人们认为它们是两个不同的物种。胶卷摄影与数码图像也是两个不同的物种,柯达数码科技这个名称就是一只会飞的毛毛虫。

在产品代沟的另一侧,新品牌和新公司占优势。

尽管柯达是美国质量第一的品牌,该品牌在数码领域却没有优势。这并不意味着其他公司就会利用这一事实。

它们也许会,也许不会。柯达的竞争对手可能落入同样的品牌延伸陷阱。显然,富士数码科技并不会强过柯达数码科技。

再举一个例子。我们曾经用一棵棵生菜和一串串胡萝卜,再加上胡椒和洋葱等食材做沙拉。现在不是了。新一代的沙拉是将食材预先处理好并放在特制的塑料袋里出售的,目的是让氧气和二氧化碳平衡。"包装沙拉"迅速发展成为一个年收入6.5亿美元、年增长率达80%的行业。

包装沙拉业务的开拓者是新鲜速递公司(Fresh Express, Inc.),这是一家位于加利福尼亚萨利纳斯的小公司。而都乐食品公司(Dole Food Co.)是食品行业的巨头,公司业务包括新鲜水果蔬菜和罐头水果,年收入达38亿美元。

你也许认为,由于都乐拥有更多资源,包括比新鲜速递多几倍的商场推销人员,它可能在包装沙拉业务上占优势。其实不然。都乐犯了一个典型的错误,将"都乐"这个菠萝品牌用于蔬菜。

今天,都乐占包装沙拉24%的市场份额,新鲜速递占

40%。新鲜速递的增长速度也更快。

重要的既不是公司的规模,也不是在一定范围内公司可以调配的资源总量。在今天的商业社会,重要的是聚焦。只要你握有先机并拥有聚焦,你就很有可能成长为行业领导者。

何时坚持老版本

也有例外,因为有时消费者记住了产品的早期版本。以各制药公司争相推出的新一代抗酸剂为例。强生公司首先推出处方药法莫替丁的非处方版本法莫替丁AC。

一个月以后,法莫替丁AC成为抗酸剂第一品牌,拥有19%的市场份额。原第一品牌坦适(Tums)的市场份额为17%。三个月以后,史克必成(SmithKline,现为葛兰素史克)推出西咪替丁(Tagamet),这也是一种新一代抗酸剂处方药。很快,华纳-兰伯特(Warner-Lambert)又推出了雷尼替丁(Zantac)。三强之争,谁将胜出?

雷尼替丁。尽管雷尼替丁最后上市,但它是所谓H2受体阻断剂的第一种处方药,这种药实际上阻断了胃酸生成。雷尼替丁应该能够将其处方药优势转为非处方药优势。

这三种产品并不在同一条起跑线上。顾客心里对雷尼替丁和知名度稍差的泰胃美的认知度要高于法莫替丁。更高的认知度才会产生更高的销量,重要的并不是哪一种产品最好。

非处方药品证明了在销售中药品正统性或可信性的重要性。就目前大部分药品而言,病人无法分辨不同药品之间有什么区别，他们也不可能通过研究有效成分来评价药品。因此，重要的是医生如何看待各种药品，关键在于"处方"。

因此，阿乐维的包装上写着："已经有了非处方剂量。"几乎每种成功的非处方药起初都是处方药。处方药让产品有了可信性优势。

美林（Motrin）是布洛芬的处方药版本。艾德维尔和纳普林（Nuprin）推出五年之后，非处方药美林IB才问世。尽管任何竞争对手都可以在五年时间内遥遥领先，尤其是在快速变化的药品行业，但美林IB仍然成为当今第二大布洛芬品牌，其销量低于艾德维尔，但远超纳普林。

另一个快速变化的品类是计算机零售。商业用户原先在商业天地和电脑天地这样的零售店采购个人计算机。但网络的问世和硬件软件产品的大量涌现，使计算机网络的采购和安装变得复杂起来。

于是新一代零售商的机会来了。它们向不同的供应商购买硬件、外部设备和软件，帮助企业配置计算机，然后进行安装调试。

以安泰克斯信息服务公司（Entex Information Services）和方士达公司（Vanstar Inc.）为例。两家公司都经营个人计算机采购、安装和测试，以及设备维护、网络管理、客服中心建立和运营、员工培训、不同类型的系统集成和咨询建议。两家公司的收入都超过10亿美元，并且还在快速增长。

很少有人知道，这两家公司是从商业天地和电脑天地演变而来的。

商业天地经过转卖、合并，最后提出破产申请，后来由管理层牵头的投资集团收购了公司的信息系统分部并改名为安泰克斯。

计算机天地卖掉了特许经营业务并改名为方士达。在两家公司从老式的计算机零售店转变为新的系统集成商的过程中，改名都起到了关键作用。

同时，传统的计算机零售概念则变成发展像玩具反斗城那样的大型商场。主要竞争对手是CompUSA和坦迪的计算机城购物中心。坦迪将公司资源分散在很多零售业态上，而精准聚焦的CompUSA更具优势。

每家公司迟早都会面对随时出现的新一代产品。你是抵制还是参与变革？这取决于你如何回答以下四个问题：①我们是第一个吗？②新一代产品有前途吗？③我们能找到合适的名称吗？④坚持不变会不会更好？

我们是第一个吗

如果你抢得先机，就一定要全力投入。抢先不一定意味着要第一个推出新一代产品，而是要让消费者记住你是第一。

每逢产品换代，都会出现一段混乱时期。没有人知道谁是真正的市场领导者，市场份额在公司之间快速变动。

当消费者最终确认一家领导企业时，市场排名就差不多确定了。一开始就应该全力以赴，等到排名确定就太晚了。

新一代产品有前途吗

这是一个意味深长的问题。从来就没有人相信新一代产品有什么前途。

拜耳相信对乙酰氨基酚会代替阿司匹林吗?施文相信山地车会代替普通自行车吗?DEC相信个人计算机会代替小型计算机吗?维尔胜和斯伯丁相信有超大拍面的网球拍会代替传统网球拍吗?

当然不会,因为这五家公司在新一代产品方面都无所作为,直到一切都难以挽回。产品代沟对面的市场从来都不被看好。多数公司,特别是那些领导企业,总是认为新一代产品不过是它们的主导产品的一个"分支"。

数码摄影会代替胶卷吗?柯达的乔治·费希尔说:"数码技术将快速发展,但它不会代替传统摄影,至少在我退休前不会。"费希尔先生今年55岁。

早在1981年,IBM推出了个人计算机。不难想象,当年史密斯打字机公司也有人说过:"个人计算机将快速发展,但它不会代替传统的打字机,至少在我退休前不会。"唉,它已经将打字机淘汰了。

最保险的办法是想得远一点,假设新一代产品将大有前途。

我们能找到合适的名称吗

新一代的产品肯定需要新的品牌,但创立新品牌投资不菲，而假定新一代产品没有前途就便宜多了。

企业通常草率认定无法找到合适的名称，因此沿用现有品牌。如果公司用现有品牌推出新产品，通常表明公司认为潜在业务规模不大，不值得采用第二个品牌。"既然不会有太大发展，为什么要花那么多钱？"

坚持不变会不会更好

如果你无法抢占先机，市场上又出现了许多竞争对手，那就要考虑以静制动。

坚持并加强传统业务聚焦，是一种在变幻不定的流行时尚中保持成功的方法。

公司多数时候优柔寡断，然后又心不在焉地加入追逐时尚的潮流，变得不伦不类。它们在失去聚焦的同时失去了未来。

FOCUS

第 15 章

长期聚焦十五要素

经过多年的研究,我发现了十五条原则或"要素",有助于企业开发行之有效的长期聚焦战略,也可以帮你判断什么样的聚焦战略才会管用。

1. 聚焦要简单

当查尔斯·凯特林(Charles Kettering)在俄亥俄州代顿管理通用汽车实验室时,他在墙上挂了一块牌子,上面写着:"问题一旦解决就会变得非常简单。"在判断一家公司的聚焦战略好不好时,最好问一问自己:"这个聚焦简单吗?"

由于聚焦必须在顾客心智中发挥作用,它就应该简单、低调、朴实、明智并浅显易懂。它必须是一个简单的想法,能够用简单的语言表达,让顾客、员工和媒体都能够一目了然。

很多公司的战略体系很复杂，不太可能出现简单的聚焦。一些计算机辅助的战略设计流程看起来跟汽车组装厂的平面图一样复杂。

你不是在生产汽车，而是在顾客心智里树立品牌形象。用的是词语而不是砖瓦，是诸如"安全"、"强劲"和"一夜之间"这样的简单词语。

在劳埃德·罗伊斯（Lloyd Reuss）担任通用汽车董事长时，他将自己对公司改革的一套想法表示为愿景、任务、价值、现实、策略、进取和目标。

仅策略部就有七个部门：质量、人事、成本、快速、大项目、营销和成本管理。像罗伊斯这么糊涂的领导者，没有人能够懂得他的意图。从这一堆术语中，也不可能找出聚焦。

你也不可能通过非常复杂的团队方法去寻找聚焦。一家收入达数十亿美元的服务公司决定在半年内每月举行一次会议，来制定一项企业战略。受邀参加会议的有经营部门的关键代表和职能部门主管。

不难预料，会议的结果只能是一团糟。聚焦可能简单，但毕竟不像炒菜，不太可能将每个人的想法加起来得出聚焦战略。参与其中的人越多，就越难找到强有力的聚焦。

将军不会将部队分成十组，要求每组提出一种计策，但企业的经理却经常做出这种事。

我在与国内外许多不同规模公司的合作过程中，发现它们在创意方面都有盲点。它们认为成功或失败的关键在于员工或外部顾问提出的创意好坏，因此它们"分组"并敦促各组提出更好的创意。

多数公司需要的不是更多想法,而是少一点想法。多数公司完全不需要想法,它们只需要简单的聚焦策略,这一策略本身不一定显得很有创意,结果在市场上却非常管用。

如果佰德有人说:"让我们聚焦于家用个人计算机市场",我相信公司里不会有人蹦蹦跳跳地说:"这个想法太有创意了!"

多数公司根本不缺想法,缺的是判断力。切斯特·卡尔逊于1937年为一种他称之为"静电复印术"的干式复印方法申请了专利,然后他用了七年时间试图把这项专利卖给一些大公司,如通用电气、美国无线电公司(RCA)、IBM和雷明顿·兰德公司。

最后,他将专利卖给了美国巴特尔纪念研究所(Battelle Memorial Institute),这是一家位于俄亥俄州哥伦布的非营利研究机构。又过了三年才找到一家公司开发这种机器。施乐公司的前身哈洛德公司碰了碰运气,从而创造了历史。

好主意到处都有,正确的判断就少多了。当1949年甲壳虫进入美国市场时,有多少汽车代理商争夺大众经销权?非常少。

1975年,当第一台个人计算机登上《大众电子》(*Popular Electronics*)杂志封面,有多少人争相跑去新墨西哥州阿尔伯克基求见MITS Altair 8800的发明人爱德华·罗伯茨?

去的人不多,但保罗·艾伦(Paul Allen)是其中之一。(你大概知道他有一个搭档名叫比尔·盖茨。)

好的聚焦很简单，但要识别好的聚焦很不简单。它需要判断力，当今世界最缺这个。

2. 聚焦要难忘

你无法让自己或自己的公司获得成功。只有你的顾客能让你做到这一点。既然聚焦必须在顾客心智里起作用，它就必须难忘。如果你的顾客不记得你的主张，你的立场还有什么意义？

什么难忘？什么不难忘？难忘的想法有一个最重要的元素，就是当你宣布这个想法时，它是独一无二的。你对自己的说法必须与众不同。

当沃尔沃说它制造"安全"汽车时，没有一家公司说着完全一样的内容。现在每家汽车公司都说它们制造安全汽车，但在顾客心智里，只有沃尔沃拥有这个难忘的字眼。

难忘的聚焦还有一个元素，就是震惊。如果你能够用一个想不到的或负面的单词，你就非常容易被记住。如果詹姆斯·卡维利只是说"发展经济是硬道理"，媒体可能会忽略这条信息。他说"发展经济才是硬道理，笨蛋"，就引起了他们的注意。

如果斯巴鲁说"廉价汽车"，潜在顾客可能会忽略这个信息。而说"廉价汽车的制造目的就是保持廉价"，就引起了他们的注意。

有时，全部聚焦可以只用负面单词以一种令人难忘的方式表达。温斯顿·丘吉尔就任首相后在下议院发表第一次讲话时说："我能够奉献的，只有鲜血、辛劳、眼泪和汗水。"

有些公司在聚焦中宣告宗旨，问题是宗旨很难记，也许有史以来最有名的宗旨是有308个单词的强生"信条"。

以下是该信条前25个单词的内容："我们认为首先要对医生、护士和病人以及母亲、父亲和其他一切使用我们的产品和服务的人们负责。"其余的283个单词也同样难记。

试着问问强生的员工什么是强生信条。员工可能会说："它的意思是我们应该做正确的事情。"好吧，当然了。

聚焦应该像一首赞歌、一条标语和一句战斗口号那样难忘。有些更难忘的口号来自战争，如西班牙－美国战争中的"别忘了缅因号战舰"，第一次世界大战中的"用战争结束战争"。

使聚焦难忘的一个办法是标新立异。人们会记得不合理甚至是过分的口号。

当约翰·肯尼迪（John Kennedy）说"我认为这个国家应该在十年内致力于实现这个目标，让一个人登陆月球然后再安全返回地球"时，人们立刻回答，是的，我们应该，我们也可以。

如果肯尼迪说的是"我们将尝试让一个人登陆月球，有望在十年内完成"，就不会引起多少注意。

员工愿意为了实现伟大目标而做出牺牲，但他们必须知道目标是什么。他们必须有一个为之努力的目标，只是敦促员工"更加努力"是不够的。

当CEO升起企业的旗帜并说"我是你们的领袖"时,员工就会问"我们去哪儿?"

以一种独特和难忘的方式告诉他们要去哪儿,这样做对企业领导非常有好处。

3. 聚焦要有影响力

一个词或一个概念被重复得越多,它就会变得越有影响力。企业通过建立聚焦,就创造了一种让聚焦得以一再重复的环境。在这一过程中,聚焦变得更有影响力。

同样情况也适用于广告宣传。当一种观点吸引大量媒体的积极关注,它自然就会传递出一种"不可避免"的感觉。只要顾客认为你会成功,他们的行动就会给你带来成功。

留意一下那些似乎不可能失败的"热门"产品、"热门"餐厅和"热门"音乐团体,这就是影响力的意义所在,它让顾客相信你的品牌将获得巨大成功。

转眼之间,成功降临。

在第一次听说斯纳普饮料由"纯天然原料"制成时,顾客肯定会打呵欠。在重复"天然"咒语23年以后,斯纳普被誉为当今年轻一代的专属饮品。

1995年,桂格燕麦以惊人的17亿美元高价收购斯纳普,让两家公司都失去了聚焦。斯纳普这样的新潮天然饮料公司并入一家老派的食品公司能有什么作为?

有些经理将规模等同于影响力。大公司的影响力比小公司更强吗？不见得。高度聚焦的公司比聚焦不足的公司更具影响力。斯纳普作为一家独立公司的时候，比作为桂格燕麦的一部分更具影响力。

公司的影响力来自其业务聚焦程度和市场份额。仅在有助于增加市场份额时，规模才有意义，因此合并可能加强也可能削弱公司聚焦。同类公司合并后的聚焦程度倾向于得到加强，不同类型的公司合并以后，结果是一家更大但聚焦程度更低的公司。

影响力使得公司能够"控制"一个行业，并使得行业的发展有利于加强公司的影响力和主导地位。

聚焦的影响力还在于它能够吸引有助于增强公司实力的员工，而失去聚焦的公司则恰恰相反。IBM 为了延续软件梦想，以 35 亿美元收购了莲花公司。如果你是一名软件专家，你愿意在 IBM/ 莲花还是在微软工作？

一流的人才希望在最好的公司与其他一流人才共事。微软一直设法吸引行业中最好的和最聪明的软件专家。

当 IBM 收购莲花时，有大量猜测认为莲花将失去许多高级人才，因为他们不愿意在一家硬件公司工作。像斯纳普一样，莲花的影响力也因为收购而被削弱，它变得失去了聚焦。

聚焦的影响力更在于它让员工信仰公司的核心业务和价值观。在篮球比赛中，当主队球迷齐声喊出"Dee-fense"⊖时，你可以感受到球迷与队员心中的专注与决心。

⊖ 即防守。在美国职业篮球和橄榄球比赛中，主队球迷在客队控球时会齐声高喊"Dee-fense"，以鼓舞主队士气。——译者注

当公司里每个人都重复同一个聚焦，就可以集中并加强所有人的表现以便实现同一个目标。重复本身就是一种强大的激励。"聚……焦。"

不过，让人分心的事情很多。一家公司在一个市场拥有20%份额，却还不断寻找机会，想在其他几个市场获得一到两个点的市场份额。它的借口都是多元化发展、品牌延伸或品牌价值延伸。这样的公司忽略的是，多元化发展是有代价的，它让公司失去聚焦，使公司的影响力下降。

最好是设法增加在现有市场的份额，而不要总是去寻找新的征服对象。增加现有市场份额也会增强你的影响力。

优鲜沛公司（Ocean Spray）占有美国78%的蔓越莓市场，这就是影响力。此外，营销部门还不断设法扩大蔓越莓市场，并推出各种产品，包括蔓越莓苹果汁、蔓越莓葡萄汁和蔓越莓覆盆子汁。

与进入陌生的市场比起来，在熟悉的市场扩大份额更容易。如果你是律师，你应该扩大法律业务规模，还是应该请几个会计师兼营会计服务？

熟悉产生敬畏。因为非常熟悉自己所在的行业，很多公司常常感到无法在现有行业取得进展，因为竞争实在是太无孔不入，太激烈了。

不熟悉产生轻视。它们在进入陌生行业时过于自信，认为竞争不强，容易克服。

那么，为什么有些缺乏聚焦的公司也有影响力？甚至一些综合企业也相当有影响力，最著名的有瑞士的ABB公司

（Asea Brown Boveri）、英国的汉森公司（Hanson）和美国的通用电气公司。也许聚焦并不是成功管理的精髓。

也许。但管理理论家应该考虑一下，物理学这样的科学与管理艺术有什么差异。一种物理理论只要一次例外就足以推翻，但管理是另一回事。

管理不是科学，而是艺术。没有普遍适用的原则。只有用于发现的一般原则，不一定适用于特殊情况。

但是，那些和我一样相信聚焦力量的人，仍然应该注意综合企业的成功。也许有一些特殊情况需要考虑。

最明显的一点是公司的历史。多数成功的综合企业都拥有非常悠久的历史：ABB有112年历史，通用电气有117年历史。

因此，多数成功的综合企业都经营成熟的行业。ABB主要是制造发电和电气设备。由于对行业很成熟，综合企业的竞争对手很少，有的话基本也是别的综合企业。

（最近有几家新成立的公司制造涡轮发电机、内燃电力机车或电力变压器？）

当两家综合企业竞争，赢家不可能是一家高度聚焦的企业，只能是一家综合企业。

为了寻找行业领导者的秘密，有些管理理论家研究企业在成为行业领导者以后的行为。他们指出，领导企业常常为了寻找协同效应而进行多元化发展。因此，成功的秘诀就是变成一家像通用电气这样的综合企业。

富人戴的是百达翡丽手表，开的是劳斯莱斯汽车。但仅仅是戴这样的表和开这样的车，不会帮你找到致富之路。

你需要研究的是企业在成为行业领导者以前而不是以后的行为。早在1890年，爱迪生电灯公司（通用电气前身）就是一家非常成功的公司，年收入达1 000万美元。通用电气早期的成功得益于托马斯·爱迪生发明了电灯。

4. 聚焦要有革命性的变化

如果你打算为公司导入聚焦，别忘了你会遭遇非常大的阻力。聚焦是一种简单易懂的概念，却很难得到同事的认可，因为聚焦与传统思维格格不入。

经理们一直以来受到的教育都是要以增长为目标，要延伸品牌，要进入新的领域，要发挥协同效应。传统思维完全是增长导向的：越大越好，增长就是硬道理。

尽管这些扩张主义的理论经常失效，却仍然被人们接受。如果你相信某种东西应该管用却失效了，那么出错的就是执行，而不是理论。理论上行得通，因此我们必须设法使它生效。

如果你相信增长就是一切，你就会抵制让公司聚焦的一切企图。事实上，聚焦的确会限制非选定领域的增长，就像修剪植物让它只朝着一个方向生长一样。如果你想让公司聚焦，你必须准备突破一些公认的管理实践（generally accepted management practice, GAMP）。

GAMP的核心就是对增长的要求。不仅是收入增长，还有利润增长和投资回报率增长。如果从增长的角度看，所有聚焦意图都被视为极端保守。

要做煎鸡蛋，你就必须打破几个鸡蛋。要让公司聚焦，你就必须突破几个GAMP。

GAMP的基本原则就是增长，而工具就是数字。美国公司都相信增长的好处，因此都受到数字操控。如果某项决定得到了比较好的数字（即增长率），那就是一项好的决定。如果某项决定产生了比较差的数字，那就是一项不好的决定。

（凡是不断制造更好数字的公司都会出问题。你也许记得，在1974年ITT公司停止增长以前，它曾经连续多个季度利润增长达58%。）

实际上，有些CEO喜欢用数字经营公司，这种方法使他们不用承担战略决策的责任，他们只需要看看数字并撤换不合格的部门主管。这些公司多半深信多元化发展，因此往往缺乏聚焦。

美国企业通常都把增长作为基本原则并用数字衡量增长效果，它们的前途很渺茫。用数字经营公司的做法太糟糕了。

并不是说企业经营不需要数字。数字是必不可少的，必须不时查看数字以了解公司情况，并检验你的策略是否有效。

在聚焦公司业务时，首先要做减法。短期而言，数字可能会反映这一过程。有时你必须后退一步才能前进两步。因此不要问某项决定是否会改善经营数字，而要问它是否会改善公司的聚焦。

只要公司聚焦因为品牌收缩而得以改善，最终数字也会因市场份额的增加而得以改善。市场份额才是衡量影响力的终极因素。

股票价格不是衡量未来成功的因素。健康的股票价格有利于回馈管理层,并为战略收购提供融资,但你的终极目标应该是经营的健康发展。健康的经营是精准聚焦加上优势市场份额。这种业务将创造合理利润,并几乎不受竞争影响。

经营就像数学。更高明的经营就像更高级的数学。在你学习高等数学时,你处理的不是细节,而是概念。(例如,微分学基本没有数字。)

经营也一样。更高明的或策略层面的经营是概念之争,而不是细节之争。你必须看到整个森林,而不要过多关注树木有多少。

5. 聚焦要有竞争对手

无节制的多元化发展让公司失去了长期成功的必要因素,即明确的竞争对手。商业就是竞争。你的公司卖出一件产品或一项服务,就有其他公司少卖一件产品或一项服务。保持盈利是不够的。你要实现真正的成功,就必须打败其他公司。

提供多种产品和服务的多元化发展的公司很快就会失去对手。实际上是它的对手太多,不可能盯住任何一个,因此多元化发展的公司总是不断遭到对手暗中发动的突然袭击。

如果你在综合企业工作过,你可能就会发现它们有多封闭。例如,综合企业的高管很少参与行业会议。(它们属于哪个行业?)他们的时间多数用于内部会议,设法解决谁对谁做了什么这一类的问题。

这是大型联合企业的核心问题。像IBM这样的大公司，有数百家联合企业，那么竞争对手是谁？任何一个潜在的对手结果都可能是IBM的同盟。这让员工和用户都感到困惑。

当MCI盯住AT&T时，它取得了稳步发展，占据长途电话20%的市场份额。但最近MCI的发展陷入停滞，因为它开展了大量的新业务，包括与新闻集团（News Corp.）成立20亿美元的合资公司，开发在线电脑服务和其他信息产品。

1994年，MCI十年来第一次被AT&T夺回了部分市场份额。MCI还以10亿美元收购SHL系统公司（SHL Systemhouse），并进入数据服务行业，推出Project Diamon电话唱片销售业务，进入音乐行业。

谁是MCI的竞争对手？有山姆·古迪唱片连锁（Sam Goody）、EDS、IBM、美国在线和AT&T等，仅举几例。MCI将自己从一家长途电话公司变成一家多元化发展的综合企业，产品从消费服务到音乐唱片无所不包。

MCI为此担心吗？它好像并不担心。公司CEO伯特·罗伯茨说："以MCI的营销能力，世界上所有人都相信我们能够轻取任何市场15%的份额。我们不生产鞋子，但我们可以轻取鞋子市场15%的份额。"

好吧，但我不信。

MCI失去了对手。另外，一家聚焦的公司永远知道对手是谁，对手在做什么。它可以开发针对性的计划应对竞争。

必要的话，它可以迅速发起反攻。(如果竞争对手是一家失去聚焦的多元化发展的企业，那就更好了。)

可口可乐的对手是百事可乐。但谁是通用电气的对手？综合企业没有对手，也没有外部聚焦，结果它把大量时间花在理顺各分部和各部门之间的关系方面。

6. 聚焦要着眼于未来

应该重申，企业领导的主要职责不是管理企业而是寻找未来。不仅是一般意义上的未来，还包括企业在领导任期内的发展。聚焦预测将来的发展，并采取措施使其变成现实。从这个意义上说，聚焦就是未来。

当沃尔沃选择"安全"作为聚焦时，它不仅预测了汽车工业的发展方向，也通过自身的行动来使其变成现实。现在，不仅是沃尔沃，整个汽车工业都关注安全。(没有追随者就没有领导者。)

当硅图聚焦"3D 计算机"时，3D 计算机市场还不存在。如今由于行业领导者硅图的努力，3D 计算机市场正在快速发展。

国防部一直使用 3D 视频军事演习代替实战演习。其他许多行业利用 3D 功能进行栩栩如生的仿真模拟。部分广泛运用 3D 处理的行业包括制药、采油、产品设计和建筑，而视频游戏、电影和广告当然也会用到 3D 效果。

由于 3D 的发展，硅图也得到了发展。1991 年以来，公司年收入增长了两倍,目前已达22亿美元。

有一种似是而非的说法。有的顾问建议CEO应该用3/4的时间寻找未来,并做出相应的计划和安排——智囊团和加勒比休养团的来宾,大家好!欢迎来到梦幻世界、头脑风暴和永远没有明天的美丽新世界。

CEO要做的是在今天的行动中去寻找未来。你认为哪一种产品、服务或观点将来最有希望?然后把它变成你的聚焦。就是这么简单,也就是这么难。

对多数公司而言,找到有前途的产品、服务或观点并不难,难的是选择一种聚焦概念。多数公司不愿放弃,它们宁愿用一群马去参加将来的比赛。听起来不错,不过没用。

假设硅图决定不赌3D的未来,它可能也会推出系列商用工作站和工程工作站,甚至还有商用个人计算机。那样的话,硅图现在是什么情况?不过是一家在工作站行业无足轻重的公司而已。

再说一遍,这是一个权衡短期与长期的问题。短期而言,品牌延伸可能给硅图带来比较好的效益。长期来看,3D聚焦创造的效益肯定更好。

历史会重演。从规划未来的角度最值得关注的重复,就是"新一代"现象。阿司匹林被对乙酰氨基酚代替,后者又被布洛芬代替。8位家用计算机被16位商用计算机代替,后者又被32位计算机代替。新一代计算机将是64位,这还用问吗?

有些行业满脑子想着将自己的技术应用于其他领域,根本看不见来自新一代的威胁。有线电视行业只忙于开展电话和视频点播业务，好像没看见来自DirectTV这样的卫星电视系统的威胁。

7．聚焦要内外兼顾

虽然本书主要讨论如何开发外部聚焦策略，但这一策略也需要回到内部执行。当你有了聚焦，你就知道需要招聘什么员工、做什么研究和推出什么产品。

在一个知识飞速扩展的世界里，聚焦对于研发领域可能非常有用。任何一家公司都不可能在许多不同领域长期处于技术发展的前沿。外部聚焦可以有助于引导公司内部的研究开发，以及公司的管理和营销。

失去聚焦的公司试图把一碗水端平。几个全功能的独立运营部门中，每个都得到同等待遇。公司经常转移产品、工厂和其他经营资源，以便在部门之间实现"平等"或平衡。

要让每一位员工都感到自己在第一线，管理层要让每个人都与公司的成功息息相关。

得克萨斯仪器公司（Texas Instruments）1958年发明了集成电路，但公司在那以后数十年的发展令人非常失望。它没有聚焦于半导体业务，而是想把芯片技术优势扩大到消费电子、个人计算机、便携式计算机、小型计算机和软件领域。

公司的努力大多付诸东流：电子表业务惨败，小型计算机业务惨败，个人计算机业务在注销6亿美元坏账后结束。现在，得克萨斯仪器的笔记本业务仅能勉强维持。

支撑公司的，当然是芯片业务和每年7亿美元的半导体专利费收入。要是得克萨斯仪器聚焦于半导体业务，那会如何？

将得克萨斯仪器和聚焦于微处理器的英特尔公司比较一下。过去十年，英特尔每年增长约20%，而得克萨斯仪器约5%。过去十年英特尔的总收入和总利润分别为450亿美元和80亿美元，而得克萨斯仪器收入680亿美元，利润不到20亿美元。

聚焦的公司将最好的人才和大部分资源用于有前途的产品或服务。虽然公司可能也有过时的产品或服务，但聚焦的公司确信它们不会列入将来的计划。

实际上，一家聚焦的公司就意味着从过去的产品转变到将来的产品。短期而言，需要妥善处理过去的产品。但是，管理层应该用大部分精力关注明天的聚焦。

如果什么都没变，分散经营的公司可能比集中经营的公司效率更高。毫无疑问，分散经营有利于激励和加强经营管理人员和公司员工的责任感。但分散经营的公司如何聚焦？

它没有聚焦。分散经营使高层管理人员无法为公司指明方向，并在市场环境发生变化时转变方向。分散经营有效率，但不灵活。

最好还是经营一家效率不高、集中经营的公司，拥有面向市场的、有影响力的聚焦。员工也宁愿为这种有前途的公司工作，而不愿为没有前途的公司工作，无论后者的管理层为他们提供多大的激励。

最近，DEC 也变成分散经营的牺牲品。根据一项庞大的重组安排，公司变成一种半自治性的单位组织，每个单位可以自行决定广告、价格和市场策略。就在 DEC 分散经营的同时，它眼睁睁地看着它在 64 位工作站方面的领先优势消失了。

顾名思义，分散经营的公司几乎不可能有某种聚焦或者企业战略。它只能是一个财务数据的集散中心，将收集到的数据转发给投资者和研究员。分散经营的公司最欠缺的，就是抓住并主导新一代产品概念的机会。

以 3M 公司（Minnesota Mining and Manufacturing）为例，这是一家大家都喜欢的分散经营公司。虽然公司一直大量推出"涂料"产品（最新统计有 66 000 种），似乎缺少那种可以带给公司更大成功的革命性新产品。最近一项获得巨大成功的产品是 1980 年推出的报事贴（Post-it）。

1988 年以来，3M 公司的收入增长了 33%，但利润停滞不前。

由于缺乏聚焦，3M 公司可能很容易失去藏在实验室中的伟大创意。例如，3M 在 1950 年发明了红外辐射热影印法（Thermofax）并成为复印机行业领导者。

3M 为什么没有资助切斯特·卡尔逊的静电摄影术实验？这似乎是一件很自然的事情。也许 3M 的管理层认为，复印机和复印纸不过是几千种产品中的两种，而他们不想把所有的研究鸡蛋都放到一个产品篮子里。

另外,哈洛德公司却决定聚焦于复印机,结果导致了914复印机的诞生和施乐公司的崛起。现在,施乐公司已经比3M公司更大了。尽管施乐本身在聚焦方面也有问题,但它在复印机上的成功证明了精准聚焦的成就。

如今的公司就像处在浩如烟海、与日趋增的知识之巅,把研发资金分散到所有的技术领域,结果都将变成杯水车薪。

聚焦会让这些资金自动集中到可能出成果的领域。如果你的公司没有足够的人才、资源和认识能力,即使发现一项不可思议的新技术也没什么用。

权威人士批评施乐没能利用其帕洛阿尔托研究中心(Palo Alto Research Center)的个人计算机发明。也许真正的错误是投资研究的产品不合适。

施乐当时怎样才能把自己重组为一家个人计算机公司?人才和资源从哪里来?也许它当时应该这样做,但施乐为此需要新的聚焦。

也许应该投资研究激光打印机,这种产品更适合生产复印机的施乐公司,特别是不如将研究个人计算机的资金用于研究9700复印机的台式型号。9700打印机是1977年推出的一种供大型计算机使用的激光打印机。

回头看起来很明显,施乐错过了抢先推出激光打印机的机会,让惠普公司乘虚而入并成为激光打印机的行业领导者。

8. 国家也需要聚焦

有利于公司就有利于国家。每当一个行业转移到国外，都会听到时事评论员的抗议。最近的例子就是美国不生产电视机了。

为什么我们购买的所有产品都应该在美国生产？不同国家各有所长不是更好吗？每个国家都只生产各自喜爱的产品不是更好吗？

这正是聚焦对公司所起的作用。它将人才和资源引导至一个产品领域，而这家公司在该领域最有竞争力。

国家不应该抵制聚焦过程，让竞争决定哪个国家生产什么产品和提供什么服务。让我们拆掉所有的贸易壁垒，因为这些壁垒只能保护效率低下的制造商，对消费者没有好处，长远来看，对公司员工也没有好处。

当社区、城市、州和国家找到了聚焦，会产生巨大的效益。美国在商用飞机和计算机产品方面称霸世界，日本则有汽车和电子产品，德国有工程产品，法国有红酒和香水，瑞士有银行和手表，意大利有设计和服装，俄罗斯有伏特加和鱼子酱。

当国家有了聚焦，它就会在全世界的顾客心里留下深刻的印象。人们喜欢美国的飞机、日本的汽车、德国的工程产品、法国的红酒、瑞士的手表，意大利的设计和俄罗斯的伏特加。瑞士生产的手表真的更好吗？这很重要吗？真正有影响力的是印在顾客心智里聚焦的字眼。

聚焦会自我强化。人才和服务往往会被吸引到拥有聚焦的地方。

以加利福尼亚北部的硅谷为例。该区域因新兴电子工业全美闻名,它吸引着一切帮助硅谷保持领先优势的有利因素。风险投资家、律师、会计师、合同制造商和其他电子专业厂家都纷纷来到这个区域。

再以密苏里州布兰森为例,这个城市自称是"世界音乐秀之都"。在数英里范围内分布着40多家剧场,都由知名艺人主演,如鲍比·温顿(Bobby Vinton)、汤尼·奥兰多(Tony Orlando)、安迪·威廉姆斯(Andy Williams)、格伦·坎贝尔(Glen Campbell)、安妮塔·布莱恩特(Anita Bryant)和奥斯蒙兄弟合唱团(the Osmonds)。

在一家剧场难以生存的地方,却有40家音乐剧场生意兴隆。这就是聚焦的力量。

曼哈顿钻石街的情况也一样。这是一段位于曼哈顿第47街、在第五和第六大道之间的街道,这里开着357家珠宝店。钻石街吸引了珠宝设计师、雕刻师、修理工、抛光师、工艺师、顾问和其他珠宝行业所需要的人才。这就是聚焦的力量。

在美国国内每个城市你都会发现类似的地方。例如,二手车代理商不是分布在城市的每个角落,而是都集中在一条"汽车街"。在这种地方一家代理可能难以生存,但多家代理却生意兴隆。这就是聚焦的力量。

城市也一样。由于地处美国中部、气候适宜,孟菲斯以"美国配送中心"自居。联邦快递在这里设有配送中心(孟菲斯国际机场每年因天气关闭的时间平均只有 8 小时），货车日夜不停地往来于孟菲斯，因为许多美国公司在这个配送中心设立了仓库。

如果说孟菲斯是美国的配送中心，那么奥马哈就是美国的电话中心。很多邮购公司、信用卡服务中心和酒店订房中心都将 800 电话部门转移到奥马哈，无疑使这里成了美国的客服电话中心。美国最大的五家电话推销公司有三家位于奥马哈。

南卡罗来纳州的斯帕坦堡（Spartanburg）和格林维尔（Greenville）集中了很多想在美国发展制造业的外国公司。

内华达州拉斯维加斯是美国发展最快的都市圈。这就是聚焦的力量。

但是，国家和社区却还是在不断寻求行业平衡。它们应该尝试的是通过建立聚焦，让经济"打破平衡"。

多年来，纽约市一直为失去制造业的就业岗位而惋惜。由于纽约市的高房价和高税收，难道这里能成为制造业的圣地吗？我想不能。纽约市最好还是聚焦为世界通信和金融中心。

以上八条是聚焦的肯定性原则。下面七条则是聚焦的否定性原则。

9. 聚焦不是一种产品

在所有美国公司生产过的产品中，施乐 914 复印机是有史以来最赚钱的一种产品。但施乐并不是聚焦于复印机,而是聚焦于914复印机可以使用"普通纸"复印的特点。普通纸就是一面旗帜,引领施乐走向成功。

同样,沃尔沃也不是聚焦于汽车,而是聚焦于"安全"。宝马不是聚焦于汽车,而是聚焦于"驾驶机器"。梅赛德斯－奔驰则聚焦于昂贵的名牌汽车。

为什么不要聚焦于产品?因为有竞争。如果你独占市场,聚焦于产品的利润将非常丰厚。你可以为满足不同市场需求而设计产品。但竞争消除了这种可能性。

不管你的产品在顾客心智中的定位如何,竞争对手都会采取相反的策略。如果你生产高价产品,竞争对手就会推出廉价产品。如果你生产廉价产品,竞争对手就会推出高价产品。

尺寸大小不一,颜色深浅不同,有新款的也有难看的,有业余的也有专业的,根本不存在一种适合每个人的产品。总是可以对市场进行细分。

如果行业领导者想生产"每个人需要的一切产品",结果就会失去聚焦。行业领导者必须决定聚焦于市场的某个方面,然后采取强化聚焦的定价、包装和销售策略。

如果不想放弃一部分业务,就不会拥有聚焦。

10. 聚焦不是一把伞

有些公司为自己的产品找到一个统一的主题,就自以为找到了聚焦。据 AT&T 公司 CEO 罗伯特·艾伦说："AT&T 主要是一家网络公司,带给人们领先的信息与服务。"

AT&T 的用户可能会感到吃惊,他们多半以为 AT&T 是一家长途电话公司。

优利公司一直想要成为一家"信息管理"公司,为此耗资不菲。但多数用户可能认为优利是一家电脑公司。信息管理公司是什么?图书馆吗?

AT&T 和优利公司找到的是一把伞。它们相信,通过赋予一种能够覆盖公司所有产品和服务的宏大概念,能够为公司找到一种聚焦或愿景。

为了找到覆盖一切的"伟大创意",公司管理层经常耽于幻想。"信息管理"的确覆盖了一切,但它没有任何意义。

在本质上,有影响力的聚焦什么都不覆盖。聚焦只是一个包含公司很小一部分产品或服务的攻击点,它只应覆盖在你的业务中代表将来的那一部分。

在任何时候,一家公司都可能有三种类型的产品:①昨天的、准备淘汰的产品;②今天的、为公司创造大部分利润的产品;③明天的、代表公司未来的产品。聚焦就是连接公司今天和明天的桥梁。

在某种意义上,每家公司都缺乏聚焦。(同样,每个壁橱都装着许多东西。)这一点千真万确,因为生活本身在变。没有长久不变的事物,因此没有完美的聚焦。

聚焦的目标应该是为公司指明发展方向。这种指引不是来自领导者的人格魅力,而是来自思想。

11. 聚焦不用吸引所有的人

任何一种产品或服务都不可能吸引所有人,总是有人希望与众不同并希望选择多数人不喜欢的东西。在服装、发型、生活方式、产品和服务方面都有这种情况。

试图吸引所有人是商业上可能出现的最大错误。最好放弃这种幻想,做好自己的事情。

以美国总统选举为例。从1824年开始,选民票直接影响选举人票,从那以后,没有一位总统候选人的得票超过全国投票总数的61.1%。

其中包括有史以来最受欢迎的两位总统:亚伯拉罕·林肯(Abraham Lincoln,得票率为55.1%)和富兰克林·罗斯福(Franklin Roosevelt,得票率为60.8%)。

在43次总统选举中,林登·约翰逊(Lyndon Johnson)于1964年成为以最高比例选民票当选为总统的候选人。约翰逊的竞选对手巴里·戈德华特(Barry Goldwater)是多年来最弱的总统候选人,因此他的表现才这么好。

总统选举是这样,产品也是这样。一家制造商很难获得一半以上的市场份额。如果你拥有精准聚焦,你就有可能获得很大的市场份额。

如果你试图分散经营,最后却得到很小的市场份额。政客会试图获得所有人的支持吗?但公司却总是想这样做。

如何处理对增加收入的需求?除了争取更大的市场,公司如何实现增长?

国际化是一个办法。在美国畅销的产品或服务，在海外市场也会有销路。国际化精准聚焦比在国内市场分散经营要好得多。

在一个充满雄心壮志的世界里，保守的做法很难被人接受。为什么我们不能争取所有顾客？（你当然可以，但没有用。）

通过反证思维也可以证明，试图吸引所有人的想法是荒谬的。有15万家美国公司员工超过100人。要是每家公司都想进入每一个市场，而且想在每个市场吸引每一个人，结果会怎样？结果是不会出现任何大公司。

12. 聚焦不难找到

一家有两万多名员工的大公司决定寻找聚焦。公司首先指定了一个由十多人组成的委员会，要求他们制定新的战略并向董事长汇报。

聚焦不难找到，但它一定会迷失在人群中。顾名思义，委员会不可能找到一种简单的想法，而只能弄出一些复杂的东西。（委员会越大，报告就越复杂，花的时间也越长。）

找到的聚焦都很简单。你不可能通过复杂的程序去寻找简单的想法。

（在我们的咨询工作中，经常被问到形成聚焦策略的过程。这一过程不太复杂。"我们考虑存在的问题，然后告诉你们应该怎么做。"）

要形成有效的聚焦战略,一个好办法是让两个人在房间里回答问题。两个人正好:一人思考,另一人评估。

当然,思考和评估的角色可以互换。

13. 聚焦不会马到成功

短期而言,聚焦有成本。购买你的产品或服务的人会减少,或者你会因为削减产品或服务而减少收入。有影响力的聚焦都不会在短期内生效。

如果不是这样,那么每家公司都会非常成功。你只需要尝试各种不同方法。如果有效,就继续实施;如果无效,就再试一种。你的公司迟早会建立强劲的增长势头。

但事实并非如此。短期有效的做法长期而言往往无效。在经营上追逐成功的公司最终会走向失败。你需要鼓起勇气做出聚焦决定,然后等待市场响应你的行动。成功不会在一夜间出现。

福特用了一年时间尝试一种安全生产方法,然后就放弃了安全的概念。"安全带不来销量"变成底特律的标语。另外,沃尔沃与福特聚焦一致。不同之处在于,沃尔沃没有在一年后放弃安全概念,它连续 30 年坚持了这一概念。

你必须有耐心。大船掉头很慢。

14. 聚焦不是传统意义的战略

通用汽车的战略是生产各种交通工具,因此它收购了休斯飞机公司（Hughes Aircraft）。

按照多数公司的定义，战略不太限制公司的行为。例如，对通用汽车而言，任何天上飞的、地上滚动或滑动的都符合交通战略。

IBM 的战略是计算机。一切与计算机有关的东西（硬件、软件、网络、通信）都符合 IBM 的战略，包括收购像莲花这样的软件公司。战略假设公司可以获得 100% 的市场份额。既然这是不可能的，任何战略都注定失败。

聚焦的含义是为了在一个细分市场成为领导者而"收缩"经营。如果你能"拥有"一个市场，你就会有影响力。如果你只是跑龙套，你就没有影响力。

15. 聚焦并非一成不变

即使最有影响力的聚焦迟早也会过时，这时公司就应该重新聚焦。

另外，聚焦也不是时尚，不需要经常变。聚焦变化的周期以十年而不是一年为单位。在快速变化的高科技行业，聚焦的变化比在技术含量不高的行业快得多。

DEC 曾聚焦小型计算机，它让 DEC 成为世界第二大计算机公司。但市场转向了个人计算机，DEC 找不到跨越产品代沟的办法。

IBM 曾聚焦大型计算机，它让 IBM 成为世界上最有影响力和最令人尊敬的公司。但市场出现了分化。面对计算机市场细分，IBM的办法是满足所有人的一切需求。没有用。

柯达曾聚焦胶卷摄影，它让柯达称霸全世界摄影行业。如今，世界正向电子化转变，柯达需要找到跨越产品代沟的办法。

联邦快递曾聚焦次日达，它彻底改变了航空货运行业，并让公司创始人弗雷德·史密斯（Fred Smith）成了富人。但今天，航空货运业已经国际化，因此联邦快递需要重新聚焦。

你的公司怎么样？你还在坚持昨天的战略吗？未来属于今天形成强大聚焦的公司。

聚焦，决定你企业的未来。